JN059692

戦争と福祉と優生思想

津久井やまゆり園「優生テロ」事件、その深層とその後

佐藤幹夫
SATO Mikio

現代書館

津久井やまゆり園「優生テロ」事件、その深層とその後＊目次

【凡例】

引用文中の〔　〕は引用者によるものです。

本文で引用した裁判記録に関しては、多くの方の協力によって入手した公判詳報によっています。

プロローグ　植松被告の短い手紙から読み解く三つのこと

1　なぜ「疲れ切った母親の表情」なのか

拘置所の植松被告に手紙を出したこと

一度だけ、横浜拘置所に収監中だった植松聖被告・現死刑囚[*1]に、手紙を書いたことがあります。

植松死刑囚については多言を要さないでしょうが、二〇一六年七月二六日未明、神奈川県相模原市の障害者施設、津久井やまゆり園に侵入し、利用者と職員四五名を殺傷したという「戦後最悪」の事件の加害者その人です。

私はこれまで、犯罪加害者の取材にあって、面会に行ったり手紙を書いたりするという、直接交流の機会を設けることをしてきませんでした。最初の本がたまたまその機会をもつことがないまま書かれ、それが私のスタイルになってきた、とでも言う他ないところがあります。

ところが今回、初めて手紙を送ってみることにしました。私は個人編集・発行の小さな雑誌（『飢餓陣営』）を作っているのですが、そこでは津久井やまゆり園事件に関する記事が集中的に掲載されており、手紙を添えて送ったのです。どうして突然そんなことを思い立ったか、理由を簡単に書けば次のようになります。

公判が近くなるにつれて、植松被告が精神的に不安定になっていると報道されるようになりました。たとえば読売新聞の、二〇一九年七月二六日の記事。「植松被告「死にたくない」」と見出しが打たれ、「裁判を気にするそぶりも見せている」と書かれています。記事によれば、初公判の日程が決まった六月には、死刑判決が出ても控訴はしないというそれまでの発言から、「死刑は避けたい、一審で判決が出ても確定ではない」と、その内容を変えたともいいます。

この記事が考えるきっかけになりました。というのは、彼はそれまで多くの報道関係者や識者・学者と面会をし、一つとして揺らぐことなく、自身の「使命感」や「信念」を饒舌に語り続けてきました。面会が可能になって以来、多くのメディアや識者による「接見合戦」の観を呈していましたが、私はそこから窺うことのできる植松死刑囚に対して疑念を抱いていました。

彼はあれほど多くの人の命を奪い、また深い傷を負わせた人間です。「使命感」がいかに強固だったとしても、心が無傷なままで済むはずはありません。人の命を奪うという行為は、それを行った者にもなんらかの心的外傷を負わせることは、これまでの戦争心理学などの研究で明らかになっています。

また大谷恭子弁護士は『死刑事件弁護人――永山則夫とともに』（悠々社、一九九九年）のなかで、次のように書いています。

被告人は時に事実を語らないし、語れないこともある。自己の犯してしまった結果の重大さに打ちのめされ、言葉を失ってしまうのである。思い出すことがつらい、忘れてしまいたい、できたら消してしまいたい事実なのである。（略）あの連合赤軍の気丈な永田洋子さんも、病気のせいもあるが、事実関係の話になると嘔吐した。十数年も経ってからである。（五〇頁）

ここに書かれている姿が、いかに「凶悪犯」といえども、私にとっての通常の、ありうるはずの姿でした。彼もまた、わずかなりともこうした苦悶に襲われているのではないか。そう考えていたのですが、接見した記者たちが報じる植松死刑囚には、そうした様子がまったく窺われません。それが不思議でした。

私が拘置所の彼の元に手紙を入れたのは、読売新聞の記事の一カ月後の八月三〇日、気弱になっているかどうかを確かめたい、そう考えたからでした。少しでも後悔を覚えているのなら、それをこさい認めてしまったらどうか。余計なこととは知りつつ、そんなことも書き加えていたはずです。しかし、私の疑念は一蹴されることになります。

なぜ「母親」なのか

思いもよらぬことに植松死刑囚から返信が寄せられたのですが、それは以下のようなものでした。

佐藤幹夫様　御手紙を拝読致しました。／家族会の大月和真会長はとても良い人だと知っているので一概に云えませんが、「障害児の家族と話し合いはできない」と考えております。／大変恐縮ですが、佐藤さんの母親、大月さんの奥様は重度障害者と関わり、過労で亡くなったと考えるのが自然ではないでしょうか。／乱文乱筆、失礼致します。お体どうぞご自愛下さいませ。二〇一九年九月八日　植松聖

これで全文です。そして手紙はこの一通だけです。これだけでは分かりにくいかもしれませんので、必要なことのみを補足しておきます。

私が同封した『飢餓陣営』には、障害をもつ子の父親たちによるシンポジウムの記事が掲載されていました。[*2] シンポジストとして登壇した津久井やまゆり園の親の会の会長である大月氏は、そこでご自身の奥様をがんで亡くしたことを語っており、植松死刑囚の文面の「大月さんの奥様」云々はそのことを指しています。

また「佐藤さんの母親」云々とは、同じ号に掲載した私の父親による手記を指しています。詳細は後述しますが、そこでは重い障害を負って生誕することになった弟をめぐって、両親による懸命の看病と介護、早すぎる母親の死、弟が東京の島田療育園へ入所し他界するまでの経緯などが書かれています。一九六〇年代、重い障害のある子どもをもった家族がどんなふうに生きなくてはならなかったか、その実情にも触れているのですが、手記についての植松死刑囚の感想が、「大変恐縮ですが」以

降の件です。

たった一回だけ交わされた、便箋一枚ほどの短い手紙です。何十回と手紙のやり取りや接見をした人たちから見れば、まるで話にならないものでしょう。しかし短い文面に、重要なことが書かれています。それは三点あります。

一つは、「**重度障害者と関わり、過労で亡くなったと考えるのが自然**」であるとされ、しかもその対象が、私と大月氏ともに「母親」である点です。「重度の障害者は、家族に不幸しかもたらさない」と彼はくり返しました。そのときに引かれる例が、決まったように「疲れ切った母親の表情」でした。つまりは「重度障害者」と「不幸」と「疲れ切った母親」とは、切っても切り離せない関係になっているのです。「重度障害者の最大の犠牲者となるのは母親である」という見解は、彼の持論中の持論です。なぜ「母親」なのか。なぜそこまでこだわるのか。しかし植松死刑囚自身はこれ以上のことを述べていません。

本人の手紙を読んでも、接見した記者や識者たちの記録を読んでも、「疲れ切った母親」問題は出てきません。この事件についての書籍は山のように出版されていますが[*3]、やはり一つとして触れられていません。関心が向けられていないようなのです。裁判にあっても、この問題についての質問がなされると、本人と弁護人によって、たちどころに拒絶されました。傍聴していていささか異様な印象を受けたほどです。

このことが、短い返信の中にはっきりと書かれています。

2 「障害児・者の家族とは話ができない」のはどうしてか

平行線は解消できるのか

二つ目は、「障害児の家族と話し合いはできない」と考えていることです。障害をもつ人の家族は、自分(植松死刑囚)の考えを理解しないだろうし、受け入れるはずもない、だから話しても無駄である、話す必要もない。そういう明確な意思表明です。ここには重要で、とても厄介な問題があります。

事件後、「障害をもっていようとも自分たちも同じ人間であり、懸命に生きているのだ」という当事者本人による訴えがありました。家族や彼らにかかわる人間からの「彼らによってこそ自分たちはたくさんのことを学び、勇気づけられ、支えられている」という声がメディアに溢れました。その訴えが、「障害児の家族と話し合いはできない」と考えている植松死刑囚(とその賛同者たち)にとって、どこまで通じるのかという問題です。

もちろん私は、こうした主張が社会に広く行きわたっていくことの重要性を誰よりも理解しているつもりです。この二〇年にわたって私が書き続けてきたものは、そのことに費やされてきたと言っても言いすぎではないほどです。しかし植松死刑囚(たち)に向けた言葉として、どこまで力をもつことができるのか、心もとなさを感じていました。

同様の問題意識を明瞭に示したのは、ただ一人、立命館大学大学院教授の立岩真也氏(社会学・障害学)

だけでした。立岩さんは次のように書いていました。[4]

相模原での事件についての本で、自らの（その子の）肯定性によって自ら（その子）の生命・生活の正当性を言う必要などないのだと言った人たちのことを紹介し、そちらの側を私は支持すると述べた。／（略）／

それは、その容疑者〔植松死刑囚〕のように語ったり感じたりする人たちに、そして自分たちに、どのようにものを言うのかということでもある。例えば、美しい言葉が、この事件、その容疑者に「効く」だろうかということだ。例えばその容疑者（のような人）は、「そのようにあなたが（自分の子を）言いたい気持ちは理解はできるが」「あなたがそう思うあるいはそう言いたいその事実は否定しないが」と言い、「私にはそう思えない」「きれいごとを信じようとしている」と言う。「世の光〔糸賀一雄〕」と思う人にもさらに言い分はあるだろうが、話は平行線を辿ることになるだろう。（二〇八頁）

慎重に、幾重にも防波堤を施した立岩氏らしい書きぶりですが、ここでの主旨を私なりに端的に言い直せば、「障害者は「世の光」である」といった類の言葉を何度くり返しても、植松死刑囚たちには届かない、平行線をたどることになる、ということです。

この平行線の問題をもう少し一般的な場所へ連れ出せば、次のような議論として現れることになります。『生命倫理学と障害学の対話――障害者を排除しない生命倫理へ』[5]から引用してみます。

生命倫理学は医療において、十分な情報を得た上での個人の選択を優先する。たとえその選択が患者の死につながるものであるような場合であってもそのことに変わりはない。それに対して、障害学者や障害者運動の活動家は、一つの集団としての障害者たちを守ることを優先する。たとえ、そうした障害者のコミュニティーにとっての利害が、障害をもった個々のメンバーの選択と相容れないような場合においても、前者を優先するのが彼のやり方である。（二一 – 二二頁）

こんなふうに、生命倫理学と障害学者・障害者運動とは、ことごとく対立するというのです。生命倫理学者の代表的な一人がピーター・シンガーです。障害学者や障害者コミュニティの側の人間は、生命倫理学者に対して強い不信感をもっているといいます。双方がどんな主張をし、なぜそれほど深い対立を見せるのか、第Ⅳ部で詳述しますが、植松死刑囚の「障害児の家族と話し合いはできない」という言葉は、ここに通じていく内容を含んでいます。

3 『帰還兵はなぜ自殺するのか』、「植松聖」はなぜ自殺しないのか

「人は人を殺せない」というシステム

手紙から窺えることの三つ目は、植松死刑囚に、心理的ダメージがいささかも感じられない、とい

うそのことです。

裁判の傍聴の目的の一つはこの点だったのですが、公判での応答を見聞きした限り、「加害者であることによって生じるＰＴＳＤ」という類の動揺は、一切窺うことはできませんでした。裁判で証言台に立った精神鑑定医からも、そのような可能性の示唆は皆無でした。

印象はむしろ逆で、公判廷での彼は、傍聴人に向かって（とくに顔なじみとなったメディア関係者に向かって）、生涯で最大の「晴れ姿」を誇示するような、そんな様子さえ見せていたのです。私のこれまでの傍聴経験にあって、あのように晴れがましく公判に臨み、手柄話でも語るように質問に答えていく被告人は皆無でした。

先ほど大谷弁護士の文章を引用しましたが、もう一つ、戦時における兵士たちの心理を詳細に解剖した、デーヴ・グロスマンの『戦争における「人殺し」の心理学』[*6]から紹介します。グロスマンは米国陸軍に二三年間所属し、陸軍士官学校で心理学と軍事社会学の教鞭をとったという、戦闘の実際と、軍事というシステムと社会の関係と、兵士の心理という問題に通暁した人物です。その彼が「**人間のうちには、自分自身の生命を危険にさらしても人を殺すことに抵抗しようとする力がある**」と言い、銃剣戦のような至近距離での「殺し合い」には重要な三つの心理的要因が加わってくる、と次のように書いていています。

第一に、銃剣距離まで敵に接近した場合、兵士のほとんどは敵を串刺しにしようとはせず、銃床またはその他の手段によって敵を戦闘不能にしたり、負傷させたりする。第二に、銃剣を使用した

場合、それが近距離で生じる行為であるために、その状況には深刻なトラウマの可能性がひそんでいる。そして第三に、銃剣で人を殺すことの抵抗感は、そんな殺されかたにたいする恐怖と完全に等価である。（二一五頁）

相手に銃剣を突き刺すときの泣くような悲鳴や、口から噴き出す血、飛び出す目、「そのすべてが、死ぬまで抱えてゆかねばならない記憶の一部になるのだ。これが刃物による殺人」というものであるといいます。しかし植松死刑囚にはこのようなためらいは皆無です。

戦争の銃撃戦において、多くの兵士が狙いを外して撃っている、敵兵に照準を向けて撃てる兵士は一割半に満たなかった、という事実が明らかになったといい、次のような記述があります。

兵士の訓練／条件づけ（マーシャルの研究に基づくアメリカ陸軍訓練プログラムは、第二次大戦時に五～二〇パーセントだった個々の兵士の発砲率を、朝鮮戦争で五五パーセント、ベトナム戦争では九〇～九五パーセントに向上させた）。（三〇七頁）

しかしそのことによって兵士たちが帰還後、どれだけの戦場トラウマに苦しめられることになったか。社会的不適応、凶悪犯罪、精神失調、自殺といった事態がヴェトナム戦争後に生起し、帰還兵たちのケアという問題が深刻な社会的課題となり、そこからアメリカで本格的なＰＴＳＤの研究が始まったといいます。しかし、指摘したように、植松死刑囚の手紙にはトラウマの可能性はわずかも見られません。

人間はめったに「人を殺せない」、もともとそのようなシステムが内在しており、生育の過程でそれがより確かなものとなっていく。私はそう考えるようになっていったのです。発達の過程とは、共感力や共有する力を獲得していくプロセスでもあるわけですが、「人を殺さないシステム」とはまさにこのことです。

植松死刑囚は衝動に駆られ、あるいは偶発的な出来事をきっかけとして犯行に及んだのではありません。入念に計画し、準備を整え、ほぼ計画どおりに行動しています。しかも一時間以上にもわたって集中力を持続させていることが、公判での証言から分かります。実行時、あるいはその前後、「**人を殺すことに抵抗しようとする力**」は、植松死刑囚にあってはまったく作動していません。

あるいは『帰還兵はなぜ自殺するのか』[*7]というイラク・アフガン戦争の兵士たちを主題にしたノンフィクションがあります。著者によれば、帰還兵士二〇〇万人のうち五〇万人（およそ四人に一人です）が精神に深い傷を負っており、毎年二五〇人以上が自殺しているといいます。いかに深いダメージを負うことになるか、通常の市民生活に戻ることがどれほど困難か、その現状を伝えるべく兵士や家族に取材をして書かれた本です。

そんなわけで、人は人をなかなか殺せない、そのようなシステムを本来はもっている。もしそのシステムを破壊するような人格改造が加えられるならば、社会生活が不可能になるほど、人格そのものが深い傷を負ってしまう。この事情は「植松聖」といえども同様のはずである。しかし「**人を殺すことに抵抗しようとする力**」が、植松死刑囚にあってはまったく働いていない。その後の心理においても、動揺や外傷の痕跡がまるで見られない。この点をどのように考えればよいのか、私には重要な問いでした。

もちろん、「殺人者の心理」など、まして植松死刑囚のような桁外れの殺人を犯した人間の心理など、凡人の理解が及ぶものではないことは承知していますが、こんなことが、あの一通だけの短い手紙から私が考え続けてきたことでした。

グロスマンの著書では、「兵士の二パーセントは」「殺人行動にともなうトラウマを経験しないらしい」といい、その一群を「攻撃的精神病質者」と名付けています。グロスマンに倣えば植松死刑囚もここに該当するのかもしれませんが、**この本の目的は心理学的な診断名を付すことではなく、「植松聖」という人間を、私自身の言葉で掘り下げることはできないかということです。**あえて言えば「人間学的犯罪論」とでもいうべき試みであり、本書の第Ⅲ部で、さまざまな角度からその検討を加えています。

この事件の深層に流れる「戦争」という主題

もう一つ、次のことも書き添えておきましょう。事件の決行前に衆議院議長に宛てたという例の手紙についてです。

政治が戦争の「顔」を強く現し始めたときに、戦争の「顔」を剝き出しにした男が、自分は優秀なコマンドだ、いつでも戦争をする用意があるという手紙を持って、政治の中枢に乗り込んでいった。しかもそれが福祉のなかから現れた。これはいったいなんだろう。……植松死刑囚の手紙を読んだときの衝撃と困惑は、次第にそんな言葉になっていきました。

「戦争と福祉と優生思想」。これがこの事件の主題のようだと私は受け取ったのですが、どこからどう切り込んでいけばいいのか、しばらく身動きの取れない状態が続きました。第Ⅰ部のようなかたちでまとめられるまでには、二年ほどの歳月を要しました。

そして本書の草稿を書き終える直前になって、ほんとうに戦争が始まったのです。ロシアによるウクライナへの侵攻です。すぐさま、ロシア–プーチンのおよそ時代錯誤的な蛮行を非難する報道が溢れました。砲弾をのがれて逃げまどうウクライナの人々の姿に釘付けになりながら、何度見ても言葉が詰まって出てきませんでした。やがて、ロシア兵による民間人の虐殺、拷問、レイプなどが次々と明らかになっていきます。そんな最中の二〇二二年四月二八日、突然、拘置所にいる植松死刑囚が「再審請求」を出したと報じられたのです。報道は今のところそれだけで、続報はありません。戦争の渦中にあることを見計らったかのような再審請求。この符合はまったくの偶然なのか、何かしらの思惑があるのか。皆目見当はつかないのですが、偶然だとしてもいかにも「植松聖」らしいと感じさせます。

そして五月一二日には、戦争犯罪人として法廷に呼び出されたロシア兵の初公判が開かれたと報じられました。民間人を背後から射殺したとされた兵士は二一歳だといい、子どものような顔立ちをしていました。いったん戦争が始まれば、兵士たちを人間ではない別の生きものに変えてしまう、それが、人と人とが殺し合う戦争の本質なのだ、と改めて思い知らされる報道が続きました。

多くの人にとって、津久井やまゆり園事件はほんとうに遠い過去の出来事になったのでしょうか。二〇一六年七月二六日に、降って湧いたように私たちの前に現れて衝撃を与えた津久井やまゆり園事件。コロナ禍の渦中にある二〇二二年二月二四日、突然始まって世界中を震撼させているロシア－ウクライナ戦争。私がこの六年間を事件と「植松聖」という存在にどっぷりと浸かりきって過ごしてきたから、余計そう感じるのかもしれませんが、ひとつながりの出来事のように思えてならないのです。

それにしても、なぜこれほどまでに社会は「明るい無関心」を隠そうとしないのでしょうか。もはや、抗議することを忘れてしまっているのでしょうか。本書への入り口としてこのようなことも記しておきたいと思います。

注

1 この時期はまだ被告人でしたが、現在は死刑囚であり、こちらを用いました。

2 『飢餓陣営49』（二〇一九年七月）所収、「父親たちは語る──なぜ施設を望むのか、あるいは望まないのか」（「津久井やまゆり園事件を考え続ける対話集会」より。発言者：大月和真、尾野剛志、神戸金史、岡部耕典）

3 私が入手した限りの単行本だけでも、次のようになります（出版年月順）。立岩真也・杉田俊介『相模原障害者殺傷事件』（青土社、二〇一六年一二月）、朝日新聞取材班『妄信　相模原障害者殺傷事件』（朝日新聞出版、二〇一七年六月）、堀利和編著『私たちの津久井やまゆり園事件』（社会評論社、二〇一七年九月）、月刊『創』編集部編『開けられたパンドラの箱』（創出版、二〇一八年七月）、河東田博『入所施設だからこそ起きてしまった相模原障害者殺傷事件』（現代書館、二〇一八年七月）、井原裕『相模原事件はなぜ起きたのか』（批評社、二〇一八年七月）、渡辺一史『なぜ人と人は支え合うのか』（ちくまプリマー新書、二〇一八年一二月）、阿部芳久『障害者排除の論理を超えて』（批評社、二〇一九年三月）、高岡健『いかにして抹殺の〈思想〉は引き寄せられたか』（ヘウレーカ、二〇一九年四月）、雨宮処凛編著『この国の不寛容の果てに』（大月書店、二〇一九年九月）、堀利和編著『私たちは津久井やまゆり園事件の「何」を裁くべきか』（社会評論社、二〇二〇年三月）、月刊『創』編集部編『パンドラの箱は閉じられたのか』（創出版、二〇二〇年六月）、朝日新聞取材班『相模原障害者殺傷事件』（朝日文庫、二〇二〇年七月）、神奈川新聞取材班『やまゆり園事件』（幻冬舎、二〇二〇年七月）、雨宮処凛『相模原事件裁判傍聴記』（太田出版、二〇二〇年七月）、森下直貴・佐野誠編著『新版「生きるに値しない命」とは誰のことか』（中公選書、二〇二〇年九月）、森達也『U　相模原に現れた世界の憂鬱な断面』（講談社現代新書、二〇二〇年一二月）、小松美彦・聞き手今野哲男『増補決定版「自己決定権」という罠』（現代書館、二〇二〇年一二月）

4　立岩真也『病者障害者の戦後——生政治史点描』（青土社、二〇一八年）。

5　アリシア・ウーレット著、安藤泰至・児玉真美訳『生命倫理学と障害学の対話——障害者を排除しない生命倫理へ』（生活書院、二〇一四年）

6　デーヴ・グロスマン著、安原和見訳『戦争における「人殺し」の心理学』（ちくま学芸文庫、二〇〇四年）

7　デイヴィッド・フィンケル著、古屋美登里訳『帰還兵はなぜ自殺するのか』（亜紀書房、二〇一五年）

第Ⅰ部　戦後福祉の「宿痾」

アウシュヴィッツとは、まさしく、例外状態が正規のものとぴたりと一致していて、極限状況が日常的なもののパラダイムそのものとなっている場所のことである。しかし、正反対のものに転じようとするこの逆説的な傾向こそが限界状況を興味あるものにしているのである。通常はそうであるように、例外状態と正規の状況が空間と時間において分かたれたままであるかぎりは、両者は、ひそかに互いの基礎となっていながら、不透明なままである。しかし、今日、ますます頻繁に見られるようになっているように、両者は、共犯関係を白日のもとにさらすやいなや、いわば内側から互いに照らし合う。

（ジョルジョ・アガンベン著、上村忠男・廣石正和訳『アウシュヴィッツの残りのもの――アルシーヴと証人』月曜社、二〇〇一年）

第一章　被害者と遺族を「記録」する

1　被害者「匿名」問題と、遺族・家族の立たされた場所

「一九人の人たちが生きていたことを確認したかった」

神奈川県相模原市の津久井やまゆり園で、利用者と職員四五名が殺傷された事件の、その最大の特徴は何かと問われたら、私は、被害者が名前を奪われたこと、最初から最後まで「匿名」存在として語られたことだったと答えます。そして匿名のまま忘れられようとしている。ここに、この事件のもつ最大の困難と、矛盾とジレンマが表れています。

事件から五年後の施設再建の追悼式典では、七名の被害者の方の名前がモニュメントに刻まれたといいますが、[*1]第一章では、「やまゆり園事件の被害者、その遺族と家族」という主題を、できるだけ深く掘り下げて考えてみたいと思います。

被害者の方々の警察発表時の匿名化は、家族の希望によってなされました。日本社会にはいまだ根

深い差別があるから、というのがその理由でしたが、障害者差別の存在を訴える当の家族みずからが差別の担い手になる、というこの矛盾が、問題の複雑さと難しさを如実に表していました。

県警発表に対し、報道はどう応じたのでしょうか。神奈川新聞取材班による『やまゆり園事件[*2]』に、次の記述が見られます。県警内部でも見解が割れ、最終的には警察庁が判断したと書いた後、「**刑事畑を歩んできた幹部の語り口に諦念がにじむ。「この国に、障害者を受け入れる寛容さはあるか。悔しいがないだろ」。入所していたきょうだいの存在を、結婚相手にも打ち明けられないままの遺族もいると明かした。「そういう方々から『名前を明かさないでくれ』と頼まれ、実名発表に踏み切るわけにはいかなかった」**」（一五四頁）と、内情が記されています。

しかし報道側も一枚岩ではなく、各社に大きな温度差があったといいます。

「**県警本部2階の記者クラブ。実名発表の原則を破られた報道側は、加盟社のキャップ級が対応を協議した。表向きの報道は、県警の匿名発表を一様に問題視していたが、内情は違った。神奈川新聞の川村は「温度差がかなりあった。強く異議を唱えようとしたのは、ごく一部の者だけだった」と振り返る**」（一五四頁）。温度差がどこに生じているかといえば、事件の情報は県警に集中するため、県警への批判を強くすることは関係悪化につながり、情報が取れなくなる、という懸念でした。

記者クラブはその後、県警に対して「原則は実名発表。その是非はメディア側が自主的に判断」「今回の匿名発表を前例としない」と、申し入れをしたといいます。しかし「**それは、19人の匿名化の、記者クラブによる容認にほかならなかった**」（一五五－一五六頁）とも書いており、報道側にとっては不本意なかたちで問題の本質が先送りされた、そう認識されていたと見ることができます。

県警の匿名判断は裁判にも引き継がれていくのですが、第九回公判の被告人質問の際、弁護人との間でこんなやり取りがありました。

弁護人：裁判について、言いたいことはありますか。どんなことでも。

被告人：ありがとうございます。匿名裁判は重度障害者に対する問題を浮き彫りにしていると思います。家族の中には幸せを感じる人もいますが、人の時間とお金を奪ってはいけません。悲しい、寂しいと言われるのは分かるのですが、施設に預けるのは家族の負担になっていると思います。

自分の言うとおりになっている、何よりも家族がそれを認めているではないか、という植松被告の声が聞こえてきそうなやり取りでした。

ここまで書いてきたように、障害をもつ家族への差別に苦しめられてきた当の家族が、自分たちの存在が社会に明らかにされようとするときに、差別をする側に転じてしまうというジレンマ。報道にとって死守すべき問題としてきたはずの被害者実名報道に対し、その原則の旗をいったんは降ろさなくてはならなかったという分厚い社会のバリア。[*3]

そして横浜地方裁判所（以下、横浜地裁）も被害者匿名を引き継ぎ、甲（亡くなった利用者）、乙（負傷した利用者）、丙（負傷した施設職員）というように、「名前を奪われた被害者」として審議を進めていったわけですが、こうした一連の事態は、植松死刑囚が主張するとおり、社会における障害者の存在がどのようなものであるかを如実に示してしまった。言ってみれば、「個人の人権と尊厳」という私たちの最大の課題が、一方は匿名であることこそ是であるとし、もう一方は実名こそを是とする、という両極の判断となって現れることになったわけです。この溝ははたして埋まるのか。

もう一つ大きなジレンマがあります。では、家族を批判すれば解決の糸口になるのかといえば、そうではないことです。差別問題は、差別をする当事者を批判することが通常の在り方ですが、ここではそれは通用しない。差別をされている当事者家族が、差別する主体です。遺族・家族への批判は、ジレンマをさらに深めることになる。ではどうすればよいのか。

解決の糸口を見つけることが困難な事態、これが被害者にして加害者であるようなあり方、津久井やまゆり園事件の被害者と遺族・家族の立たされた場所でした。

名前を知らされることも、顔を見ることもできない被害者に、どんなふうに哀悼の意を示せばよいのか、私は長いあいだ方策が分からずにいました。事件からどれくらいたった頃か、友人の車に同乗させてもらい、津久井やまゆり園に行き、献花台に花と飲料を供えてきたのですが、「哀悼の意を表す」と言っても心の中で像が結ばないのです。ポカンと空白のままなのです。「津久井やまゆり園事件を考え続ける会」（会については後述。以下「考え続ける会」）に参加させてもらい、そこで開催される集会に出席したときも事情は変わりませんでした。

変化は、「考え続ける会」のメンバーである山崎幸子（やまざきさちこ）さん（NPO法人役員）への取材の際に訪れました。山崎さんは事件後、二六日の月命日には足を運び、献花を続けてきたといいます。そして次のように続けました。「**私がまずやりたかったことは、一九人の人たちが生きていたことを確認したかっ**

たことです」。「会ったこともないし顔も知らない人たちなんだけれども、園の近くに行って施設の周りをまわりながら、この場所にいたことを確認したかったのです[*4]」。

この談話を耳にしたとき、私もまた「亡くなった方々をどうしたら確認できるか。遺族にどうやったら「出遭う」ことができるか」、そう考えていたのだと思い当たりました。これが本書を書き始める一つの突破口になりました。「事件を風化させてはならない」とはよく言われます。事件が風化するとは、事件と被害者の記憶が棄て去られていくことです。そして私の仕事は、事件と被害者の方々を記録することです。現代の歴史として「記録（ドキュメント）」することが私の仕事です。

しかも今回は名前と顔を奪われています。「顔と名前を奪われた被害者とその遺族」だからこそ、事件の記憶をより深く刻み付けなくてはならない。それが、山崎さんが教えてくれたことでした。

〈生き残った人々〉とアウシュヴィッツ

ここでナチスとアウシュヴィッツの記録などを持ち出すのは、いかにも安易で憚られるのですが、世界史の中でも桁外れのあの蛮行についての重要な記録である『イェルサレムのアイヒマン』（みすず書房、一九九四年）を読んでいたとき、哲学者のハンナ・アーレントが次のように書いているのが目に留まりました[*5]。

傍聴席を満たしていたのは〈生き残った人々〉だった。中年以上で、この私のようにヨーロッパ

からの移住者で、ここで知らされねばならぬことなどはとうに知りつくし、何かの教訓を与えられたいなどという気持ちは一向になく、自分で結論を引き出すためにこんな裁判など一向に必要としない人々だった。次から次へと証人が喚問され、凄惨な事実が次々に語られるあいだ、彼らはそこに坐り、もし語り手と面と向って個人的に聞くのであれば聞くに堪えなかったような話に耳を傾けていた。（五頁）

ここで裁かれようとしているアイヒマンは、「ゲシュタポのユダヤ人移送局長官で、アウシュヴィッツ強制収容所（略）へのユダヤ人大量移送に関わった。「ユダヤ人問題の最終的解決」（ホロコースト）に関与し、数百万人におよぶ強制収容所への移送に指揮的役割を担った」（Wikipedia より）と記される人物です。その裁判の記録と考察が『イェルサレムのアイヒマン』であり、傍聴席に座る〈生き残った人々〉とは、あの収容所からの、奇跡的な生還者です。

この本では、アイヒマンは次のようなことを話す人物として書かれます。「ユダヤ人殺害には私は全然関係しなかった。私はユダヤ人であれ非ユダヤ人であれ一人も殺していない——そもそも人間というものを殺したことがないのだ。私はユダヤ人もしくは非ユダヤ人の殺害を命じたことはない」。そして自分が追及されても仕方がないのは、ユダヤ人の絶滅に「協力し幇助したこと」だけだと繰り返します（一七頁）。あるいは、彼が「官庁用語しか話せない」と弁解したことを取り上げ、アーレントは「彼にとって重要な事柄や出来事に言及するたびに、驚くほど一貫して一言一句たがわず同じ極り文句や自作の型にはまった文句をくり返した」と言い、次のように書きます。

彼の語るのを聞いていればいるほど、この話す能力の不足が考える能力——つまり誰か他の人の立場に立って考える能力——の不足と密接に結びついていることがますます明白になって来る。アイヒマンとは意志の疎通が不可能である。それは彼が嘘をつくからではない。言葉と他人の存在に対する、従って現実そのものに対する最も確実な防衛機構〔すなわち想像力の完全な欠如という防衛機構（独）〕で身を鎧っているからである。（三八頁、傍点、〔　〕ともに原文ママ）

このようなアイヒマンの話[*6]を、傍聴席に座る人々、つまりは〈生き残った人々〉は、裁判のあいだ中、聞かされ続けていたわけです。アーレントはこの著書に「悪の陳腐さについての報告」というパラドキシカルなサブタイトルを採用していますが（じつはこれはパラドックスなどではなく、この問題の本質に通じる問いかけそのものなのですが）、アイヒマン裁判の傍聴を通じて格闘している主題、「とてつもなく野蛮で無慈悲で巨大な悪」を実行した人間がいかに「陳腐な悪」を語り続けたか、先の引用の後、アーレントは続けます。「だからこそ、八カ月にもわたってユダヤ人警察官から取調を受けるという目にあいながら、アイヒマンは何の躊躇もなくこのユダヤ人にむかって、自分がSSでもっと高い地位に上れなかった理由と、またそれは自分が悪かったからではないということをくりかえしくりかえし長々と説明してやまなかったのだ」。

『イェルサレムのアイヒマン』はこの後、「第一の解決——追放」「第二の解決——強制収容」「最終的解決――殺戮」と続いていき、その時々にアイヒマンがどのような役割を果たしたかが書かれていくことになります。

先ほど、やまゆり園裁判の問題をどう描くか、公判で語られた被害者と遺族の記録を、どう書き留めておくことが、この事件を「風化させてはならない現代史」として記録することになるのか、そう書きました。

植松死刑囚の行動は、ナチス・ドイツの「T4作戦」と同じ思想に拠っている、と繰り返し指摘されてきました。そのとおりなのですが、ナチス関係の文献を調べれば調べるほど、〈生き残った人々〉が自分の言葉を根こそぎに奪われていること、それを取り戻すために、どれほどの時間と、苦痛この上ない内的作業を経なくてはならなかったか、その凄まじさに圧倒されます。

「名前を奪われた被害者をどう記録するのか」という課題に、さらに加えておかなくてはならないことは、被害者たちが、つまりは「重度知的障害者」という存在が、「言葉をもたない」世界を生きる人たちだということです。生まれ落ちたときからいわゆる「言葉」をもたず、一言も発しないまま生涯を終えていく。多くはそういう存在です。そういう存在が、死して後に名前も奪われた、生きてきた軌跡も奪われた。その彼らをどう「記録」できるのか。

アウシュヴィッツとの類似をあえて言うならば、むしろそのこと、記録の不可能性を乗り越え、どう記録するのか。そもそも私にできることなのか。本書を書き出すまでに事件から六年を要していますが、記録することの途方もない難しさという大きな壁の前で立ち尽くし、登り始めるまで必要とした時間だったのだろうと思います。

2　遺族は何を語ったか、被害者はどう語られたか

司法解剖と遺体の状況

公判中、被告人によって、あるいは検察官や弁護人によって、被害者がどんなふうに殺されたのか、最後はどのような様子だったのかが語られていく内容を、遺族はどんな思いで聞いているのだろうか。傍聴のさなかにメモを走らせながら、唐突にそんな思いに襲われることがありました。再び手を動かしていくのですが、今回の植松裁判にあって、遺族たちはどんな思いを掻き立てられながら耳を傾けていたのか。アーレントが書いていたように、「**意志の疎通が不可能で**」想像力を欠いた人間による、「**個人的に聞くのであれば聞くに堪えなかったような話**」だったはずです。

被害者がどう語られたのか、どれほどの深手を負うことになったのか、少し追いかけてみます[*7]。

第二回公判で、証拠調べとして、「遺留品の発見状況」「殺人事件の一九人の被害者（甲A～甲S）の遺体発見状況」「殺人未遂事件の二四人の被害者（乙A～乙W）の被害状況」「やまゆり園職員の被害状況」「包丁の形状」「被害職員五名（丙A～丙E）の供述調書」などが検察官によって読み上げられました。

ここでは、亡くなった一九名の中から三名の方の「遺体発見状況」を記載していきますが、目的は、その事実をまずは私自身が脳裏に刻み付けておくこと、そこにあります。ここでの記述は、順番を入

れ替え、甲ＡＢＣ……を伏せて紹介していきます。専門用語や警察用語がたくさん出てきますが、法廷で「被害者」がどのように語られるか、できるだけ言い換えずに記載します（ちなみに「切創」は切られた傷、「刺創」は刺された傷、「刺切創」は深く切り込まれた傷。「防御創」とは、防御しようとしてできた傷のことです）。

検察官：遺体は居室で発見されました。居室の場所は見取り図の赤い四角で示したとおりです。発見時の遺体の状況は左側の図面に示したとおりです。その時の居室の状況も右側の図面に示したとおりです。受傷部位についてです。頸部に①深さ約八センチで、左の頸部に貫通している刺切創、また②深さ七センチの刺切創、③の刺切傷、④深さ二・五センチの刺切創も認められました。死因は左内頸動静脈切断による失血死です。推定される凶器及び主症状等に関する鑑定医の見解は、凶器は先端が鋭利で、片側に刃が付いている刃物。刃の長さは八センチ以上。受傷状況は前頸部の他に刀傷が認められず、手や腕に防御創が認められないことから、重度の障害または睡眠により、避けることのないまま受傷するに至ったというものです。

検察官：遺体は居室で発見されました。居室の場所は見取り図の赤い四角で説明した場所です。遺体の状況、居室の状況は右側の図面に示したとおりです。出入り口に近いところで発見されました。負傷部位について。頸部に①の四・五センチの刺創、②深さ四・五センチの刺創、これは刀傷が認められています。③深さ約三・五センチの刺創は左頸動脈に到達しています。

死因は頸部刺創による失血死。推定される凶器や負傷状況に関する鑑定医の見解は、凶器は極めて鋭利な刃物。刃の長さは四・五センチ以上。負傷状況について、防御の時間がない程度に短時間で一気に頸部を三回、あおむけの被害者の前方から損傷したというものでした。

検察官：遺体は居室で発見され、その場所は見取り図の赤い四角の場所です。発見されたときの状況は左側の図面に示したとおりです。その時の居室の状況は右側の図面の出入り口付近になります。受傷部位は①左頸部に深さ八・五センチの刺創。頸部の左側に②の刺創、③の深さ一〇センチの刺創、④の深さ八・五センチの刺創。死因は頸部刺創による左総頸動脈ならびに左椎骨動脈損傷に基づく失血でした。推定される凶器及び負傷状況等についての鑑定医の見解は、凶器は片側に刃が付いている刃物の可能性が高く、刺創が一つの凶器によって形成されたとすれば、その凶器は刃体の長さが一〇センチ以上で、片側に刃が付いている鋭利な刃物が想定されます。受傷状況は、骨が損傷していることを考慮すると、強大な力をもって刺突されたものと判断される、というものでした。

警察官は、園内と、植松死刑囚が事件当日に持参していたスポーツバッグから、五本の刃物を発見したといいます。園内で発見されたのは、柳刃包丁（刃体の長さ約二一センチ）とペティナイフ（刃体の長さ約一二・四センチ）。ペティナイフとは、サイズの一回り小さな洋包丁のことです。車内のスポーツバッグからは、菜切り包丁（刃体の長さ約二〇・三センチ）と、二本のペティナイフ（刃体の長さ約一四・三センチと約一五・六センチ）。鋭利なこれらの凶器を用いて、取り憑かれたように次々と襲いかかっていったわけです。

いずれも複数回、頸部に、あるいは背中に、五センチを超えるほど深々とした刺し傷を負わせています。「防御の時間がない程度に短時間で一気に」損傷を加えた、「強大な力をもって刺突された」「防御創が認められない」という医師の言葉があります。執拗に何度も何度も、一切の躊躇なく行っています。このとてつもない殺意とそれを実行していくエネルギーは、どんなふうにすれば可能になるのでしょうか。いずれにしてもこれらの事実は、植松死刑囚がまったく無防備な被害者たちに対して行ったことです。

植松死刑囚にとっての被害者

では植松死刑囚は、自分が手にかけた被害者たちをどう認識していたのでしょうか。第一一回公判での被害者代理人弁護士とのやり取りから引きます。甲Aさんは、公判の開始とともに母親が「美帆」と名前を公開した人です。

甲A代理人：〔美帆さんの〕胸やお腹、背中を三回、臀部を一回刺して殺しましたが、あなたは感触を覚えていますか。

被告人：必死だったので覚えていません。

甲A代理人：これ以前に人を刺したことはないですよね。
被告人：はい。
甲A代理人：人生で初めて刺したのに忘れましたか。
被告人：必死だったので。
甲A代理人：はなホームの一一〇号室に美帆さんがいることは知らなかったんですよね。
被告人：はい。
甲A代理人：美帆さんの取調調書が朗読されていましたね、覚えていますか。
被告人：はい。
甲A代理人：美帆さんはどんな人でしたか。言ってみてください。
被告人：どんな人だったか……。メモを取っていないので明確に答えられません。
甲D代理人：甲Dさんは五〇年以上前からやまゆり園に入所していて、今回の被害者の中で一番高齢だった方です。甲Dさんには兄がいて、そのお兄さんも高齢です。お兄さんは毎回必ずみどり会〔保護者の会〕に参加していたので、職員の中にはご存じの方も多かったそうですが、あなたは知っていましたか。
被告人：いいえ、知りません。
甲D代理人：写真を見せれば分かりますか。
被告人：分かるかもしれません。〔モニターに甲Dさんと兄が談笑している写真が映し出される〕

甲Ｄ代理人：真ん中が甲Ｄさんで、一緒に写っているのが甲Ｄさんのお兄さんです。見覚えありますか？

被告人：はい。

甲Ｄ代理人：見覚えがなく、知らなかった？

被告人：見覚えはありません。

乙Ｅ代理人：乙Ｅさんの母、兄の弁護人です。やまゆり園で働いていましたね。

被告人：はい。

乙Ｅ代理人：つばさホームで働いていましたね。

被告人：はい。

乙Ｅ代理人：つばさホームで四人が亡くなったが名前は確認した？

被告人：はい。

乙Ｅ代理人：四人のことは知ってる？

被告人：全員ではありませんが知っている人もいます。

乙Ｅ代理人：この方が乙Ｅさんです〔名前を指さす〕。ご存じ？

被告人：存じ上げません。

乙Ｅ代理人：乙Ｅさんはつばさホームの五〇四号室であなたに刺されました。そのときを覚えてる？

被告人：……あーちょっと、そのときのことは分かりません。
乙E代理人：分からない？
被告人：はい。
乙E代理人：乙Eさんだけでなく被害者全般について、刺しているとき痛そうとか苦しそうとかそういう感情はある？
被告人：そういうのは見たくなかったので、えー……というのは、あるかもしれませんが……。
乙E代理人：犯行の状況を聞いています、そのときの感情を答えてください。
被告人：あると思います。
乙E代理人：あった？
被告人：当然生きていれば痛みはあると思います。
乙E代理人：理屈で答えてる？
被告人：そうです。
乙E代理人：私は犯行時の被害者を見て思ったことを聞いている。
被告人：そういうことを考えていないと思います。

いずれも命を奪った本人が、自分が手にかけた相手のことを覚えていない、分からない、刺しているときのことは記憶にない、と他人事のように答える証言を抜粋しました。聞くに堪えないこんなやり取りは、この後も続きます。第三者にすぎない私でさえさまざまな思いが湧いてきますが、傍聴席にいた遺族たちはこんな話を聞かされ続けていたわけです。

事件の第一報とその後のこと

次に、被害者遺族の像を少しでも浮かび上がらせるために、再び裁判記録から遺族に関するいくつかの事実を再構成してみます。少々長い「引用」になります。まず、事件直後の津久井やまゆり園の混乱がどのようなものだったか、詳しく語られている甲Nさんの姉（ｃさん）の証言を抜粋しながら紹介します。

甲Nさん（六六歳男性・いぶきホーム）**の姉**（ｃさん）**の供述調書から**

事件を知ったのは、七月二六日早朝。リビングにいると電話が鳴り、夫が「やまゆり園からだね」と教えてくれたといいます。普段、やまゆり園から電話があるときは、「けがをした」「体調が悪くなった」といった報告がほとんどでした。

「しばらくすると夫が私のところにきて、「取り乱さないで、冷静に聞いて」と私に言いました。そして、甲Nが刺されて亡くなったみたいだ、病気やけがで亡くなったのではないみたいだ、といった話を始めたのです。私は夫が何を言っているのか理解できず、「あなた、何言っているのよ、ちょっと代わって」と言って、電話を代わりました」

電話先の職員は謝るばかりだったといいます。

「申し訳ありません、申し訳ありません。甲Nさんが刺されて亡くなりました。すぐに施設に来ていただけませんか、と何度も何度も謝りながら、夫が話した内容と同じことを言うのでした。事情を聞こうとしましたが、すごく慌てた様子で、とにかくすぐに来てください、とくり返すばかりでした」

テレビに電源が入っていることに気づいたcさんは、画面をのぞき込みました。

「津久井やまゆり園に刃物を持った男が侵入し、入居している人たちを襲った、たくさんの人がけがをしている、とアナウンサーが慌ただしく話していました。今しがた夫や施設の職員から言われたことや、職員の人が私に必死に謝っていた理由が、どんどんと頭の中でつながっていきました。しかし私はニュースを見たとき、大切な弟が殺されたことにショックを受けたというよりは、弟は大丈夫だ生きている、といった気持ちのほうが強くて、どうしても現実だとは受け止められませんでした」

それからcさんは夫に連れられ、車で津久井やまゆり園に向かいます。到着は九時頃だったと言います。

「敷地内ではたくさんの警察官が、慌ただしく走り回っていて、表門には黄色いテープがところどころに張りめぐらされていました。目の前の光景を見れば、とんでもないことが起こったことはすぐに分かります。テレビで報道していたことが、決して大げさなものではないことを思い知るには、十分な光景でした。しかし私はそれを見ても、弟は大丈夫、弟は生きている、となんの根拠もない思いにすがり、自分に言い聞かせるように何度も心の中でくり返していました」

夫とともに施設の中へと向かったcさんは、警察官に家族であることを告げ、中に入れてもらいました。しかし、すぐに安否を確認できたわけではありませんでした。

「施設の中では警察官が現場検証を行っているため、集会所のような広い場所に案内されました。入り口には「家族控え室」と貼り紙がしてあり、中には入居者の家族と思われるたくさんの人が、不安そうな表情で立ち尽くしていました。家族の中には慌ただしく職員を探し回り、少しでも情報を集めようと走り回っている方もいました。職員が、警察の説明を待っています。集会所のテーブルの上に名簿のような紙が置かれていることに気づき、見ると、そこには何人もの名前が書かれていました。名前の他にも何かが書かれていましたが、それが何かははっきりと覚えていません。私の弟の名前である「甲N」と書かれていたことははっきりと覚えています」

cさんは、周りで待機している家族たちの会話が耳に入ってくるようになりました。

「しばらくすると、たくさんの人が首を刺されて殺されたらしい、といった会話が漏れ聞こえてきました。私は、なんでこの人たちはそんなことを知っているのか、たくさんの人が殺されたということがほんとうなら、ここにあるのは殺された人たちの名簿なのではないのか。そう思うと、弟が殺されたという事実がじわじわと現実味を帯びてきました」

cさんが甲Nさんとの対面がかなったときには、午後九時を回っていました。

「夫とともに、弟のもとへ案内されました。弟はまるで眠っているような穏やかな表情で、声をかければすぐに起き上がるのではないかと思えるほどでした。しかし体は冷え切っていて、何度声をかけても動くことはありませんでした。残酷な現実をどうすることもできなくて、ただただ泣き崩れるだけでした」

甲Nさんはきれいに着飾られていましたが、首元には大きな絆創膏のようなものが貼られていたといいます。

「警察官からの説明はありませんでしたが、犯人に首を刺されたことはすぐに分かりました。どんなに痛かっただろう、どんなに怖かっただろう、と胸が張り裂けそうになり、犯人に対する強い怒りがこみあげてきました。自宅に帰ってから弟との楽しい思い出ばかりが思い返され、その度に弟のあの優しい笑顔にもう二度と会えないと思うと悔しくて、今でも涙に暮れています」

こんなふうにして、被害者家族全員の「その朝とその後の出来事」が語られていきました。

法廷では、人数の多さが、証言内容のインパクトをかき消してしまった感があるのですが、その記録を読み返し、一人ひとりの内容を吟味すると、やはり強く迫るものがあります。いつものように始まり、いつものように終わるはずだった一日が、突然、閉ざされます。なんの前触れもなく、受け入れがたくてあり得ない現実が襲いかかってくる。わけの分からない混乱のなか、否が応でも変わり果てた家族の姿を見届けなくてはならない。いったい何が起きたのか。なぜこんなことが起きたのか。

植松死刑囚はといえば、記録が読み上げられる間、まったく関心のない表情を隠しませんでした。あくびを嚙み殺し、何度となく座り直し、しきりに顔に触れ、退屈の極みという感じでした。しかし、自分のことが語られる段になると、打って変わった態度になるのです。話し手に視線を注ぎ、頷いたり苦笑したり、首を傾げたりして聞いているのでした。

甲Sさんの母親（代理人）の意見陳述

被害者遺族が、公判での意見陳述に際してどのようなことを語ったのか、甲Sさんの母親の証言を引いておきます。

「(甲Sは) 私たちには大切な幸せをたくさんくれたのに、この事件は分からないことばかりでした。そのことを知りたくて、私は仕事を休ませていただき、一月八日の初公判から一昨日まで毎回裁判所に足を運んで、いろんな人が話す内容を聞きました。聞くのがほんとうに辛いことばかりでしたが、事件当時の様子が分かったので、その点についてはよかったと思っています。けれど、息子のことについて分かったのは、被告人が、息子は誰なのか、どんな人なのかも分からないのに刺してしまったということだけでした……。息子が最期、どのようにして亡くなったのかは知ることができませんでした。

また裁判では、被告人の偏見に同調するような友人の言葉もありました。私はこんなことが二度と起こらないように、障害をもった人たちがどんなふうに生きているのか、障害者たちの現実の姿をもっと世間の人たちに知ってもらいたいです。その人たちがもっと生きやすい社会になってほしいです。

私は、元気だった息子が急にいなくなってしまい、息子の死を受け入れることができませんでした。今もそうです。ただ、裁判にずっと出ていて、息子がいなくなってしまった現実を少しずつ理解し始めたような気がします。被告人は、障害者は不幸を作ると言っていますが、不幸を作ったのは被告人です。息子は不幸なんて作っていません。いつも幸せを作ってくれました。大変なときもありましたが、苦労と不幸は違うのです。息子を返してほしい。息子にもう一度会いたい。以上です」

3　「犯罪被害者遺族」とはどんな存在なのか

「事件の記憶を被害者と遺族だけに背負わせてはならない」

私が初めて事件と裁判の取材に奔走し、本を著したのは、二〇〇一年、東京浅草で起きた短大生殺人事件でした。[*8] 一八歳の女性が、レッサーパンダの帽子をかぶった見ず知らずの男に、通り魔的に襲われたのです。この事件の取材では、不思議な縁があって被害者遺族への面会を許していただいたのですが、ご両親への最初の訪問のとき、こんなことを語ってくれたのでした。

「……ほんとうに、ごくごく普通の女の子でした。女子高に入り、短大に進み、就職。そして結婚。そうやって普通に、平凡に生きてくれる女の子で、十分に満足でした」「佐藤さん、うちの子があんな目に遭わなかったら、代わりに、誰か他の子が犠牲になったんでしょうかね」。そんなことを父親は話してくれました。母親もまた、連絡を受けて病院に向かうときのことについて、「すごく遠かったです。なんで、なんでって、考えることはそれだけでした。内臓が口から出てくるみたいでした」と、思いの丈を話してくれました。「思い出も声も忘れたくないのに、忘れてしまう」とも漏らしました。

一通り話を聞き終えたところで暇乞いをし、席を立とうとしていると、「佐藤さん、ちょっとこの曲を聴いていってくれないか」と、父親に声をかけられました。流れてきた曲は、新井満さんの『千の風になって』でした。私はこのとき初めて耳にしました。すると、それまで私の問いに冷静に答えてくれていた父親が、ふいに、声を張り上げて慟哭を始めたのです。「大の男」が、これほど身を切られるようにして哭くのを、私は初めて耳にしました。耳からは曲が消えていました。帰りの電車の中でも、父親の哭声は消えませんでした。

このときのご両親の表情、振る舞い、言葉、声、そしてひとえに父親の慟哭は、今もって耳から離れません。私は以降、被害者の側に立つという立場とは別のところで仕事をするようになっていくのですが、このときのご両親の姿は、私に重大で、決定的な影響を与えたはずです。

『自閉症裁判』を書きながら、常に手元に置いていた本が『犯罪被害者支援とは何か[*9]』でした。浅草レッサーパンダ事件と同年の〇一年に起きた、大阪教育大学附属池田小学校事件の被害者遺族によって書かれたものです。この事件は一人の男（宅間守・当時三七歳）が小学校に乗り込み、児童八名（一年生一名、二年生七名）のいのちを奪い、児童一三名、教諭二名に深い傷を負わせるという凄惨なものでした。事件直後、遺族が置かれた状況がどのようなものか、どのような支援を必要とするのか、初めてまとまった知見が述べられていたのが本書です。

このなかに、事件直後の混乱を極めた様子が記述されています。事件を知ってから、我が子に再会するまで二時間以上も要したといい、「**おわかりいただけると思いますが、犯罪被害者家族は、「一刻も早く被害にあった肉親のもとに駆けつけたい」という切実な思いがあります。これはもう「心の叫び」ともいえます**」と書いた後、「超混乱期」の支援はどうあるべきかについて、次のように続けています。

でも、そんな被害者遺族よりも、報道陣が早々に病院に到着している。本来知らされるべき人に対して情報が流れていないのです。取材陣も知り、被害者も知るというのならまだわかります。しかし、命を失いつつある子どもの親には、搬送先の情報はなかなか入らなかったのです。（四〇頁）

この後「マスコミの役割」はどうあるべきか、「協働の可能性を模索」していく必要はないか、といった点について述べられていきます。さらには「二次被害」について、そこでどう危機介入して遺族を守るかについてのメッセージが書き留められています。やまゆり園の事件の際に、ここで示されている教訓がどこまで生かされることになったか、「調書」を書き写しながら感じていた危惧はその点でした。

二〇〇〇年一二月に起きた世田谷事件（小さな子どもを含む一家四人が襲われた未解決事件）の被害者遺族である入江杏さんは、次のように書いています。*10

「突然の喪失体験をいっそう苦しく辛いものにするのは、「なぜ?」という疑問だ」「「なぜ、私が?」」「なぜ、私だけ?」「なぜ、こんなふうに?」と問うても答えは見つかりません。そして、問えば問うほど、答えのないことは苦しく感じられます」。この本は、どのようにして悲しみから回復していくかというテーマをめぐって書かれたものですが、「悲しみを支え合う関係」の重要性がくり返し説かれます。

たとえば、被害について記憶することを、被害を受けた当人だけに背負わせてはならないと考えます。もちろん、被害を受けた人はそう簡単に悲しみを忘れることはできません。でも、悲しんで当然だと思いこまれることも、当事者にとっては重く辛いことなのです。悲しみの記憶のしかたも、人それぞれだからです。（同前、四五頁）

被害者といえども受け止め方や表現は多様である。「憐れむべき被害者」とだけ見るのではなく、多様な在り方を認め、そして何よりも共感すること。それがここでの趣旨なのですが、私は、被害を受けた当人だけに記憶を背負わせてはならない、という一節が胸にこたえました。「被害者と遺族」の存在をどう受け止めるか、簡単に答えの出るようなものではありませんし、また私のような立場で仕事をしてきた人間が、軽々と、「悲しみを支え合う」とか「遺族に寄り添う」といった類の言葉を口にすべきだとも思われません。しかし、避けては通れない問題であったことは間違いありません。

それにしても、具体的にどんなサポートをしているのか、津久井やまゆり園の側からのメッセージが一つも聞こえてこないのです。私が聞きたいと強く感じていたのは、亡くなった方々へのとってつけたような美辞麗句ではなく、むしろこのことでした。

4 「私はなすべきことをしただけだ、私に罪はない」

無関心と無力感がどこへ連れていくのか

この節の最後に、もう一度アウシュヴィッツについての記述を引きましょう。哲学者のジョルジョ・アガンベンは『アウシュヴィッツの残りのもの——アルシーヴと証人』[*11]のなかで、ハンナ・アーレントの、次のようなインタビュー発言を引いていました。「これは起こってはならないことでした（This ought not to have happened)。犠牲者の数のことを言っているのではありません。やり方、死体の製造などのことを言っているのです。それについて立ち入って論じる必要はありません。これは起こってはならなかったのです。そこでは、わたしたちが折り合いの付けることのできないことが起こったのです。わたしたちのうちのだれも、けっして折り合いをつけることはできません」（九二－九三頁、傍点は原文）

アーレントのこの言葉の後に、アガンベンは次のような文章を付しています。

> ともあれ、「死体の製造」という表現は、もうここでは死についてそれ本来の意味で語ることはできないこと、収容所での死は死ではなく、死よりもはるかに冒瀆的なものであることを含意している。アウシュヴィッツでは、人が死んだのではなく、死体が生産されたのである。その死亡が流れ作業による生産にまでおとしめられた、死のない死体、非—人間。ひとつの可能な、また一般に流布してもいる解釈によれば、この死の零落こそが、アウシュヴィッツに特有の凌辱、その恐怖に固有の名であるということになるのだろう。（九四頁）

津久井やまゆり園事件とアウシュヴィッツという二つの事実は、同じように「身の毛のよだつ」ものではあるのですが、比較などしようのないものです。比較をしたいのではなく、死や死者を貶めるとはどういうことか、死を蔑ろにするとはどういうことか。語るべき当事者がいない、言葉を持たない、そのときに「記録」はどうなされるのか。アーレントとアガンベンによるアウシュヴィッツについての考察が、多くのことを教えています。そのことをまずは確認しておきたいのです。

「**死体の製造**」。植松死刑囚がなしたこともまた、同じように「身の毛のよだつ」ものです。そして「**死のない死体**」とは、まさに名前を奪われた被害者そのものではありませんか。拘置所の中で、裁判で、彼は滔々と自説を述べ続けたのですが、それは「**死よりもはるかに冒瀆的**」な行為ではなかったでしょうか。

プロローグで、植松死刑囚はなぜ自殺しないのかと私は問いかけました。人間の命を奪うことは、奪った当人にも精神的なダメージを与えるはずなのに、その痕跡が微塵も見られないのはなぜかとも問いました。アーレントは、アイヒマンが自分は命令に従って行動したのであって、人を殺したことはない、と語り続ける姿を描いていました。アイヒマンにも一つとして、苦しむとか悔いるとか、動揺する様子は見られませんでした。

こうした反応を示すのは、アイヒマンだけではないようで、『ゲッベルスと私――ナチ宣伝相秘書の独白』[*12]という本のポムゼルという女性も同様です。ポムゼルは、ヒトラーがもっとも信頼する右腕と言われたゲッベルスの秘書だった女性で、六九年を経て初めて語られた回想をまとめたものです。

たしかにあのころゲッベルスのもとで働いていたけれど、彼は私にとって、ヒトラーの次に偉い、

とても高いところにいるボスの一人でしかなかった。そして私への命令は、省から来たものだった。戦地に送られた兵士たちはみな、ロシア人やイギリス人やフランス人を撃ったけれど、だからといって彼らを殺人者とは言わない。彼らは義務を果たしただけ。私もそれと同じよ。私が誰か個人に不当なことをして大きな苦痛を与えたというのなら、非難されてもしかたないかもしれない。でも、そんなことをした記憶は私にはいっさいない。（一九〇頁）

アイヒマン同様、心の揺らぎは見られません。自分たちは上司の命令に従い、法のもとで職責を果たしただけである、と語り続けています。植松死刑囚も同様に、正しいことが何であるか、ある時気づいた、それを果たすことが自分のなすべきことであると考えて実行した、自分に非はない、そう答え続けました。ヴェトナムやアフガンの戦場に送られた若い兵士たちもまた、敵を撃つことは自分たちの責務であると確信していました。それでも帰還後、四人に一人の兵士たちは、人格の破壊によるダメージに苦しみ続けます。

両者を分けているものはなんでしょうか。植松聖は、死ぬほど苦しむ植松聖ではなく、なぜ最後まで、非難されるようなことは一つもないと言い続ける植松聖だったのでしょうか。この問いへの答えを、今のところ私は手にしていません。

ポムゼルの先の談話を引いた著者は、次のように書いています。

現在一〇六歳のポムゼルが私たちの関心を引くのは、包みかくさず語られた彼女の「臆病さ」と

非政治的な態度の中に、かなり前から勢いを盛り返してきたある傾向が垣間見られるからである。それは難民の運命や、民主主義のエリートに対する激しい憎悪や、民主主義とヨーロッパ統合に宣戦布告した右翼ポピュリストたちの新たな台頭を眼前にして示される、底知れぬ無関心と政治意識の低さと無力感である。（同前）

ポムゼルの語りがなぜ今重要なのか。現在を生きる私たちの試金石となっている、世界史上最悪のナチズムの所業が今ヨーロッパにおいて風化しつつあり、こうした無関心のあいだをかいくぐるようにして、民主主義を否定する右翼ポピュリズムが台頭している。著者はそう繰り返します。

先にも触れたように、今（二〇二二年五月一五日現在）、私たちはロシアのウクライナ侵攻のさなかで、核使用と、第三次世界大戦に拡大してしまわないかという懸念と恐怖のなかに落とし込まれています。著者の言葉を借りるならば、ロシア-ウクライナ戦争は、「底知れぬ無関心」の延長線上に訪れたものだと指摘できるでしょう。私には、津久井やまゆり園事件に対する関心のなさと風化の凄まじい早さが、ここに重なります。あえて書きますが、それこそが、見たくない現実は見ないという「**底知れぬ無関心と政治意識の低さと無力感**」ではないか。植松死刑囚は、そんな私たちと私たちの社会に、見たくない現実を見ろ、そう「宣戦布告」をしてきた。そのように感じた人は決して少なくなかったはずです。

私はこの章を、やまゆり園事件の被害者たちがどのようにして非業の死を遂げることになったか、その記録のしがたさはどこにあるのか、と問うことから始めました。章の最後になって改めて思うのは、記録のしがたさの背後にあるものは、「底知れぬ無関心」という見えない「敵」なのではないかということです。勇み足を覚悟でさらに言うならば、「植松聖」という存在を生み出したものこそが、私たちの「底知れぬ無関心」だった。第一章ではそんなことを指摘しておきたいと考えました。

注

1　フリーディレクターで映像作家の澤則雄さんは、「津久井やまゆり園事件が問いかけたものは」という記事で、黒岩祐治神奈川県知事の、以下の談話を紹介しています。二〇二一年七月二〇日に、再建された津久井やまゆり園で「施設再開と追悼の式典」が執り行われましたが、そのときの記者会見のコメントです。**「感慨深かったのは、そこに七名の名前が刻まれていたことです。事件後ずーっと名前を出せませんでした。五年の歳月の後で七名のお名前を刻むことが出来ました。この後も増えてくる可能性もあると聞いています。この五年の大きな一歩です」**（『飢餓陣営54』二〇二一年一二月）。澤さんは『生きるのに理由はいるの?』というタイトルで、事件をビデオにまとめ、全国で視聴会を続けています。また同誌五三号には「Mはなぜ「植松模倣犯」になったのか」と題し、佐賀県で起きた「模倣犯罪」を取材し、記事にして寄せてくれました。

2　神奈川県警による最初の発表は、事件の半日後でした。県警記者クラブの記者たちと県警幹部とのあいだでどのような攻防があったか、記者たちが簡単に承諾したのではないことが、神奈川新聞取材班による『やまゆり園事件』（幻冬舎、二〇二〇年）に書かれており、記者と県警との次のような一問一答が記録されています。
「――20年以上、神奈川で記者をしてきて、警察の取材もしてきたが、おっしゃる通り極めて異例の対応だ。異例なことには理由がある。申し訳ないが、理由を説明していない。文面を読んでいるだけ。意図も説明していない。／「それは、あなたがそう感じているだけ。私がこれ以上、解説することはしない」／――つまり、十分説明して

いると。／「これは警察として、オフィシャルに詰めた文章。これ以上、解説することは差し控えたい」（一四八－一四九頁）
基本的には、回答拒否に終始していると感じました。

3　現在、RKB毎日放送の記者で、かつて毎日新聞の社会部の記者だった神戸金史さんは、匿名問題について次のように述べていました（『飢餓陣営49』二〇一九年七月）。
「逮捕というものは、公権力による、人が普通に暮らす自由を制限するという権力の行使です。ですから誰が誰を逮捕したのか、誰を拘束したのか、それを明らかにできない社会はだめである。だから実名報道を原則にしたのであって、例外を許していくと、いつか同じ様な社会に戻ってしまうかもしれない、それではいけないということを先輩のジャーナリストたちは相当意識してきた。実名報道についてはいろいろな議論があると思いますが、原点はそこだと私は思っています。

　ところが今回は匿名だということで、私たち記者は、被害者にはアプローチができない状況になったのです。しかも加害者が出頭したことで、加害者の言葉は次々に報道されていきました。私たちの仕事は、世の中の小さな悲しみだったり、喜びだったりを社会に広く伝えていくことです。アンプの機能を持っています。〔ところが今回は〕植松の言葉や像を、私たちメディアが拡散させてしまったわけです」

4　山崎幸子「津久井やまゆり園事件裁判傍聴記（第一回公判）」（『飢餓陣営52』二〇二〇年一二月）

5　ハンナ・アーレント、大久保和郎訳『イェルサレムのアイヒマン』（みすず書房、初版一九六九年）

6　ここでアーレントによって描かれるアイヒマンの像は、法廷で語る植松被告の像を彷彿とさせるものです。少し書き換えてみます。
「植松被告の語るのを聞いていればいるほど、この話す能力の不足が考える能力——つまり誰か他の人の立場に立って考える能力——の不足と密接に結びついていることがますます明白になってきます。植松死刑囚とは意志の疎通が不可能です。それは彼が嘘をつくからではありません。言葉と他人の存在に対する最も確実な防衛機構〔すなわち想像力の完全な欠如という防衛機構（独）〕で身を鎧っているからです」

自分に取り憑いた観念にとって都合のよいデータや情報だけを拾い集めて、それ以外の一切を拒否し、排除する。「観念」とは「心失者を安楽死させる」というものであり、それが「想像力の欠如」とここで言われているものです。

7　以降の記述は、裁判資料における陳述証言、すなわち検察官が示した調書を抜粋し、再構成したものです。注意していただきたいことは、これは「ニュートラルな記述ではない」ということです。それぞれの証言は、「犯罪の立証」という確たる意図のもとで聞き取られ、記述にあたっては編集（あるいは構成）されています。何を話してもらうか（もらいたいか）、話し手の意図や方向性をどこに求めるかは、あらかじめ聞き手（捜査官）によって決められています。話したことをどう取捨選択し、整理し、「証拠」能力をより強いものにするか、そのようないくつかの手順を経て作成されているはずです。私のほうも留意して「引用」しますが、その点を心にとめながらお読みいただきたいと思います。

8　佐藤幹夫『自閉症裁判――レッサーパンダ帽男の罪と罰』（洋泉社、二〇〇五年。のちに朝日文庫）

9　酒井肇・酒井智恵・池埜聡・倉石哲也『犯罪被害者支援とは何か　附属池田小学校の遺族と支援者による共同発信』（ミネルヴァ書房、二〇〇四年）

10　入江杏『悲しみを生きる力に　被害者遺族からあなたへ』（岩波ジュニア新書、二〇一三年）

11　ジョルジョ・アガンベン著、上村忠男・廣石正和訳『アウシュヴィッツの残りのもの――アルシーヴと証人』（月曜社、二〇〇一年）。

この本は、帯に**「それはなによりもまず、アウシュヴィッツ以後に倫理の名を思いあがって自称しているほとんどすべての理論を一掃することを著者に強いた」**と書かれていますが、まさにそのような本です。たとえば本書のなかで、アガンベンは「ホロコースト」という語彙を、ユダヤ人大量虐殺に用いることは文献学的に誤りであると、厳しく指摘しています（三二‐三七頁）。詳細は本書にあたっていただきたいのですが、結論の部分だけを引くと「反対に「ホロコースト」という語の場合は、たとえ遠回しにではあっても、アウシュヴィッツと聖書のolah、ガス室での死と「神聖で崇高の動機にたいする全面的な献身」を結びつけることは、愚弄としかおもえない。この語は、火葬場の炉と祭壇を同一視するという受け入れがたいことを前提としているだけでなく、反ユダヤ主義的な色合いをはじめから担っている意味の遺産を相続している。したがって、ここでは、この語を決して使わないことにする」（三七頁）

12　ブルンヒルデ・ポムゼル＋トーレ・D・ハンゼン著、森内薫、赤坂桃子訳『ゲッベルスと私――ナチ宣伝相秘書の独白』（紀伊國屋書店、二〇一八年）

第二章　「施設」はなぜ福祉の「宿痾」なのか
——「匿名」問題の深層にあるもの（1）

1　「重度知的障害者」という存在
——「彼らにも「人格」は存在する」という当たり前のことと、その先のこと

事件から五日後のブログに書いたこと

事件直後のことは今も鮮明ですが、私に訪れたのはテレビに流れているテロップを目にし、半信半疑、いったい何が起きたのかといった思考停止の状態でした。取材に入りたくても、この時掛かり切りになっていた仕事のため、動き出すまでには一年ほどの時間を要しましたが、思いつくままに次のような文章を書いてブログに載せました。推敲を経ていない走り書きではありますが、引用します。

相模原の事件から、五日が過ぎました。衝撃があまりに大きすぎて、何も思考ができない状態が続いていたのですが、現時点で考えられる限りのことを書き留めておこうと思うようになってきました。

「学際的な専門家チームを作って、深く掘り下げた解明を！」といった意見も出ており、これはこれでもっともなのですが、そういう大上段からの見解よりも、もう少し身近なところから考えていくことが、今は大事なのではないか。おとといと昨日の報道によれば、加害者は「重度重複障害者をねらった」といい、彼らは「意思疎通ができず、何を言っても分からないし、何を言っているのかも分からない」とも言っていたといいます。そんな人間は「生きていても金の無駄使いであり、家族を疲れさせるだけだから、死んだほうがいい」という発言もあったとも。

こうした報道を最初に目にしたとき、曲がりなりにも施設の支援職員として働くことを自分から希望した人間が、最初からこんな考えをもっていたのだろうか。重度の障害をもつ人は生きていても意味がない、とそう考えながら、日々の支援にあたっていたのだろうか。あるいは途中から、何かきっかけがあってこのような考えをもつようになってしまったのだろうか。そんなことをまず考えました。

そして素朴に素朴なことを思いました。どんなに「重度の重複障害」をもつ人たちでも、「まったく意思疎通ができない」とか、「まったく交流が成りたたない」などということが、はたしてあるのでしょうか。五年、一〇年、二〇年と我が子に付き添ってきた親御さんたちは、「意思疎通ができない」と感じているでしょうか。絶対にそんなことはない。あるいは施設職員たち。彼らとはなんの意思疎通もできず、感情交流さえもない、と日々感じながらかかわっているのでしょうか。私には信じられません。どんなに言葉がなくて、「重度知的障害」と呼ばれる人たちであっても、交流が成り立たないなどということはありえません。

表情が柔らかだから今日は機嫌がいいようだとか、顔色がいいから体調がよさそうだとか、表情が硬いからどこか体調不良なのだろうかとか、表情、しぐさ、行動（動き）、体温、汗ばみ方などのさまざまなシグナルから、彼らの感情や意思を受け取っているはずです。そして声をかけ、かかわっていく。そういうやり取りをくり返し、職員一人ひとりがそれぞれのやり方で、意思疎通（という交流）をし、感情の交流（気持の通いあい）がくり返され、日常のさまざまな身辺活動（食事、入浴、排泄、着替えなど）や、散歩や、レクリエーションがなされていく。必ずそこには、交流は生まれます。

そうやって支援する側の姿勢が作られ、援助技術が上がるにつれて、交流はさらに深まっていく。植松容疑者には「意思疎通のできない人間たち」「何もできない人間たち」としか受け止められなかったかもしれませんが、それはむしろ植松容疑者自身の問題です。つまりは、「障害をもつ人たちとの、感情交流」という、支援職員としてまずは身に付けるべきスキルを、ついにもてなかった、もとうとしなかったということを示しています。決して「障害」をもつ人たちが、「何もできない」ゆえに、ではありません。くり返しますが、「何もできない」のは、植松容疑者自身のほうだったのです。

新聞報道によれば、仕事に就いて間もなく、「思いどおりにならない、腹が立つ」と考え、「生きていても役に立たない人間は、死んだほうがいい」と考えるようになった、といいます。こんな考えをどの時点で、なぜもつようになったか、現時点で詳しいことは分かりません。いつ、なぜ、どんなふうに、このような愚劣な考えをもつようになったのか、その解明が、今回の事件の最大のポイントではないかと、私は考えています。

ひょっとしたら、津久井やまゆり園での仕事に就いた当初は、「障害」をもつ人たちと、うまくかかわれるんじゃないか、自分にも彼らに対して何かできるんじゃないか、そう考えていた気がします。でなければ、重度の障害をもつ人が何十人といる施設に、自分から飛び込んでいく、などという選択をするはずはない。ところが、まったく歯が立たなかった。何をやっても先輩職員のようにはできない。こんなはずじゃないと思えば思うほど、交流がうまくできなくなっていく。そしてやがて怒りに変わってくる。

なぜうまくできないのか。

彼らが、簡単には「自分の思いどおりにならない」からです。意思も感情もある一人の人格なのだから、そうそう簡単に「自分の思いどおり」になってくれるはずなどない。言い換えれば「自分の思いどおりにできる（はずだ）」と考えて「（～をしなさい、～をしなさい、と）思い通りにすること」が、支援するということだ、それが自分の仕事だ、そう思い込んでいたのではないでしょうか。

植松容疑者が考える「障害」をもつ人への支援とは、「こうしなければならない」という〝信念〟をもって、それを実行すること。相手の意思や感情を慮ること以上に、自分の信じる〝正しさ〟を、とにかく実行すること。そのような、初心者にありがちな間違った思い込みを、ついに訂正できなかった。そしてますます、悪循環と負のスパイラルに落ち込んでいった。

どんなに「重複障害者」と呼ばれる重度の「障害」をもつ人であろうと、自分の好き嫌いがあります。人に対してもそうです。この人（援助者）は嫌いだと思えば、かたくなに拒否し、支援する側からすれば、ますます「思いどおり」にならなくなる。「重い知的障害者だから」などとみくびっていたら、とんでもないしっぺ返しを食らいます。

丁寧に、気を配りながら接してくれる職員には、しっかりと心を開いてくれるし、逆に、無雑作にしか扱ってくれない職員には、横を向いてしまいます。間違いなく、彼らなりに相手（支援職員）を見ています。相手が何をしてほしいか、そのことを丁寧に探りながら、確かめながら、やり取りをくり返していく。その地道な作業が、いわゆる「支援」とか「援助」とか呼ばれる行為だということに、植松容疑者は、ついに気づくことができなかった。

そこに最初の、大きな不幸があったのではないでしょうか。

思いどおりならないストレスが、どんどん溜まり、その苛立ちが怒りになり、ほんとうは自分自身に対する苛立ちや怒りのはずなのに、それを相手のせいにし、「障害」をもつ人たちに向けられていった。おそらく植松容疑者は、いたくプライドを傷つけられたはずです。「なぜ自分が、障害者にバカにされなくてはならないのか」と、強く感じたはずです。

このことが、あれほどの大事件の直接の原因ではなかったにしても、小さくはない要因だったことは間違いない、と私には思えます。

施設の管理職や法人を経営する人、施設運営を指導する行政の人へのお願いです。

現場の支援職員たちが、孤立という迷路の中で仕事をする、といったことのないような職場環境を作ってください。うまくできなかったらいつでもアドバイスを受けることができる、そんな人間関係の職場にしてください。

もう一つは、支援のスキルをしっかりと身につけ、上達していけるような勉強（研修）の機会を必ず作ってください。腕が未熟なままノルマだけは増えていく、拘束される時間だけが増えていくというのでは、人を支援する、ケアをするという職員にあってはひとたまりもないと思います。精神的なゆとりを奪わない、自分は支えられているという実感がもてる。職員同士の横のつながりを作る。自由に意見交換ができる。こうしたことならばすぐにでも取り組めるはずです。

こうしたことが「戦後最悪」と称される事件の解明に役に立つとは私も考えてはいませんが、少なくとも、「措置入院制度の見直しを」などという意見よりもはるかに有益ではないでしょうか。

まずはこんなことを書き留めておきたかった次第です。

（二〇一六年七月三〇日のブログ掲載稿に、改行詰め、短縮など手を加えています）

事件をめぐる私の問題意識は、大きな衝撃とともに、まずはこのようなところから始まりました。事実関係や背景事情が明らかではない事件直後なので、はっきりとは書いていませんが、施設や法人がどんな体質なのか、職員はどこまで大事にされているのか、支援の在り方はどうだったのか、そのような「疑問」から始まりました。

彼らに「人格」があるかないか、誰かが言ったとか言わないとか、そんなことが議論されていましたが、「人格」があるのは当たり前です。問題はその先です。借り物ではないどういう理念をもち、どういう支援をするのか。そのことを抜きにした「人格」論議は、私にとっては空中戦にすぎません。

教員を辞したのち、私はこれまで二つの法人と深くかかわり、そこでたくさんのことを学んできました。二つとも、他の法人では尻込みするような「対応の難しい人たち」を受け入れる法人でした。彼らの生活を規律や管理で縛り付けるのではなく、受容し、あくまでも自主性を尊重した支援、というマクシム（行動原理）を守りながらのケアは、間違いなく大きなリスクを伴っていました。トラブルや事故、事件の発生確率は上がります。

それでもひるまずに、自分たちの是とする支援をどこまで貫くことができるか。そのためには、運営者と法人の経営者が、現場の職員たちとどんなことを確認し、共有しておかなくてはならないのか。そのための議論の積み重ねを大事にしながらの取り組みが、二つの法人では徹底して行われていました。

津久井やまゆり園の場合、この点がどうだったのか。職員を守る体制がどこまで取られていたのか。利用者に対する職員の暴言や差別や排他的行動、暴力行為（虐待）の有無は、現場の支援の体質（在り方）やスキルの高低と、間違いなく連動しています。この加害者のような利用者蔑視の考え方が生まれてしまうのは、ましてそれが実行に移されるためには、やはりそれなりの背景や土壌があったのではないか。私は真っ先にそのことを疑い、危惧したのがこのブログに書かれていることでした。

2　戦争と福祉と優生思想

「戦後の福祉」とナチス収容所体験の意外なかかわり

私の取材は、相模原市や横浜市で会合を続けていた「津久井やまゆり園事件を考え続ける会」（以下「考え続ける会」）に出席することから始まりました。事務局的な役割を担うようになる杉浦幹さんとSNSを通じて交流をもつようになり、それがきっかけでした。「考え続ける会」の定例会の会場は、横浜駅前か相模原市の橋本のどちらか。往復五時間をかけて通うことになりますが、そこで個性的な、多くの福祉の実践者の方々と知己になっていきます。

たとえば、会の発起人の一人である堀利和さん。堀さんは視覚に障害のある当事者ですが、一九七〇年代の障害者自立運動を闘ってきた活動家で、参議院議員を務めた経験をもっていました。その堀さんはインタビューの際に次のようなことを語りました。[*1] 戦後の福祉にあって、「ノーマライゼーション」（どんな障害のある人でも、生きやすい社会となることを目指す）という理念は重要なものの一つであるけれども、それがどのようにして出てきたか。

「そもそも、ノーマライゼーションという考え方がどこから始まったかというと、デンマークからです。デンマークのバンク－ミケルセンが提唱者です。ミケルセンは第二次世界大戦のときにレジスタンスの闘士だったけれども、ナチスに捕まり、収容所に入れられてしまい、収容所生活がなんと非人間的かということを痛感します。解放された後、デンマークの社会省の行政官に就くのですが、そのとき、知的障害をもつ人たちの施設環境のあまりの劣悪さに驚きます。そして知的障害をもつ人の母親たちと、施設生活は極めてアブノーマルであり、ノーマルな普通の生活を目指そうということで「ノーマライゼーション」という理念を提唱します。それが、施設を改善したりなくしていったりする運動になった。その理念と運動がスウェーデンなどの北欧からアメリカに伝わり、八〇年代になって日本に入ってきたのです」

戦後の福祉に、ナチスによる収容所体験が見えないところで影響を与えていたなど、私にはまるで思いもよらぬことで、驚きは小さくはありませんでした。ナチスに関しては、障害者の大量安楽死を図ったT４作戦や、「優生思想」とのかかわりで事件が語られることが過半ですが、もっとさまざまなところで、微妙なかたちで、あるいは逆説的なかたちで、その影響がじつは存在することに、少しずつ私は気がついていきました。「戦争と福祉」という主題に深入りすればするほど、ここには切っても切れない関係があり、驚かされることばかりなのです。まずナチス・ドイツから。

テクノロジーと戦争の思想家・ポール・ヴィリリオの『速度と政治』[*2]に次のような記述があります。

多くの戦闘を経るにつれ、とりわけ十八世紀以降、戦闘による不具の問題の重要性が認識されるようになった。そこで、ある技術が大きく発展する。整形術である。兵器という機械による身体メカニズムの損傷は義肢という別の機械によって償われることが発見されたのである。フランスでは身障者を退役させ、彼等には様々な軍事的義務を免除したが、ドイツでは事情は異なっていた。

一九一四年当時、ドイツ軍は治療不能者なるものをまったく、あるいはほとんど知らなかった。彼等は、障害のある身体を機能させるという方針を取り、どんな障害者でもその低い活動能力なりに用いたのである。聾唖者は重砲に、背の曲がった者は自動車に使う、といった具合である。（九四頁）

いささかの皮肉を込めて言えば、ドイツ軍においては、戦場でのインクルーシブな状況が実現していたわけです。とはいえこれは身体に障害のある人たちについてのケースです。Ｔ４と呼ばれる、「精神的廃疾児」、重度障害児、「白痴的」児童の「死を援助する」任務を負うことになる「帝国重度遺伝病科学研究委員会」を設立すべく内務省の通達が出されたのは一九三九年八月。以降、Ｔ４作戦が実施されていくことになります。しかし遺伝研究はドイツに限ったことではなく、広くヨーロッパにおいて受け入れられていた「科学的原理」でした。[*3]

ともあれ、戦争は多くの身体の損傷者を生み、彼らの戦後保障の仕組みを作ることから福祉は始まります。その一方で、国民への医療と厚生をどう充実させ、優秀な軍人を一人でも多く育成するかに加え障害のある身体を戦場においていかに機能させるかという企ては日本においても存在していたことを、昨今の近代史研究は明らかにしています。いくつか引きます。

藤野豊氏の『強制された健康』[*4]から。藤野氏は、一九三七年の日中全面戦争の開始から一九四五年までを「戦時期」ではなく、あえて「ファシズム期」と呼びたいといい、それは「**生殖段階から国民の健康と体力を国家が管理し、「人的資源」として利用もすれば廃棄もする体制**」こそが、ファシズムのファシズムたるゆえんだからである、と言います。一九三八年、厚生省が設立され、同時に、それまでの社会事業を厚生事業と言い換えていくことになります。それは「**単なる名称の変更ではなく、自由主義・個人主義から全体主義への理念の転換を意味するもので**」あり、「**種々のハンディキャップを持つ個人を救済することを目的としていた従来の社会事業に対し、厚生事業とはハンディキャップを持った国民を「人的資源」としていかに戦争に動員できるかを求めるものなのである**」（一六五頁）。「存在に値する命／存在に値しない命」を厳然と選別しながら、ハンディキャップをも「人的資源」としていく体制、それがファシズム期である。そういう主張です。

日本型福祉国家は、日中戦争が全面化していく総力戦体制下において実現されていったという視点は他にも見られます。[*5]現在の私たちは、福祉の充実こそが障害をもつ人たちや、いわゆる社会的弱者にとって必要不可欠だと考えて疑わず、福祉国家とは、戦争遂行のファシズム国家とは対極にあるものと思いなしているのですが、しかしじつは、福祉の始まりは戦争と表裏の関係にあった。そして障害のある人たちも、その一部にしろ軍事力として「包摂」されていた歴史的事実を知らされるようになりました。植松死刑囚が衆議院議長に宛てた手紙を読んだときの謎が、なるほどこういうことだったのかと腑に落ちました。謎とは、このような考え方がなぜ福祉の現場から出てきたのか、ということであり、しかし一方で、これこそが福祉の現場から出るべくして出た、という印象でもありました。「福祉の思想」がその水脈にもっている両極、ハンディキャップを利用もすれば廃棄もする、その片方が現れてきたのだということです。

だからこそ植松死刑囚の手紙を読んだときに、直感的に降りてきた言葉が「戦争と福祉と優生思想」だったのです。その直感の出どころがどこにあったか、やっと思い当たったという気がしました。例外状態としての戦争、正規の状態としての福祉。しかしアガンベンが指摘するとおり、「両者は、共犯関係を白日のもとにさらすやいなや、いわば内側から互いに照らし合う」ようにして存在しています。

事件後、ある人は「なぜ施設で働く職員なのに、こんな事件を引き起こしたのか」と言いました。またある人は「これは施設職員だからこそ引き起こした事件だ」と言いました。一見、反対のことを語っているように見えますが、そうではありません。まさに両者は「共犯関係」にあり、「内側から互いに照らし」合っています。そのことを私は直感したようなのです。

「被害と加害」の境界なき境界

これをパラドックスとかねじれというならば、まさにそのとおりです。しかしそれは福祉の問題だけには限りません。アーレントの『イェルサレムのアイヒマン』を読み進めていくと、やがて驚くべきことが明らかにされます。自分たちユダヤ民族の滅亡に率先して手を貸したのが、他ならぬユダヤ人指導者たちだったというのです。

アムステルダムでもヴァルシャバでも、ベルリンでもブダペストでも、ユダヤ人役員は〔ユダヤ人の〕名簿と財産目録を作成し、移送と絶滅の費用を移送させる者から徴収し、空屋となった住居を見張り、ユダヤ人を捕えて列車に乗せるのを手伝う警察力を提供するという仕事を任されており、そうして一番最後に、最終的な没収のためにユダヤ人自治体の財産をきちんと引渡したのだ。（九三

頁）

さらには**「犠牲者〔ユダヤ人の役人のこと〕の協力がなかったら、数千人ばかりの人手で、しかもその大部分は事務室で働いているというのに、何十万もの他の民族を抹殺することはほとんど不可能だったということは疑いない……」**とも書いています。ユダヤ人の大量虐殺を、当のユダヤ人が「率先して」担っていたというのです。アーレントが「暗澹とさせる」と書いているように、読む者も心底暗澹としてしまいます。

アーレントの指摘する「人類規模のジレンマ」とは比較のしようもないのですが、しかしこちらはこちらで「障害者差別だ」といっただけでは済まない、人間存在が避けがたく抱えている「業」のようなものと、深いところでつながっている、そう感じさせるところがあります。私がなぜこうやって自らの力量も省みずに、ナチスによる民族抹殺の問題をくり返し取り上げるのかといえば、「人間の根源悪」だとか「われわれはみな植松だ」とか、そのような指摘をして思考停止をするのではなく、その「業」のようなもの」にどうしたら言葉を与えることができるか、少しでも掘り下げることができるか、そう考えていることによります。

ともあれ堀さんが取材インタビューで力説していたことは、戦後福祉の最大の課題が、施設収容をめぐる問題であるということでした。最低限の生活と生命の維持を、どう保っていくのか。家族総員が共倒れになりかけている事態を、どうすれば救うことができるか。そのような問題に対する政治の側の回答が（しかもやっと重い腰を上げて打ち出した回答が）、大量の施設建設とそこへの入所という政策でした。

しかしこのことは、当事者の側から言えば地域から「隔離」され、施設に「収容」されることに他なりません。そのような生活からどう脱し、自立生活を目指すかという「自立生活運動」の萌芽が、七〇年代から始まります。堀さんは戦後福祉の大きな流れを、「制度も何もない時代の分離・隔離からの解放といわれた七〇年代、欧米から学んできた自立生活運動の八〇年代、社会参加という意味ではバリアフリーが言われた九〇年代、〇〇年代になると権利条約の問題を含めて今に至る」とまとめています。当事者一人ひとりの「意思と尊厳」の尊重が、さらに強く打ち出されていくわけです。

ノーマライゼーションをはじめとして、インクルージョン（社会的包摂）、バリアフリー、合理的配慮、こうした言葉が少しずつ浸透していき、一見、ジグザグしながらも共生社会への歩みが続いているように見えました。しかし津久井やまゆり園の事件によって、この社会の底流には近代的な人権思想などは歯牙にもかけないような差別と排斥の感情が存在し、いつでもどこからでもそれが立ち上がってくる、そんな事態を私たちは目の当たりにしたのでした。

あるいは「福祉」という近代的な人権思想（善の思想）のなかにも、じつは「悪」がある、あざなえる縄の如くなっている、事件はそのことをいみじくも露呈させたともいえるかもしれません。

3　戦後福祉の課題と「津久井やまゆり園事件を考え続ける会」

施設問題をめぐる深い対立

「考え続ける会」に顔を出したときの最初の記憶は、今もって鮮明です。いきなり度肝を抜かれたのです。少し遅れて会場に入るとそこには尾野剛志（おのたかし）さんの姿があり、西定春（にしさだはる）さんや平野泰史（ひらのやすし）さんとのあいだで激しい意見の応酬がなされている光景がありました。

尾野さんは事件で重傷を負った一矢（かずや）さんの父親であり、このときは「津久井やまゆり園の原状復帰」を持論としていました。[*6] 一矢さんはのちに、ヘルパー付き独居という「自立生活」に転じるのですが、そのときは「建物を元に戻してください。元のような暮らしをさせてください。私たち家族会の言っていることはそれだけなんです」と述べていました。私にはもっともと思われるその意見が、平野さんや西さんによって激しく否定されているのです。

平野さんのお子さんである和己（かずき）さんも、津久井やまゆり園の利用者でした。平野さんは、津久井やまゆり園の支援の在り方やその体質に対して、早い時期からの批判の急先鋒ともいうべき存在でした。「津久井やまゆり園には、自分たちの意見に賛成してくれる親はいない。預かってもらっているだけで感謝しているし、他の施設の情報には関心もない。自分たちの子どもがどんな過ごし方をしているか、実情は一切知らないし知ろうともしない。だから、津久井やまゆり園の支援が一番いいと考えているくらいだ」、そんな現状もくり返し訴えていました。

また和己さんの午後の活動記録に書かれた「ドライブ」という文字があまりに多いことに疑問をも

ち、詳しい支援記録を見せてほしいと請求しているが、一向に開示してこないとも言います。週の過半を何人かで車に乗せられ、外に連れ出され、それ以外の活動がほとんどない。園の説明では人手が足りないのだというが、知り合いの福祉関係者は、これを「監禁ドライブ」というのだと教えてくれた、そんなことも言いました。和己さんは他の施設も利用してきたのですが、そこでどれほど辛い思いをしているかずっと感じてきたと言い、施設不信には強いものがあったのです。[*7]

西さんは、西宮で社会福祉法人の理事長を務め、まだグループホームという言葉も制度もなかった時代から、障害をもつ人との地域生活を共にしてきたという根っからの福祉の実践者でした。障害をもつ人と共に生きる、共に暮らすという生き方のラディカルさにおいて右に出る人はいないだろうと感じます。施設否定はそれほど激しいものでした。西さんは当初、施設という現場に行かなければ福祉には携われない、そう考えて施設で働くようになり、近江学園の設立者である田村一二や糸賀一雄、池田太郎[*8]という先駆者に会いに行き、学びます。しかしすぐに、そこは地域から隔離された収容の場だと感じたといいます。

「そこ〔施設〕は家庭とは全く別の世界です。私には私の家族との生活があり、子どもたちは、子どもたちだけが集められた収容施設という場所で、規則に従って色々なことを強制させられる生活がある。そういう相反する生活を同時に行うことに対して、私は大きな矛盾を感じていたのです」

子どもたちにも家庭があってしかるべきである。家庭のなかで育つのが子ども本来の姿である。それが当たり前にできる社会でなければならないといい、西さんは続けます。

「私はそう考えているので、施設にいる子どもたちを引き受けて一緒に生活をしたらどうなるだろうか。できるだろうか。普通の家庭のなかに知的ハンディのある子がいる例はいくらでもあるわけだから、そのほうがむしろ当然の姿だろう。そうであるならば当然のことをめざすべきだろう。そう考えたのです。それが「共に生きる」ということですね。難しいことではなく、私にはごく当たり前のことだったのです」

堀さんは施設問題の難しさについて、次のように語りました。

「施設の問題には、西定春さんと尾野剛志さんのような、いまだに折り合いのつかない対立があります。二人にはそれぞれ、自分の生活・人生を賭けてきた自立生活運動への信念があり、我が子が国や県にみてもらって安心が得られる施設は必要なんだ、という親の気持ちがある。その対立は今もって解決できていないし、解決はつかないと思うのです。〔イタリアやスウェーデンが〕収容施設をなくしたのはトップダウンだったからです。我々がいくら地道に自立生活運動や、脱病院・脱施設の運動をやっても、決着を見ることはできない。これだけは上から号令をかけて、国の政策としてやらない限りはこの対立は続いてしまうと思いますね」（注1に同上）

一方には、当事者のためにこそ施設は必要なんだとする考えがある。もう一方では、施設は当事者の人間性を剝奪するものだ、と訴える。そして堀さんは、「国がきれいごとを言っても、これは車の両輪なのです。[*9]車の両輪の政策を取っている限り、我々も決着をつけられない」とも言います。決着はつけられないけれども、「考え続ける会」にとってこれは重要なテーマでした。

いまだ解けずにいるこの難題が、「被害者匿名問題」の深層に横たわっているものの一つです。

追悼集会から「考え続ける会」へ

「考え続ける会」が事件後のどの時期に、どんな目的で始まっていったのか、メンバーがどんなふうにして集まっていったのか、西さん、堀さん、山崎幸子さん、杉浦幹さん、平岡祐二（ひらおかゆうじ）さんの談話を参照しながら少し追いかけてみます（文責は佐藤）。

山崎さんによれば、最初の声かけは西さんだったと言います。西さんは、事件はとにかくいたたまれなかった、自分の職場でも連日のように話し合い、それをアピールしていたが、もっと広く社会に問題提起をしたかった、と次のように言います。

「八月一一日、事件から二週間後ですが、私や堀利和さん、なまずの家の山崎幸子さんなどが集まって「津久井やまゆり園事件の問題を多くの人とともに考えていこう」という会を開きました。それから毎月東京で会議や集会をもちました。参加者は、最初は一〇人前後でした。追悼の会にすること、事件をどう考えるかということなどをまとめ、社会へのアピールを続けました。そこで出た意見は、収容施設だから起こったことは間違いない、地域に一人ひとりの生活の場があり、そこで生きることができていたらあり得ない事件だった、その点では一致していました」

一年ほど続けたところで、施設をどう考えるのか、答えありきではなく両論併記的な集会を企画したらどうかと提案したのが堀さんでした。このときの記録は、「5・27津久井やまゆり園事件を考える相模原集会」と題されて、『私たちの津久井やまゆり園事件』にまとめられています。[*10] そこに講演者として招かれたのが尾野さんであり、岡部耕典（おかべこうすけ）さんです。岡部さんの息子さんには重い障害がありますが、「重度訪問介護」という制度を使い、ヘルパーの支援付きでアパートでの自立生活を送っていました。

発案した堀さんは、この会の様子を次のように言います。

「相模原市での集会では、多くの参加者が施設反対でしたが、施設は必要なんだという意見も出ていました。講師の岡部さんは我が子を自立させているんだけれども、施設は反対できるものではないという意見でした。結論ありきの集会ではなかったという意味で、あの集会はよかったと思いますね」

会に参加し、やまゆり園の支援の在り方を批判していたのが平野さんでした。また後に主要メンバーとなる平岡さん、東洋英和女子大学の石渡和実（いしわたかずみ）さんも参加者だったといいます（石渡さんは、神奈川県の検証委員を務めており、詳しくは後述）。山崎さんも、このときの集会は画期的だったし、これが「考え続ける会」の始まりになったといいます。一年後、横浜で追悼集会とシンポジウムを開催。山崎さんが**「施設をめぐって、尾野さんと、真っ向反対の西さんが対立していくという構造になっていきます」**と言うように、尾野さんが「考え続ける会」を脱会。しばらくして西さんも脱会します。私が参加したのはこのぎりぎりのところでした。その後、会の実務を杉浦幹さんが担っていくようになるのですが、杉浦さんは当初、独自の試みを続けていました。[*11]

事件直後の八月、東京大学で開かれた追悼の集会に参加しますが、そのとき「これは自分の生活圏でやらなければいけないことだ、地元の人たちと一緒に、この問題を考えていかないといけない」、そう考えたといいます。杉浦さんは、職場のある地名を取って「二ツ橋大学」と名付け、以前から小さな勉強会をやっていたのですが、事件から二カ月後の九月二六日、職場のある一部屋を借りて集まりをもちます。

「事件の後、地域のなかでも何かせずにはいられない、何か語らずにはいられない、そういう人たちが集まってきたのです。犠牲になられた方と同じ保育園に自分の子どもが通っていたというお母さんや、息子さんが植松容疑者の元同僚だった方など、何かしら縁をもっていた人がやって来たのです。メディアも注目し、取材にやってきた記者の一人が神奈川新聞の成田洋樹さんでした」

障害当事者、家族、支援者、地域でボランティアをしている人、さまざまな立場の人たちが、率直な思いを語っていったといいます。西さんとは阪神淡路大震災の支援以来の交流があり、その縁で話題提供者になり、それから少しずつ「考え続ける会」とのつながりが深くなっていきます。私が参加するまでの間には他にも細かな経緯はあるのですが、それは省かせてもらうことにします。

杉浦さんの活動に合流し、そこから「考え続ける会」に加わっていったのが平岡祐二さんでした。長いこと施設勤務をしていた平岡さんは、障害をもつ人たちの「代理人になりたい」と施設を辞め、社会福祉士の資格を取ります。「本人の利益を最大限拡大する人」「挑戦をお膳立てする人」、そういうイメージの「代理人」です。平岡さんは「二ツ橋大学」に参加し、杉浦さんとの接点ができ、都内での堀さんたちの会にも参加していく。そうした経緯でした。[*12]

報じられなかったけれども重要なこと

石渡和実さんの談話の要点は次のようなものでした。[*13] 石渡さんは、神奈川県が事件後に発足させた県検証委員会のメンバーとして議論に参加していました。その感想として大きく二点、重要なことが語られていました。一つは、事務局を担っていた神奈川県の行政が、**「障害のある本人の生活とか、その思いなどをほとんど分かっていないのでは」**ないか、「**どこまで本人の視点に立っているのか、と疑問に感じることが多かった**」ということ。「**特に今回の事件では暗黙のうちにではあったとしても、警察も含めた行政は、自分たちの組織を守るということが優先されてしまったように思えて**」ならないといい、これが二つ目です。

この見解には私も強く同意します。事件早々から措置入院やその解除判断の是非他、精神医療関係の話題ばかりが報道されました。しかしもっと重要なことは、警察の対応をめぐる検証であり、その報道がほとんどなかったことは私にもとても不可解でした。[*14] 石渡さんの疑義を裏付けているのは、検証委員会における次のような事実です。

検証委員会は七回行われ、五回目のときに「編集担当」という役割で弁護士が入り、委員会が作った報告書がそこから変わっていったといいます。

「**後になって見てみると、ここがこんなふうに変わっている、ここも違ってしまった、そういう報告書になっていると思わざるを得ませんでした。でも私たち委員は、弁護士が中心になって直した報告書を認めてしまったのです。最初は、広い視野で見るとこんな報告書になるのか、くらいに考えて**

いたのですが、マスコミに発表するときには、行政にも警察にも非はなかった、という言い方になってしまいました」

マスコミ発表の翌日の記者会見で、記者から「警察や行政への批判はまったくなくて、かながわ共同会だけが批判されているのはなぜか」と質問されて、初めて知って愕然とした、というのが正直なところだったといいます。

「委員会の議論では、私たちは厳しく警察を批判したつもりだったのですが、報告書の記述は、警察を擁護しているような内容に読めてしまいます。報告書についての記者発表の後、ほとんどの新聞がそのような論調で書いていて、委員としては愕然としました。委員会の議事録は公表されていないのですが、なかではいろいろな議論があって、決してマスコミ報道のような内容ではなかったと悔やまれてなりません」

「編集担当」の弁護士が、誰の指示で、どういう目的で検証委員会に入ったのか。なぜこうした経緯をたどることになったか。これらの点については残された資料がなく、不明だという他ありません。

事件後の早い時期の、厚生労働省が行った検証委員会のときにも同様に、議論された内容と、公開されたまとめとのあいだの齟齬が指摘されていましたが、新聞、テレビともに、踏み込んだ検証はされませんでした。石渡さんのこうした訴えが、どのメディアにも取り上げられることはなかったのです。

石渡さんは、県行政は「障害のある本人の生活とか、その思いなどをほとんど分かっていないのではないか、「どこまで本人の視点に立っているのか、と疑問に感じることが多かった」と述べました。

裁判終了後、やまゆり園の受託法人である「かながわ共同会」をめぐっていくつかの事実が明かにされ、そこでの県の評価と対応が、いささか迷走していないかと私は感じていたのですが、このときすでにその萌芽があったとするのは、判断が性急すぎるでしょうか。

ともあれ、「戦後最悪」ともいわれるような重大な事件が起きたとき、警察の事後対応の検証が不問に付されていく、当事者であるはずの神奈川県の検証委員会の記録に、不自然なかたちでの変更が加えられていく。そして第Ⅱ部で述べることになりますが、「戦後最悪の事件」の裁判が、かたちだけ整えて中身のない、「形骸化」とでも呼ぶ他ないものになっている。警察、行政、司法に対するきちんとした批判も、検証も、なされない。

この事態そのものが、まともなことだとは私にはとても思えないのですが、メディアから検証作業を求める声がほとんど上がらないことに対しても、ジャーナリズムは抗議することをあきらめたのかという疑念が萌してくるのです。ともあれ石渡さんの発言は、重要なメディア批判の観点を提供するものでした。

障害当事者たち

「考え続ける会」には、複数の障害当事者の方々が参加していたことも付記しておきましょう。その中の一人、ピープルファーストジャパンの佐々木信行（ささきのぶゆき）さんは、私の雑誌に原稿を寄せてくれました。[*15] 印象的だったことは、肩書を「自分活動家」としていたことです。なるほど、と思いました。社会活動家ならぬ「自分活動家」。佐々木さんには身体の麻痺と知的障害があります。発語も困難です。しかし「自分」が社会に出て何かをし、発信すれば、それがそのまま「社会活動」になる、「自分」の行動は、それだけですでに「社会活動」なのだという認識。まさに我が意を得たりと思いました。

佐々木さんは集会には欠かさず参加していましたし、公判が始まると傍聴券入手のために、毎回「象の鼻パーク」に足を運んでいました。「一度は植松の顔を見たい」ということだったのですが、残念ながら傍聴はならなかったようです。「障害者の社会参加」と書けば何か大ごとに感じられますが、佐々木さんを見ていると、生活そのものが「社会参加」であり「社会活動」でした。

もう一方、会のメンバーではありませんが、実方裕二（じつかたゆうじ）さんも印象深い一人でした。「考え続ける会」が主催した集会の際、バンドのボーカルとして参加していたのですが、車いすに乗って果敢にシャウトする姿は、おお、という感じでなかなかに感動的でした。彼も『飢餓陣営』に寄稿してくれたのですが[*16]、こんなことを書いています。

人には支配願望があり、いろいろな現れ方をする、「言うまでもなく自分の思い通りにしたい、自分の言うがままにしたいというのは、言葉を変えれば服従させたいということでしょう。そういう精神構造があり、それと差別意識が合わさり虐待が繰り返されているのです。／それが露骨にやられたのが「津久井やまゆり園事件」の惨殺だといえます。あの植松は、間違った手前〔てめえ〕の「ショウガイシャは、不幸をもたらすだけ」というふざけた許せない感覚を遂行しやがったわけです。自分が不幸の固まりとも気づかずに」と正確に指摘しています。支配願望、服従させたいという願望を事件の根っこに見ていますが、私も強く同意するところです。

記録者たち

今回の事件報道に、独特のかたちで関与したジャーナリストの方々とも、「考え続ける会」を通じてつながりをもつことができました。私は長い間この事件を、自分がどんなドキュメンタリーとして作り上げようとしているのか、なかなか見定めることができずにいました。ところが彼らは早い時期から、ターゲットを絞り込んでいました。この事件から何をつかみ、どんなことを伝えようとしているのかを知りたいと考え、取材をさせていただいたのですが、そのなかで印象深かったことを紹介してみます。

ＲＫＢ毎日放送の記者であり、かつては毎日新聞社会部の記者だったという神戸(かんべ)金史(かねぶみ)さん。新聞記事は「歴史の最初のデッサンだ」と言います。今回の事件で、その歴史の冒頭は、まず匿名問題として現れました。被害者の無念が伝えられない悔しさを抱えながら、事件から三日間、自分が記者として何をすべきか、また障害をもつ子の父親として何をすべきか、考え続けたといいます。神戸さんは息子さんへの思いを書き始めます。

「これまでの報道が、植松の憎悪を拡散してしまっていることへの危機感があり、そしてカウンターとなる言葉がないことへの飢餓感ですね」。そんなふうにして書かれることになるのが、「障害をもつ息子へ――息子よ。そのままでいい」という文章であり、インターネット上に爆発的に拡散されていくことになりました。これが神戸さんにとって大きな契機となります。植松死刑囚に接見し、ヘイトスピーチの現場を取材し、『ＳＣＲＡＴＣＨ　線を引く人たち』というタイトルのドキュメンタリー番組を作ります。

事件記者としての取材体験、障害をもつ子の父親としての思い、匿名報道という現実が神戸さんにもたらしたもの。植松死刑囚に、息子さんをめぐって愚劣な言葉を投げつけられながらも対話を挑み、それを記録する。どうしても湧いてくる恐怖心、迷いなど、その葛藤の一端の語ってくれた生々しい言葉が、いまも印象深く残っています。

神奈川新聞の成田洋樹さん。「この事件は時代を映し出すものである、という関心を持っていたわけですが、一方で、神奈川で記者をしているからには、いずれ後輩に「成田さん、その時何をやっていたんですか」と、自分の仕事が問われることになると思っていました。神奈川で記者をしていたからには、絶対に取り組まなければいけないという気持ちでいました」[*17]と、地元メディアの記者ならではの気概を述べています。

成田さんがどんな記事を書こうとしてきたか。「「人を分ける」社会や教育、地域の在り方こそが、この事件が一番問いかけていることであり、そこをどう変えていくことができるか。小さなころから一緒に生きる場をどれだけ作っていけるのか。そこにかかっていると考えました」といいます。以降、事件の背景にある地域社会の問題、インクルーシブ教育の問題などについて、あくまでも弱い人たちの視点に立ち、こだわった記事を発信しています。植松死刑囚が起こした事件によって浮かび上がったこと。そこに「よりフォーカスしていくことこそが、あの事件を乗り越えていくことになると私は考えています。私の記者としての役目はそこにあると考えています」。

最後は澤則雄（さわのりお）さん。早々に『生きるのに理由はいるの？　「津久井やまゆり園事件」が問いかけたものは、、』というタイトルのビデオを作り、全国を駆け回って上映会を続けていました。経歴が異色で、福祉とはまったく無縁の日本テレビのディレクターでした。定年退職が二〇一六年。そのとき、やまゆり園事件が起きるのですが、「そんなに大変な事件とは思っていなかった」といいます。事件後、堀利和さんを知ったことで「考え続ける会」へとつながっていきます。

「**堀さんや藤井克徳（ふじいかつのり）さんの話を聞いていると、みんな考え方が違う。やまゆり園事件は、一言では言えない問題なんだということに気づくわけです。これだけの人たちがこの事件にたいして苦慮している。ぼく自身はまったく分からなかった**」。事件の概略が分かり、みんなが考えるための素材となるものであれば作れるだろうと考え、二〇一八年から一年かけて製作し、最初の上映会が二〇一九年二月だったといいます。最初、福祉関係者と障害当事者から反発があったといい、「**自分たちには上映できない。この映画は殺人を犯した植松の悪行を糾弾するのではなく、植松の言い分にも一理あるという立場をとっているためです……施設で働く多くの職員はこんなことは考えていない**」、そんな内容の批判でした。しかし、上映会を続けるうちに変わっていったといいます。施設職員たちが、自分も植松と同じように考えたことがある、しかし決定的に違っていたのは、そうした悩みを話せる仲間がいたことだ、そんなふうに率直に話してくれるようになり、それが嬉しかったと澤さんは言います。

最後に個人的なことを一つ書き添えます。澤さんも私も、毎回傍聴に通っていました。しかし二人とも抽選は外れます。私はあきらめて家に帰りたくなるのですが、澤さんはロビーに残り、関係者の誰かを見つけるとそばに行き、マイクを向けます。あきらめることはありませんでした。私が最後まで粘ることができたのは、澤さんのおかげだと言っても過言ではありません。あきらめて帰っていたら、この本は書かれなかったわけです。「縁」というものの不思議さ、ありがたさをつくづく思います。

4　「非暴力の思想」をめぐって

「やまゆり園事件を考え続ける」ことと非暴力の思想

「考え続ける会」に話題を戻しましょう。施設問題は、自立生活運動や脱施設運動といった地道な取り組みだけでは解決できない、と堀さんは言いました。現場の努力だけでは決着のつかない問題を、どうして「考え続ける会」ではくり返しくり返し議論し続けるのでしょうか。以下の記述は、会の話し合いの中で、誰かの発言として直接出てきた話題ではなく、私が参加しながら、あるいはそこでの議論を整理しながら考え続けてきたことの、私なりのまとめになります。

杉浦さんは、事件のことを「誰か」が考え続けていくことは、すごく大事なことだとくり返していました。**「誰かが止めてしまうと、一年に一回、七月二六日の追悼集会だけになって、だんだん風化し、忘れられていくだろうと思います。それをさせないためにも、事件のことを考え続けていきたい」**というのですが、おそらくこれは、会のメンバー全員に共通する思いだろうと考えます。簡単には解決できない問題だからこそ、考え続け、議論を続けるのだというメッセージです。

解決がつかないのは、施設の問題ばかりではありません。共生も包摂も尊厳も、「障害（者）」をめぐる問題は一つとして解決できていません。これだけ合理的配慮やら多様性の尊重やらが言われながら、そして少しずつ積み上げられてきたはずでありながら、いつでも、どこからでも、何か事があると差別や排除の現実が噴出してきます。

しかしまた、むやみに「解決」などしてはいけないのではないか、という思いも湧きます。ナチスはユダヤ人の大量殺戮を「最終的解決」と呼んでいたのですが、植松死刑囚もジェノサイド（大量虐殺）という方法で、一気に「最終的解決」を図ろうとしました（ウクライナのネオナチからロシア人を救済する、として戦争を始め、多くの人民を殺戮してやまないプーチンも、ロシア－ウクライナ問題の「最終的決着」を図ろうとして侵攻を決断したともいわれます）。植松死刑囚の最大の過ちはそこにあります。「最終的解決」は間違いである、人間は神ではない、そのことを彼は理解しなかった。

しかしそれは、「障害をめぐる問題」は人間の力では解決することなどできないのだと、あきらめることを意味してはいません。先ほど書いたように、堀さん、西さん、山崎さんは、簡単には決着のつかない問題だと示しつつ、事件直後から、「考え続ける・議論する」という行動にこだわり抜いてきました。それは杉浦さんを中心として、「あきらめない」というもう一つの意義を加えながら、今も引き継がれています。

あきらめてしまえば、植松死刑囚をはじめとする暴力の思想や差別・選別の思想に、服従してしまうことになります。どうすればこの「考え続ける・あきらめない」ということの意義を、より力をもった思想（メッセージ）として社会に伝えていくことができるでしょうか。

ここから私の考えは、「非暴力の思想」のほうに向かっていくことになるのですが、ここにはいくつかの入り口がありました。

「非暴力による抵抗」とはどんなものか

一つは言うまでもなく、植松死刑囚の、安楽死を方便としたジェノサイド（あるいはテロリズム）という暴力へ、どうすれば強い抵抗の思想を打ち出すことができるか、この事件が突き付けてきた多くの難題を越えていくにはどうするか、ということを、当初からの課題にしてきたことによります。

二つ目は、作家で評論家の笠井潔（かさいきよし）氏にインタビューをしたことでした。この時のテーマは、笠井さんの言う「例外社会」がなんであるか、戦争の歴史をどう捉えるか、この二つでした。終盤になって「暴力」の話題になったとき、すべての暴力は良くないという考え方を自分は取らない、否定されるべき暴力と、肯定されるべき暴力がある、それを見極めることが大事だといい、ガンジーを引きながら次のように述べたのです。少々長い引用になります。

たとえばガンジーの非暴力主義は、多くの人が漠然と思うような意味での「非暴力」ではありません。非暴力的な抵抗行動は、警官をはじめとする植民地主義の暴力を引き出して、それを身に被ることによって世論を変え、敵に打撃を与えようとする戦術ですから。換言すれば、潜在化されている植民地主義の暴力を顕在化させる行為が、ガンジー的な非暴力的抵抗で、いわば非暴力的な暴力、非暴力としての暴力といえるでしょう。（略）／ガンジーの行動は、そうした〔植民地支配の〕潜在的暴力を顕在化させる。そのために暴力を身に被ろうとする。これもまた暴力ですが、正当化されうる暴力です。ただしガンジーの戦術は、敵が二〇世紀のイギリス政府だから効果的だったともいえますね。シリアのアサドや北朝鮮のキム・ジョンウンに対して非暴力的抵抗は無力です。座り込んでいるデモ隊を機関銃で皆殺しにして、屍体はさらしものにするでしょう。

とにかく暴力はいけません、という発想は、潜在化されている抑圧的暴力の容認にしかならない。抑圧の暴力もあれば抵抗の暴力もある。腐敗した暴力もあれば浄化する暴力もある。それがいかなる暴力であるのか、いかなる結果を目指し、いかなる効果をもたらしたのか、それを個々の事例に即して慎重に吟味することでしか、その暴力行為の是非は判断できません。

笠井さんが述べるとおり、ガンジーの「非暴力の思想」とは、発言も、行動も、何もしないことではなく、されるがままになっていることではましてありません。ときには、法に背く行動も辞しません。服従せずに戦い続けることであり、不服従を表明し続ける、そのような戦いの思想です。

もう一つのきっかけは、杉浦幹さんのインタビューを読み返していたときでした。そこに阿波根(あはごん)昌鴻(しょうこう)と阿木幸男(あきゆきお)という、きわめてシンボリックな二人の社会活動家の名前が出てきます。二人とも非暴力運動家です。

阿波根さんといえば、沖縄の伊江島における反基地闘争のリーダーであり、沖縄の「非暴力闘争」

の象徴のような存在です。一九五〇年代、占領米軍によって、暴力と卑劣な手段で土地と多くの命が奪われることに抵抗し、村民が一丸となって不服従の戦いを続けました。琉歌の「命どぅ宝」という言葉は沖縄の戦いの代名詞となっていますが、巨大な武力（暴力）と権力をもつ敵とどう対峙するか、まさに文字どおり非暴力の戦いを貫きました。この阿波根さんの伊江島での戦いは、辺野古ややんばるで現在も続く沖縄の闘争の重要な原形となっているようです。

杉浦さんは一九八八年、沖縄の伊江島に行って阿波根さんに会い、**「たった二、三日の滞在中に話を聞いただけだったが、ものすごく衝撃を受けた」**といい、**「そのときに初めて「非暴力による抵抗」、ということを実感として感じる機会」**になったといいます。阿波根さんの著書を読むと、[*18]まさに生活そのものが、その全体が「非暴力の抵抗」の実践になっていることが感じられます。

あるとき本土から来た青年が、「陳情というのはあまりにもおとなしい」と言ったといいます。**「陳情というのはたたかいではないと思っているようでありました。わたしは、その青年にこう説明しました。「かならずしもすぐれたたたかいとは思わない。だが、支援団体も、新聞記者も、見る人も聞く人もいないとき、この離れ小島の伊江島で殺されたらおしまいだ。これ以外に方法はない。」／無抵抗の抵抗、祈り、おねがい、悲願、嘆願、わしらはひたすらこれで押して行きました」**（『米軍と農民』五四頁）。

陳情以外の行動は、すぐに命の危険に直結します。実際に多くの命が奪われました。米軍は自分たちの殺戮行為を偽装し、嘘を並べて正当化する。話してもすぐには信じてもらえないような、そんな過酷な状況の中で戦いが続けられていました。

私も当初、「非暴力の抵抗」というのは「されるがまま」「おとなしすぎる」というイメージをもっていましたが、先ほどのガンジーのところでも見たように、これはすぐに覆されました。時間を経るにつれて、伊江島の住民は、米兵にとってできれば「避けたい存在」「かかわりをもちたくない存在」に変貌していくのです。ヴェトナム戦争が始まると（これは明らかに日本国による戦争参加です。「戦後七〇年間、日本は戦争をしなかった」と述べる人がときにいますが、それは事実誤認ではないでしょうか）、米軍はさらに土地の接収を推し進めようとします。

一九六七年になると、団結道場の建設という「はっきりと攻撃の構えをとったたたかい」を始めます。そこには「受け身からの脱皮」「米軍への脅威」「攻撃的な闘争」といった言葉が見られ、「無抵抗の抵抗」が、ただ「されるがまま」でも「おとなしすぎる」ものでもないことが、はっきりと示されていくのです。

これは阿木幸男さんにあってはさらに明瞭でした。杉浦さんは「ネットワーカー」という言葉を使い、「非暴力の直接行動」という考え方をアメリカで学び、それを日本で広めようと「若い人たちがいろいろなところにかかわる接点を作ってくれた」人だ、と紹介しています。その著書[*19]を読むと、アメリカの非暴力主義の歴史をまとめたストートン・リンドの「アメリカにおける非暴力――記録的歴史」（鶴見俊輔編『アメリカの革命』筑摩書房、一九六九年に所収）を引いて、「非暴力の思想」を次のように定義しています。

(1)報復しようとしないこと（「非戦主義」、「無抵抗主義」）
(2)良心のために意識的に法律にそむくこと（「市民的不服従」）
(3)信念を示威行動によって表明すること（「直接行動」）（二二頁）

阿波根さんの『米軍と農民』で描かれていたのは、まさにこのような闘いでした。無抵抗ですが、服従ではありません。徹底した不服従が貫かれます。どんな行動としてその不服従を示すか、抵抗行動の新しいかたちを模索し続けていました。そしてその時々の示威行動が表明されていました。

阿木さんはもう一つ、「五〇年代、六〇年代、政治的にきびしい状況下で非暴力の抵抗を続けた韓国のガンジーと呼ばれる咸錫憲（ハムソクホン）」の次の言葉を紹介しています。

サチャグラハとは悪の勢力に対して、勇敢に反抗し戦うことを意味する。ガンジーにあって、最大の罪悪とは卑怯なのだ。真実は反抗するものだ。逆らいつつ進む。抗議することを知らぬ国は滅び去る。（咸錫憲著作集より）

「サチャグラハ」とはガンジーの造語であり、サチャは「真理」、グラハは「把握・堅持」を意味し、ガンジーは「非暴力的抵抗」の意味として使用していました。サチャグラハ運動は、第一次大戦後と世界恐慌後に、彼の指導下にくり広げられました（コトバンク kotobank.jp より）。くり返しになりますが、「非暴力の思想」とは、発言も、行動もしないことではなく、服従せずに戦い続けることです。それを表明し続けることであるという、そのような戦いの思想です。

こうした「不服従の思想」や「非暴力の思想」は、「考え続ける会」での話し合いから直接現れてきたものではありません。集会に参加しながら感じたことや、メンバーへの取材資料を整理しながら考えを進めているうちに、このようなところに至りついた、そういう経緯がありました。

それにしても「**抗議することを知らぬ国は滅び去る**」という言葉は、胸に突き刺さります。ポムゼルの『ゲッベルスと私』を読んでいると、「抗議」とかそれに類する言葉は、一つとして見られません。「私にとってはあの当時も、日々の生活が続いていただけ」「真剣には受け止めていなかった」「気づいたらそこに入り込んでいた」ということが、くり返しくり返し書かれるのです。

〔台頭してきたヒトラーに声援を送り、ユダヤ人のもとで仕事を続けていた、というように〕すべてに小さな矛盾はあったけれど、私はそれをさほど真剣に受け止めていなかった。その種のものごとにはほんとうに関心がなかったの。当時の私は年若い、恋に夢中な娘にすぎなかった。そういうことの方が私には重要だった。(略)あのころはただもう、気づいたらあそこに入り込んでしまっていた。(四六頁)

野党による政府への異議申し立てが、「批判ばかりしている」と難じられるこのご時世、一〇年、二〇年の後、平成、令和という時代が、「気づいたらあそこに入り込んでいた」と振り返られることがないよう、私は熱望しているのですが。

　ロシアによるウクライナへの侵攻は、このようにして植松死刑囚のテロリズムの思想にどう対抗するかと考え、「非暴力の思想」について私なりの見解をまとめつつあったときに始まったのでした。戦争のニュース映像を見ながら、私の「非暴力の思想」は一気に路頭に迷いかけました。殺し合いや拷問やレイプが日常のように行われる戦時にあって、「非暴力の思想」などがなんの役に立つのか。戦争はもはや対岸の火事ではない、そんなふうに世界は変わってしまったのではないか。そうした問いが否応なしにやってきます。私の「非暴力の思想」は、いきなり厳しい問いの前に立たされたのです。

　しかし笠井さんは、容認されてしかるべき暴力はある、それはガンジーの「非暴力の思想」と矛盾しない、と言っていました。私もそれに倣って、襲われたら銃をとってでも守る、それは「非暴力の思想」と矛盾しない。どこまで実行できるかどうかは疑わしいけれども、そこに活路を見出そうとしています。

注

1　堀利和「(第一部講演)津久井やまゆり園事件とは――共生社会に向けた私たちの課題とはなにか」「(第二部インタビュー・聞き手佐藤)戦後の障害者運動と福祉の歩み」(ともに『飢餓陣営47』、二〇一八年七月)

2　ポール・ヴィリリオ著、市田良彦訳『速度と政治　地政学から時政学へ』(平凡社ライブラリー、二〇〇一年)

3　この部分の記述は、ヒュー・G・ギャラファー著、長瀬修訳『【新装版】ナチスドイツと障害者「安楽死」計画』(現代書館、二〇一七年）に拠っています。ちなみに安楽死計画を担う新事務所の住所が、ベルリンの「ティアガルテン通り四番地（Tiergartenstrasse 4）」であったことに、「T4」という名前は由来しています。

4 藤野豊『強制された健康 日本ファシズム下の生命と身体』（吉川弘文館、二〇〇〇年）

5 他にも、鐘家新『日本型福祉国家の形成と「十五年戦争」』（ミネルヴァ書房、一九九八年）、高岡裕之『総力戦体制と福祉国家 戦時期日本の「社会改革」構想』（岩波書店、二〇一一年）。

6 尾野剛志さんとチキ子さん夫妻へのロングインタビューは、「津久井やまゆり園事件を語り尽くす」と題して『飢餓陣営47』に掲載されています。施設か地域移行かという点についての要点を拾うと、インタビュー時は次のように述べていました（二〇一八年四月九日）。

「ぼくらは、何が何でも施設がよくて施設に入っているわけではなくて、そこ（津久井やまゆり園）しかなかったわけですよ。やまゆり園に来るまで、あっちだこっちだと散々振り回され、やっと落ち着くことができて、家族はホッとしたんですよ。（略）死ぬまで置いてくれるんだよねと思って、ここまで来たわけじゃないですか。事件が起きたら、今度は出て行けと言われる。どこに出て行くんですか。反対する人たちも、そういうことをきちんと理解したうえで反対をするんならいいですよ。一切理解しようとしないんです。

平成一五年から地域移行になって国が推進しているんだから、グループホームがいいんだ。そう言います。国が推進していることは、ぼくらも分かっています。じゃあ聞きますが、全国の障害者施設で地域移行は進んでいるんですか。平成一五年から一五年経って、全国にグループホームがいっぱいできて、そこで暮らす人は増えているんですか。（略）このどこが地域移行なんですか。こうした現状には一切触れないで、津久井やまゆり園だけを批判する。新しい施設なんかいらない。グループホームで暮らす方が本人の幸せだ。そういう言い方ですね。（略）

四〇代五〇代ならともかく、七〇代八〇代になって、自分のほうがいつ死ぬか分からないのに、息子の行き先をグループホームにしろとかどこにしろとか言われても、もう無理ですよ。そのことをいくら言っても理解してもらえない。施設に反対している人たちの集会に行っていたのですが、もう行きませんと断ってしまいました。ぼく自身は、一矢がグループホームだっていいし、施設だっていいし、家庭だってどこだっていいんです。一番は、利用している息子や娘さんが穏やかに暮らせれば、どこだっていいんです。グループホームがよければ行けばいい。でも、いま重度の知的障害の人を受け入れてくれるグループホームなんてないでしょ」

取材時、ドキュメンタリー映画監督の宍戸大裕さんが『道草』の製作中でした。アパートを借りて、介助者に入ってもらう、支援つき一人暮らしをする知的障害のある人たちを映した作品です。そこに一矢さんも登場します。宍戸さんを通じて尾野さんは「重度訪問介護」を知りました。「それを使って、もし息子が自立できるのであれば、やってみたいと思っています。アパートを借りて一人暮らしをする。それにチャレンジしようと思っています」と述べている。このチャレンジは、目下、継続中です。

7　平野泰史「もう「施設」は要らない」（『飢餓陣営47』二〇一八年七月）

8　たむら・いちじ（一九〇五－一九九五）……京都師範学校卒業後、京都市滋野小学校特別学級へ招聘される。後に近江学園の設立にかかわり、一麦寮を創設。いとが・かずお（一九一四－一九六八）……京都大学文学部哲学科卒業、四八年に近江学園設立。いけだ・たろう（一九〇八－一九八七）……京都師範学校卒業後、田村、糸賀らと近江学園を設立。五二年信楽寮、六二年に信楽青年寮を設立。

西定春さんへのインタビューは、「施設はいやだ、地域で暮らしたい」というタイトルで『飢餓陣営47』（同前）に収録されています。

9　堀さんの言う「車の両輪」を、「戦後福祉の宿痾」と捉えたのが高齢者住宅協会の顧問の高橋紘士さんです。私が用いている「福祉の宿痾」という言葉は、高橋さんの示唆を受けてのものです。（「高橋紘士氏に聞く　津久井やまゆり園事件と戦後福祉の「宿痾」」『飢餓陣営47』同前）

10　堀利和編著『私たちの津久井やまゆり園事件　障害者とともに〈共生社会〉の明日へ』（社会評論社、二〇一七年）

11 杉浦幹「津久井やまゆり園事件の後、自分にできること」（『飢餓陣営47』同前）
12 平岡祐二「ソーシャルワーカーは、いまどこにいるのか」（『飢餓陣営48』二〇一九年一月）
13 石渡和実「津久井やまゆり園の再生をめぐって」（『飢餓陣営47』同前）
14 津久井やまゆり園事件について、医師たちはおしなべて慎重な発言に終始しましたが、精神科医の井原裕氏はきわめて率直な発言をしていました。

「犯罪思想を抱いていても〔植松死刑囚は〕犯罪を起こしていない。身柄確保は不可能です。でも、モニタリングすることはできたはずですし、実際にそうしていました。措置解除後にやまゆり園のあたりをうろついているときも警察はチェックしていたんです。ずっとモニターもしていた。結局ずっと見ていて、見ていて、見ていて、それなのにやられた。だからこれは警察のほうに失態があったと思います。警察はわかっていた。やるとわかっていた。だからこそ、ずっと見ていた、それでやられているんですから」（「座談会　相模原事件が私たちに問うもの」出席者は井原氏のほか、平田豊明、中島直、太田順一郎の各氏。『精神医療86』批評社、二〇一七年四月）

また井原氏の『相模原事件はなぜ起きたのか　保安処分としての措置入院』（批評社、二〇一八年）では、サブタイトルどおり、措置入院の判断、警察と医療の役割について、医師の通報義務、診断時の「医師と警察の心理」などの詳細が描かれています。

15 佐々木信行「2021・1　「やまゆり」さいばんがはじまって」（『飢餓陣営52』二〇二〇年一二月）
16 実方裕二「新たなお付き合いに向けて」（『飢餓陣営49』二〇一九年七月）
17 「成田洋樹氏（神奈川新聞）に聞く「分ける社会」をどう終わらせるか」（『飢餓陣営49』二〇一九年七月）
18 阿波根昌鴻『米軍と農民　沖縄県伊江島』（岩波新書、一九七三年）、『命こそ宝　沖縄反戦の心』（同、一九九二年）
19 阿木幸男『非暴力トレーニングの思想——共生社会へ向けての手法』（論創社、二〇〇〇年一月）、『非暴力トレーニング』（野草社、一九八四年）をもとに改訂、再版。

第三章　六〇年代福祉と「青い芝の会」神奈川県連合会
――「匿名」問題の深層にあるもの（2）

1　私の体験的「六〇年代福祉」論

この章で考えたいこと

本章もまた「被害者匿名問題」の深層をどう考えるか、その点をめぐるものになりますが、最初に、ここでの私の問題意識を簡単にまとめておきます。

一九七〇年代、施設での暮らしを余儀なくされていた障害当事者たちは、施設を出たい、地域で人間らしく暮らしたいという希望を強く表明するようになります。その実現のための激しい闘いを始めるわけですが、象徴的な闘争が「府中療育センター座り込み闘争」でした。重度心身障害のある人たちが、一九七二年から七三年までの一年八カ月のあいだ、都庁前にテントを張って座り込んだのです。

この時に残したとても鮮烈なメッセージが、「**鳥は空に、魚は海に、人間は社会に**」という、いまだ語り継がれているスローガンです。

ところが、自立生活を阻もうとする大きな壁が、家族であり親でした。まず親との闘いがあったわけです。「親亡き後」という言葉で語られてきたように、施設に入所し、そこで生涯を過ごしてくれることが、親にとっての最大の安心であり願いでした。

津久井やまゆり園事件の後、利用者の家族は元のようなやまゆり園の再建を望みます。しかし県との協議会場やあちこちの集会の場で、地域での暮らしを勝ち取ってきた当事者と支援者によって、家族会は猛烈な批判を受けることになります。命を奪われたのは施設生活を強いられていたためであり、親や家族は加害に加担しているに等しいではないか。匿名の問題では、植松死刑囚に命を奪われ、次は親によってその生きてきた証しを消されてしまった。いや、そもそも人生を奪っていたのは親と家族ではないか。そんなふうに責められることになったわけです。

施設批判も匿名批判も正論です。ところが正しければ正しいほど、被害者の遺族や家族は批判の対象となってしまう。他の事件ではあり得ないことです。犯罪被害者の遺族や家族がどれほど手厚いケアとサポートを必要とする存在か。先に見たように、大阪教育大学附属池田小での事件以降、私たちは学んできたはずです。しかし今回はサポートされるどころか、批判と糾弾の対象となっている。

どうしてこういうねじれた構造が生まれてしまうのか。七〇年代以降から始まった障害者自立運動がもたらした「正論」が、なぜ被害者遺族・家族への激しい批判となってしまうのか。こうした問いへのアプローチが、本章のテーマとなります。

私の六〇年代の「福祉体験」

まず、七〇年代から八〇年代にかけて活発化していく「自立生活運動」の前の五〇年代、六〇年代、そこでの福祉がどのようなものだったか、当事者と家族がどのようにして生きなければならなかったか。そこには七〇年代福祉の前史とでもいうべきものがあります。

私は一〇歳前後にこの時期を体験しているのですが[*1]、障害当事者も家族も、誰にも見向きもされず、自分たち家族のことは自分たちで守らなくてはならない、そんな時代でした。東京や横浜の大都会と、私が過ごした秋田の片田舎とでは、多くの点で、福祉の事情は異なっていたかもしれませんが、文字どおり、家庭崩壊寸前になるまで、「福祉支援」などというものは届いてきませんでした。死なない程度のところに捨て置かれ、そうやって生きてこざるを得なかったのです。

私はあっけからんとして、他の子と同じような気持ちで、当たり前のように子ども時代を過ごしていたのですが、それなりに「大人たちの事情」に触れる機会が少なくありませんでした。私の母親は、さまざまな事情があって二〇年ほど勤めた小学校の教員を辞した後、今度こそ重い障害をもつ弟の養育に専念するのかと思いきや、以前よりも忙しく動き始めました。

華道の免許を持っていたので生け花を教え始めたところ、あっという間に一〇人にもなろうという生徒たちが集まりました。あるいは、勉強を教えてほしいと希望する親がいたので引き受けたところ、これまた三人、五人と増えていきました。

それだけではありません。同じ町に住む、障害をもつ子の親たちに声をかけ、夜、家に招き寄せて相談会のような情報交換の場のような、そんな集まりを始めたのです。一家族が二家族になり、三家族になり、だんだん増えていきます。自分の暮らす町にこんなに多くの重い障害をもつ子がいたのかと、私は驚きました。さらには県内の親の会での活動という、この多動ぶり。プロローグで、植松死刑囚は私に宛てた返信で、佐藤の母親は、弟の看病疲れのために死んだのだ、と書いていたことを紹介しました。見当違いです。「一日が四八時間ほしい」と口癖のように言いながら、こんなふうに動き回っていた人です。生き急いでいた、早逝が宿命だった、としか言いようがありません。

ともあれ、親たちが集まってそこで何が話されていたか、詳しいことは覚えていません。弟をまじえ、親たちが連れてきた子どもたちと一緒に遊ぶのが、私のそこでの「なすべきこと」でした。小さい子と遊ぶのは苦痛ではなかったので、それなりに楽しい時間を過ごしていました。

そうやって遊んでいるとき、ある親がポツリと漏らしました。「家の〇〇（子どもの名前）が、フツウノ元気ナニイサと、一緒に遊んでもらったのは初めてだな」。外に出ることはほとんどなく、毎日毎日、家の中で過ごしているというのです。驚きとともに、心の底からその子に同情したことを覚えています。しかしだんだんと分かっていくのですが、家に引きこもって過ごさざるを得ない子どもたちは、当時は決して少なくありませんでした。

大人たちの「難しい話」のなかで、一つだけ覚えていることがあります。二月か三月になると役所から送られてくる、「就学猶予・免除」の通知についてです。これは私の母親にとって、ひときわ胸を痛める出来事のようでした。今でも鮮明な記憶なのですが、ある夜、「なぜ学校に入れてもらえないのか」と、泣きながら父親に訴えている（らしい）やり取りが、寝ている私のところにも漏れ聞こえてきました。翌朝、どうしたのかと尋ねた私に、「哲夫（弟の名）でも入れる学校があるといいのにな」とだけ答えました。毎年同じ時期になると、また同じやり取りが交わされていました。

当時、私の頭では、弟は家にいるのが当たり前で、それ以外の選択肢があるなどと考えることはできませんでした。分かったような顔をして相槌をうってはいましたが、学校へ行くだなんてそんなことできるわけはないのに、と本心では考えていました。その「就学猶予・免除」の問題です。

集まっていた親の一人が、自分のところには「就学猶予・免除」の通知が来なかったと言います。それを役所に尋ねたところ、通学は無理だろうから送らなかった、担当者がそう答えたというのです。それを聞いた私の母親はとても憤慨し、明日役場に行って抗議してくると感情を露わにしている、そんな記憶が残っていました。

学校には入れてもらえない。入れてもらえないどころか、「就学猶予・免除」の通知さえ送られてこない。問い詰めると、行けるわけはないから送る必要はないと考えた、役所は平然としてそう答える。義務化など夢のまた夢。福祉などというものがどこにあるのか、見たことも聞いたこともない。子どもたちの身の回りの世話も体調の管理も、一切を自分たちの手で行わなくてはならない。周囲から投げられる心ない言葉や扱いも珍しくはない、しかし家族は黙って耐えていくしかない、そんな時代です。六〇年代はそんな時代として、私の心と体に刻み付けられました。

弟が、東京都多摩市の島田療育園入園に至る経緯についても、少しだけ触れておきます。[*2]一九六四（昭和三九）年四月に教職を辞した母親は、翌六五年一月二七日、脳梗塞のために急逝。家族は一気に難破寸前の船になりました。弟の介護の手を失い、仕事に行こうにも行けなくなった父親は、秋田県児童相談所や島田療育園に助けを求める手紙を書きます。しかしベッドは空いているが、働き手がないからと断られ続けます。

進退窮まったかという二月六日、秋田魁新報が「重障児の看護をする娘さんを求む！　同じ秋田の崩壊する家庭を救え」というキャンペーン記事を掲載します。これがきっかけとなって、高校を卒業した女性たち一五人が、島田療育園に集団就職。そのことで弟の島田入園が叶った。そういう経緯です。その女性たちは「おばこ天使」と呼ばれ、しばらくマスコミをにぎわせていました。[*3]

細渕富夫・飯塚希世の「重症心身障害児の療育史研究」には、次のように書かれています。

> その日〔二月五日、新聞掲載の前日〕、渡部〔誠一郎－秋田魁新報次長〕は〔秋田県児童相談所の〕佐々木所長から1通の手紙を見せられたという。その手紙の発信人は秋田県平賀郡〔平鹿郡の誤記か〕十文字町の教員斎藤要吉(仮名)。受取人は日本心身障害児協会の『島田療育園』(小林提樹院長)であった。斎藤の手紙は要旨次のように綴られていたという。／「寝たきりの私の次男・哲夫（当時10歳）を看護するため妻が教壇を去り、やがて過労から死亡した。このままでは一家破滅になりかねない。なんとか、哲夫を貴園に入園させて貰えないものか」（渡部、1998）

小林園長の返信は、看護スタッフ不足のために引きうけかねる、看護助手を斡旋してくれるなら、というものでした。この手紙が佐々木所長のところにわたったようだといいます。「さっそく渡部はこれを記事にまとめ、翌日の夕刊社会面トップに「秋田から看護の手を　東京の島田療育園　入園待

つ重症の子ら」との見出しで載った」。

この記事の反応は早く、反響は大きかったといいます。もちろん、立派な医師のいる良い施設に入れた、よかったよかった、などという話ではないことは、その年の夏休みに弟を訪ねたときに、すぐに思い知らされました。たった半年ほどの間に、痩せこけて骨の浮き上がった頬、落ちくぼんだ眼、お尻にできている大きな褥創、別人のようになっています。食事もほとんど受け付けず、泣き続けていたといい、初めて笑顔を見せたときには、「哲っちゃんが笑った！」と、園内中が大騒ぎになったといいます。私は弟の顔を、とても正視することができませんでした。

父親は明るく振る舞っていましたが、しかし私はそれまでの、やんちゃでお調子者の兄貴の顔など消し飛んで、打ちひしがれ、言葉を発することができないのです。自分が弟に何をしたのか、それがいかに取り返しのつかないことだったか、冷酷な現実を見せつけられました。

母親が教職を辞す前後から、弟が他界するまでの、この五年にも満たないあいだの体験の重量は、その後の五〇年の人生のそれに優に匹敵するほどです。あるところはいまだ鮮明な映像として貼り付いていたり、ある期間の記憶はまったく欠落したりしているのですが、植松死刑囚があのような事件を起こすまでは、厳重に蓋をし続けていたのでした。

福祉の戦後史などの本を読むと、水上勉さんの「拝啓総理大臣殿」（『中央公論』一九六三年六月）という手紙の果たした役割とか、制度や法の整備、施設の状況などが記載されていますから、また異なる六〇年代福祉の像が描かれるのでしょう。ですが、私の六〇年代はそのようなものでした。

津久井やまゆり園の創設が一九六四年、弟の島田療育園入園は六五年。同時期です。津久井やまゆり園の被害者遺族・家族の方々にあっても、同じように、家庭崩壊の寸前になって、やっとの思いで津久井やまゆり園に入園できたという方は少なくなかったはずです。生死の瀬戸際をかいくぐりながら毎日を生き延び、崩壊間際になってやっと津久井やまゆり園にたどり着いた。

しかし、この事件についての論調の多くは次のようなものでした。六〇年代には大型施設や巨大コロニーが次々と全国に建てられ、施設収容政策が推し進められていった、そんな時代だったと説明され、そういう負の時代を経て七〇年代の府中療育センター闘争や、「青い芝の会」の闘いが始まる、当事者が声を上げ始める。やっと本当の権利擁護の運動に向かい始めた。それが戦後福祉の歴史である。なぜその施設を今、再建しなくてはならないのか。間違ってはいません。そのとおりです。

しかし五〇年代、六〇年代、重度の障害をもつ当事者と家族がどう生きなくてはならなかったか、やまゆり園の当事者や遺族はどうだったか、そうした観点で語られることはありませんでした。

2　遺族・家族たちの「三重のスティグマ」

黙して語らない遺族と家族

私にとっての「六〇年代の福祉」は、あまりに個人的な体験に引き寄せすぎており、また施設入所の経緯にしても、特殊ケースであることを強調しすぎているのではないか。そのように感じられたかもしれません。知り得た範囲で私と近似した問題意識で論じていたのは、ただ一人、岡部耕典氏でした。[*4]「考え続ける会」の主催で行われた対話集会のなかで、津久井やまゆり園の再生基本構想の部会の議事録に、家族会会長の大月和真氏の「津久井やまゆり園は私たちがやっとたどり着いたところです。行くところがなかったのも事実です」という発言があったのを受けて、次のように発言しています。

大月さんは、やっとたどり着いた場所、単なる施設ではなかった、とくり返しています。かけがえのない暮らしの場であった、と。多くの家族は葛藤と苦しみのなかで施設を選択せざるを得なかったのだと思います。その苦渋の選択のとき、地域はなにをしてくれたのでしょうか。福祉関係者や行政はなにをしてくれたでしょうか。福祉関係者はうちで責任をもって面倒みるから地域で一緒に暮らそう、と言ってくれたのにそれを振りきって入所させたのでしょうか。そうではないですよね。そういうことがないまま、どうしようもなくて施設に入れた、入れざるを得なかったという人がほとんどだと思います。（一〇六頁）

事件直後から報道が溢れ、テレビや新聞で多くの人が発言をしました。しかし遺族や家族について、ここまで踏み込んだ発言がなされたという記憶は、知る限り皆無です。私の考えでは、遺族・家族が匿名を決め、自らの発言を封じ込んでいった、いかざるを得なかったという背景には、岡部氏が指摘する問題が抜きがたく横たわっています。

匿名の問題に対しては、たしかに、さまざまな要因が聞こえてきました。取材に応じたとたん親族からクレームが寄せられた家族。差別と好奇心剝き出しの、世間の目に対する恐怖や危惧を語った家族。嫁入り先の家族には話しておらず、知られたくないと話す遺族もいました。

園や法人からの要請（緘口令）もあったかもしれません。匿名の判断をめぐっては、報道、当事者、福祉関係者、学者や識者、それぞれの立場から意見が述べられました。多くは批判、疑義といったニュアンスが込められていました。一つ一つを取り上げて吟味することはしませんが、それぞれがおそらくは「正論」だったと思います。しかし、遺族の多くは、かつてそうだったように、自分たち家族のことは誰一人として理解しないだろう、する気もないだろう、守ってもくれないだろうという思いを、このときもまた強くもったのではないでしょうか。

被害者遺族であることの複雑な憤り、亡くなった我が子（兄弟姉妹）が「重度の知的障害者」であること、亡くなったその場所が「施設」であったこと。そこにまつわる複雑な感情。事件の後に突然押し掛けられ、「今どんな気持ちか」「元職員に命を奪われたことをどう思うか」「なぜ匿名にしたのか」、見ず知らずの人間にそんなことを尋ねられても、答えられるわけはありません。

差別を恐れた、世間体を慮ったという事情とともに、その背後には、それ以上に行政、福祉関係者、学者、世間の人たち、そしてマスコミに対する無言の「抗議」があった、言葉にはしがたい無言の抗議が、この被害者の「匿名」には込められていた、私にはそう感じられるのです。

ここにもう一つの問題が現れます。施設の再建をめぐって原状への復帰を求める家族会に対し、支援者や当事者から激しい批判が寄せられ、事態が紛糾したことです。岡部さんはこの点についても次のように言っています。

誰も助けてくれなくて、色々な気持ちをもちながらなんとかここまでやってきた。すると今度は、施設から出せ、親は施設を守るな、と言われる。色々な思いはあるし、問題はあるかもしれないけれども、とにかく慣れたし、関係のある職員がいる。今度は、そこから出ていけという。福祉関係者の人たちは、今度は地域でやるべきだ、なんでやらないんだという。言っていることはわかるけど、入所に至った経緯、家族の気持ちを考えると、いかがなものかなとも思ってしまうのです。（同前）

言うまでもなく、岡部さんは施設入所を推奨しているわけではありません。前にも書いたように、岡部さんの息子さんは重度の知的障害と自閉症を併せもちながら、介護者と共に地域暮らしをしています。岡部さんは、「支援付き自立生活」というグループホーム以外の地域生活の可能性を提唱し推進しているという、そういう立場からの発言です。

「告発される被害者遺族と家族」

ここまでのことをまとめてみます。事件以後の津久井やまゆり園の遺族は、まずは「犯罪被害者遺族」でした。被害者遺族の方たちがどれほどのサポートやケアを要する存在であるか、リスペクトされなくてはならないか、これまで見てきたとおりです。そしてさらに、六〇年代の福祉不在の時代を、家族が身を寄せ合うようにして生き延びてこざるを得なかった「重度障害者家族」でもある、という側面も併せ持っていました。言ってみれば、二重のスティグマを刻印されたわけです。フーコーふうに言うならば、二重に「死のなかへ廃棄された存在」だったということになります。

ところが、ここにもう一つのスティグマが加わります。被害者遺族や家族は、匿名問題と津久井やまゆり園の建て替え問題を機に「批判されるべき対象」という場所に立たされることになりました。見てきたように、最大限の配慮とリスペクトが望まれる犯罪被害者遺族でありながら、批判の矢面に立たなくてはならない。「重度障害者家族・被害者家族・遺族」でありながら「批判され糾弾される対象」でもある。こんなことは通常ではあり得ないことです。

何がこのような事態を招くことになったかといえば、戦後福祉がいまだ解決できずにいる施設問題です。いや、福祉の問題である以上に、私たちや私たちの社会が、「障害」という問題に対していまだ貧しいイメージしかもてずにいる、共生も社会的包摂も血肉の通った言葉にできずにいる、そのことでしょう。

3　「青い芝の会」神奈川県連合会と「母よ！殺すな」問題

「青い芝の会」神奈川県連合会の登場

この三つ目の「批判され糾弾される対象」という問題は、さらに複雑な事情を帯びることになります。このとき批判は誰によってなされていたか。当事者と支援者です。そして思うに、このときの批判者たちの理念的バックボーンとなっていたのは、七〇年代になってマスコミの前景に登場する「青い芝の会」神奈川県連合会を主導するメンバー、横田弘や横塚晃一といった人たちの思想や理念ではなかったでしょうか。

「考え続ける会」の数度の集会に参加し、脱施設を闘ってきた車いす当事者たちの鮮烈な訴えや、参加者たちによって幾度か「青い芝の会」が言及されるのを耳にしながら、その思想が今もって少なくない人たちの中で生き続けていることを感じたのです。横浜を会場として開催されたある集会のときに、若干留保をつけたい私と、施設絶対解体を主張する車いすの方とで、少しばかりやり合うことになりました。多勢に無勢という感じだったのですが、終わった後の打ち上げのときに、会のメンバーの一人に「佐藤さん、横浜は「青い芝の会」の地元だからなあ」となぐさめられた（？）ことがあります。やはり他の地域にはない、独特の気風が残っているようでした。

「青い芝の会」メンバーは、施設を出て街で生きることを強く訴え、激しい行動も辞しませんでした。車いすを使ってのバス乗車が拒否された際の、バスの占拠といったような断固たる抗議行動など、その典型的なものです。この時代に「青い芝の会」が登場する必然、背景などについて、御自身も当事者であり、参議院議員を務めた経験をもつ堀利和さんへの取材談話から、次にまとめてみます。

七〇年代には、障害者のためにという名目で国を挙げ、家族を挙げ、福祉関係者を挙げて巨大収容施設政策をさらに推し進めていくことになりますが、堀さんはこの「施設からの解放」が、七〇年代初頭の障害者福祉をめぐる大きな闘いだったと言います。

その象徴的な最初の例が、七三年の都立府中療育センター闘争でした。当時の施設は朝から夜までのすべての生活を管理され、外出は許可を必要としました。一日の生活のスケジュールはきっちりと定められ、入浴は週に二回、曜日と時間が決められ、同性介護の原則もない。朝昼晩の食事も全員が集合して規則どおりに行わなくてはならない。女性の場合は長い髪が許されない。[*5]

「〔入居者たちは〕**人権が無視された非人間的な生活環境に置かれていました。そのことが府中療育センター闘争として顕在化したわけです。時期を同じくして、神奈川県を中心にした「青い芝の会」の人たちの告発糾弾闘争が始まるのです」**

六〇年代の「重度障害者」の一部の家族は、我が子の命を奪うところまで追い詰められていました。世間の同情は（当事者たちや、福祉関係者の一部までもが）、殺された子どもではなく、殺した側の親や家族に集まっていました。

「これは福祉の貧困ゆえに起きてしまったということで、関係者や地域住民が減刑嘆願運動をする。世間は「仕方がない」という雰囲気になっている。そんな中、青い芝の会が「殺される側の論理」とアピールし、減刑嘆願運動に対する反対運動を起こしていくのです。府中療育センター闘争と「青い芝の会」の闘争が、この時代の闘争の象徴的な運動で、まだまだ解決できていない問題も含め、萌芽の時期だと思います」

一九七〇（昭和四五）年五月二九日、やはり横浜で、一人の母親が障害のある我が子を手にかけてしまうという事件が起きました。このとき「青い芝の会」神奈川県連合会を主導する横塚晃一、横田弘の両氏を中心として、激しい抗議運動が引き起こされます。以下、横田氏の『障害者殺しの思想』[*6]、横塚氏の『母よ！殺すな』の両著書を見ていきます。

事件は、横浜市の金沢区で起きました。「二人の障害児をもつ母親が下の女の子（当時二歳）をエプロンの紐でしめ殺した」という事件でした。このとき、施設入所を申し込んだが、断られた直後だったといいます。

母親の逮捕を受け、「青い芝の会」神奈川県連合会のメンバーは、横浜地方検察庁と横浜地方裁判所に対し「厳正なる判決を」と訴える意見書を提出します。起草は横塚氏であり、ここから始まる運動が「障害者運動の流れに大きな転換点を画した」のは、氏が書いているとおりです。いかに重要な起爆剤となったかは、私などが改めて指摘するまでもないでしょう。横塚氏の著書中の「ある障害者運動の目指すもの」には、こんなことが書かれています。

事件が発生するとともに、新聞をはじめとするマスコミは「またもや起きた悲劇、福祉政策の貧困が生んだ悲劇、施設さえあれば救える」などと書き立てる。これに呼応するように、地元町内会や障害児をもつ親たちの団体が減刑嘆願運動を始めることになる。

そして県心身障害者父母の会（宇井儀一代表）は「施設もなく家庭に対する療育指導もない、生存権を社会から否定されている障害児を殺すのは止むを得ざる成り行きである」という抗議文を横浜市長に提出した。このようなマスコミキャンペーン、それに追随する障害者をもつ親兄弟の動き、そしてまたこれらに雷同する形で現われる無責任な同情論はこの種の事件が起きるたびに繰り返されるものであるが、これらは全て殺した親の側に立つものであり、「悲劇」という場合も殺した親、すなわち「健全者」にとっての悲劇なのであって、この場合一番大切なはずの本人（障害者）の存

> **在はすっぽり抜け落ちているのである。このような事件が繰り返されるたびに、我々障害者は言い知れぬ憤りと危機感を抱かざるを得ない。**（九六－九七頁）

ここにある悲劇は、殺された子どもにとっての悲劇ではない。親にとっての悲劇だとみなされているのであり、だからこそ同情が集まり、減刑嘆願運動などが起きるのである。自分たちは殺されて当然の存在なのか。――「障害者を殺すな！」という強烈なアピールです。至極まっとうな（はずの）こうした主張が、当時いかに驚きと困惑を与えたかは、横塚氏の次の記述からも知ることができます。「**親の気持ちがよく分かる、母親がかわいそうだ**」「**重度だったから生きているよりも死んだほうがよかった**」という声が「青い芝の会」の例会の際にも出されたといい、これに対して横塚氏は、「**障害者を殺して当然ということがまかり通るならば我々もいつか殺されるかもしれない。我々は殺される側であることを認識しなければならない**」と強いメッセージを発信します。

一方、横田氏の『障害者殺しの思想』には、次のような記述も見られます。

横浜市金沢区の事件が起きたのは五月、検察庁が起訴したのは翌年の六月。一年以上の歳月を要しています。ところが同じ年に、「神奈川県大和市で起きた幼児殺し（健全者の）は一カ月前後で起訴に踏み切って」いる、いったいこれはどういうことか、と横田氏は怒りを露わにして書いています。

さらに会の代表が検察庁に出向いたとき、担当検事は「**今、全国の施設の状況などを調べて起訴するかどうかを検討している**」と言い、事件事実は明白なのに、検察庁がしているのは「起訴するかどうかの検討」だった。起訴後に改めて訪れたときには「**君たちの言う通り裁判にかけたのだからそれ**

でいいのではないか」と検察官は言い放ったというのです（四二頁）。さらには、「青い芝の会」が横浜地裁に提出した意見書は、弁護人の一言で証拠採用されず、母親への判決は「懲役二年、執行猶予三年」という、驚くほど軽いものだった、と怒りとともに書き付けています。

ここから横田、横塚両氏を中心とした「青い芝の会」神奈川県連合会が、激しい街頭行動とともに、「殺すな！」「生きさせろ！」というアピールを強く打ち出していくことになります。

「母よ！殺すな」というメッセージはどこに向けられているのか

「青い芝の会」のメンバーは、「殺すな！」とまっすぐに訴えたわけですが、当然の主張です。しかしその当然の主張は当然のこととしては受け入れられず、そこに「障害」をめぐるさまざまな世俗の既成概念や「世間の常識」がたちはだかりました。横田氏は書きます。

「はっきり言おう。／障害者児は生きてはいけないのである。／障害者児は殺されなければならないのである。／そしてその加害者は自殺しなければならないのである」（一六頁）。CP者（脳性マヒ者）であることの自覚を強く訴えることから横田氏はその「行動綱領」を書き始めていますが、それは自分たちの行動の原点であるとされ、「殺される存在」であることの強い自覚です。彼らの「殺すな！」という訴えが強度をもって訴えてくるのは、「殺される存在」であることの強さに比例しています。

前章で、「非暴力の思想」による徹底した抵抗運動について取り上げました。それが通常受け取られているように、暴力に唯々諾々として服従する思想などではなく、不服従を表明するために取られる激しい行動にもなるとも言いました。「青い芝の会」によるこの時期のバスジャックや、道路に寝転んで占拠する実力行動など、まさに非暴力の直接的抵抗を体現したものです。
言ってみればこの「母よ!殺すな」という強いメッセージは、社会に向けられたものであると同時に、「CP者であることの自覚をもった当事者」へ、「非暴力の思想」による実力行動を呼びかけるものでもあった、社会への戦闘宣言であると同時に、同じCP者に対しての戦闘への促し（アジテーション）でもあった。私にはそのように感じられます。そして「社会で生きさせろ！」というもう一つの主張があるのですが、横田氏によって、これは次のように書かれます。

「症状の好転する見込みもうすい」「社会復帰は絶望的」な障害者を看護することに疲れきっている家族達の悲劇を防ぐためだけに、収容施設は必要なのだ。だから、それがどんなに障害者の意志を無視し、主体性を無視したものであろうとも、施設は造られなければならないし、造られるのが「当然」なのである。（略）この、ものの見事に障害者の人間としての存在を欠落させたままなされる発想の総てが、障害者を、死へ追い込んでいくこと以外の何物でもないのである。（三一頁）

「青い芝の会」の訴えは、まさに弟によって私自身に向けられた刃のようで、長いあいだ冷静に受け止めることができませんでした。ともあれ、津久井やまゆり園遺族の匿名問題や施設再建問題に反対していた当事者や支援者は、押し詰めればこのことを訴えていたのだと、今にして思います。かつては家族や親によって、今度は施設職員によって殺されてしまった。批判者たちは、「青い芝の会」

の主張を背負いながら、「殺すな！」「社会で生きさせろ！」という声を発し続けていたわけです。

さらに慎重に言わなくてはならないのですが、津久井やまゆり園の被害者家族・遺族の方たちは、このとき、遺族でありながら告発される側という、そんな、もう一つの象徴的なスティグマをもたされてしまった、と先ほど書きました。被害者家族・遺族でありながら、告発される家族という立場。もちろん、事実としてそのような発言が認められた、と言っているのではありません。あくまでもこの事件の被害者遺族のもつ特殊性に踏み込んで考えたとき、そこにこそ、戦後の障害者福祉がいまだに克服できずにいる課題が凝縮しているのではないか。施設入所問題のもつ根の深さが、象徴的に表れたのではないか。そういうところに私の考えは至りついたのです。

私的なことを加えるならば、六〇年代福祉の貧困は、親をして我が子を手にかけしむるところまで追い込む悲惨を生み出しました。命こそ奪わなかったものの、そのぎりぎりのところまで追い込まれていた家族は少なくなかったはずです。一方には、「おばこ天使」のような「美談」がありました。私の家族は、その美談によって救われました。

しかし救われたのは私と父親であって、弟は、生き延びた私たちの命と引き換えのように、入所二年にして他界しています。いや、私がここまで生きることができたのは、まぎれもなく、弟の命の引き換えがあればこそです。「母親による障害児殺し」の悲惨と「秋田おばこ（と救われた家族）の美談」は、一つの物事の裏と表です。私は美談の陰に隠れるわけにはいかないようなのです。

先ほど、私も六〇年代福祉の被害者であるというような書きぶりをしてきたのですが、言うまでもなく、私自身も「告発される側」に立っています。「奇跡的」に島田療育園への入所がかないましたが、もし入所をあきらめざるを得なかったときには、どうなっていたでしょうか。「父親による障害児殺し」の当事者にならなかった、という保証はどこにもありません。

「優生テロの実行者」と植松死刑囚を指弾しながら、もう一方では「告発される側」でもある。私が彼への批判を激しくすればするほど、批判はそのまま自分に返ってくる。「青い芝の会」によって、批判され、糾弾される側にいることになる。どうもそれが、この事件を論じるときの私が立たなくてはならない場所のようなのです。先ほど、「青い芝の会」の訴えは私自身に向けられた刃のようで、長いあいだ冷静に受け止めることができなかった、と書きましたが、それはこういう意味です。

その後の「母よ！殺すな」問題

「青い芝の会」の訴えの後、「母よ！殺すな」問題はどうなったでしょうか。近年の事件から、インターネット上で目に入ったものを任意に取り上げてみます。

・二〇一九年九月一三日『朝日新聞ＤＩＧＩＴＡＬ』……事件は二〇一八年一月二三日朝起きた。被害者は重度の知的障害がある長男（当時二五歳）、加害者は父親。求刑八年のところ「うつ病の影響で心神耗弱状態」が認められ、判決は懲役三年六月を言い渡した。

・二〇二一年三月二一日『毎日新聞Ｗｅｂ』……事件が起きたのは「二〇一九年秋のある日」、被害者は発達障害と知的障害をもつ四八歳の女性。加害者は七三歳の母親。判決は懲役二年六月、執行猶予なし。うつ病の認定がなされたが、影響は限定的と判断された。

丁寧に調べていけばまだあるはずだと思い、検索を続けたところ、「戦後における「親による障害児者殺し」事件の検討」という夏堀摂氏による論文に行き当たりました。[*7] 論文中の「表2　10年ごとの事件件数の推移」を見ると、次のような数字が並んでいます。（　）内は件数。

1951～1960年（38）、1961～1970年（48）、1971～1980年（100）、1981～1990年（51）、1991～2000年（57）、2001～2006年6月（51）、2001～2010年は推計値として92・7件が示されています。

夏堀氏の論文は、障害者の地域生活への移行が押し進められている昨今、そのこと自体には反対しないが、「**障害児者を地域に「放り出す」こととして実現するならば、それは障害児者自身の生活に深刻な困難をもたらす危険をはらむことが予測される**」、そして生活上の困難は「**家族をも巻き込むものとなるのではないか**」、そういう動機から進められた調査・研究です。データや資料を精査した後の「考察」で、次のように書いています。事件として浮上するのは氷山の一角であるとした後、

　戦後60年経っても、こうした事件はその内容を変化させながら発生し続けており、だれよりもまず、障害ゆえに他者によるケアを必要とする障害当事者にとって深刻な問題である。他方で、こうした事件の「加害者」は直接犯行に及んだ親であるのだが、子どもの障害ゆえに必要となるケアの問題が、現在でも「個人的な問題・家族の問題」に回収されやすい状況にあるということ、そのことこそが問題として問われるべきではなかろうか。（五一頁）

「母よ！殺すな」問題は、夏堀氏が「内容を変化させながら発生し続け」ており、依然としてケアの問題が家族の問題に回収されやすいということ、重要なのはこの点ではないかと指摘するように、いまだ解決の糸口を見いだせずにいる問題です。

施設問題は、戦後福祉のジレンマを鋭く表す難題でした。仮に地域移行を推し進めたとしても、地域での関係づくりを疎かにし、受け皿を充分に用意しないままの「掛け声だけの地域移行」は、新たな福祉のジレンマとなりはしないかという危惧が、夏堀氏の論文にも窺うことができます。ここには大きく二つの問題が存在するように思えます。

一つは夏堀氏も指摘するとおり、養育も介護も、依然としてその担い手の多くが「母」であり「女性」である限り、家族問題としてしかそれが考えられないということです。やはりこれも、今もって解決できずにいる課題です。ほとんど問題にされることはなかったのですが、植松死刑囚があれほどのこだわりを見せた「疲れ切った母親の表情」とは、本人の意図とは別のところで、重度障害者の介護・介助が社会化できずにいるという問題を突き付けてきたものの一つでした。

もう一つは、日本の雇用が痩せ細っていくばかりだという社会の現実です。二〇一一年の東日本大震災以降の一〇年、さらにコロナパンデミックの直撃に社会全体が喘いでいる昨今、生活の維持という生存の基盤を作る条件が、目に見えて過酷になっています。貧困とか生活困窮という言葉では言い尽くせないような事態が進行し、かつては社会の弱い層が直撃され、そこからまずは現れていた事態が、どこからどんなふうにして噴出してくるか分からない、そんなことになっています。このようななかでは、障害をもつ人たちの地域移行もまた厳しい条件になっていくことは避けられません。

「母よ！殺すな」という「青い芝の会」の訴えは、かつては福祉政策の貧困さと、当事者や支援者がもってしまう、あるあきらめの意識に、その変革を迫るよう向けられていました。今やそこに、社会基盤そのものの脆弱さというもう一つの問題が加わったことになります。そしてさらに介護・介助などのいわゆるケアは、その理解が深まれば深まるほど、ケアをどう再編するかという平等をめぐる議論と、民主主義の再定義の問題にかかわるのだという斬新かつラディカルな主張を生み出すに至っています。*8 私にとっては、いずれ取り組むべきテーマです。

注

1　立命館大学の立岩真也さんを中心としたホームページ「生存学（http:www.arsvi.com)」に、当時の貴重な資料が保存されていますが、ここでは私の体験の記憶をもとに記述しています。

2　このあたりの記述は、津曲裕次監修『天地を拓く』（財団法人日本知的障害者福祉協会発行、二〇一三年）。佐藤要吉「哲夫、おまえの掲げた愛の灯はけっして消えない！」（『女学生の友』、一九六六年）。細渕富夫、飯塚希世「重症心身障害児の療育史研究」（『埼玉大学紀要』、二〇一〇年）。日付、新聞の見出し、掲載が朝刊か夕刊かなど、それぞれ若干ずつの異同があります。

3　立岩真也さんの『病者障害者の戦後　生政治史点描』（青土社、二〇一八年）にも、「おばこ天使」についての次のような記述が見られます。「秋田県から「おばこ天使」が看護師として島田療育園にそして後には他の施設にも就職し、そのことが知られ、そうやって働いた人による本（藤原［1967］）も出て、歌もできた。ただそれはいっときのことに終わる」（二六〇頁）。

藤原陽子さんの本は『おばこ天使　ある青春　重症児と共に生きる』（文芸市場社、一九六七年）というタイトルで出版されます。歌は、「おばこ天使の唄」（倍賞美津子・黒沢明とロス・プリモス。作詞は藤原陽子）として発売されました。藤原さんは、弟が入園した翌年に東京都東村山市の秋津療育園に勤務するようになるのですが、藤原さんの著書『おばこ天使』には、そのときの経緯について次のように書かれています。六月のあるとき、秋田魁新報夕刊の、一つの記事を目にしました。

『島田の奇跡再び』という見出しで、次のような記事が載っていた。／――今年の二月、本紙では「〝宿命の子〟救え！秋田から看護の手を」という記事をきっかけに、三重、四重のハンディキャップを背負った重症心身障害児のわが国における実情を訴え、それら不幸な子どもたちを収容する民間の施設があるにはあっても、人手不足からベッドがあいたままになっていると呼びかけたところ、県内からたくさんの看護婦志望者が名のりでた。そこで県中央児童相談所の協力を得て、三月には東京都下の重症児収容施設・島田療育園に十三人の〝おばこ天使〟を送り、秋田おばこの心意気を全国に知らしめた。その後、本紙は天使たちの生活を中心とした「島田療育園の春」の連載をはじめたが、その一環として同じく都下東村山にある秋津療育園の現状にもふれたところ、再び問い合わせが集まっており、同園にも〝おばこ天使〟を送るべく、関係当事者間の話し合いを進めている。本誌では引きつづき〈この灯を永久に〉の通しタイトルで、今後とも重症児問題のキャンペーンを続け、政治の谷間といわれるこのテーマにスポットを当てて行きたい――」（二八‐二九頁）

この記事がきっかけとなって、藤原さんは秋津へ行くことを決心します。

4　『飢餓陣営49』（二〇一九年七月）所収、「父親たちは語る―なぜ施設を望むのか、あるいは望まないのか」（「津久井やまゆり園事件を考え続ける対話集会」より。発言者：大月和真、尾野剛志、神戸金史、岡部耕典）。岡部氏は、早稲田大学教授です。

5　この時期の状況を、取材の範囲から拾ってみます。一九六八年から二〇〇四年まで津久井やまゆり園に職員として勤務していた太田顕さんの談話（『飢餓陣営52』二〇二〇年一二月）。

津久井やまゆり園は神奈川県が全国に先駆けて、公立の重度精神薄弱者（現在の知的障害者）の施設として作ったものであり、自分たちはそのことを誇りにしていた。その後に「コロニー問題」になっていく、という流れの中で、津久井やまゆり園でこれまで以上に人間らしい生活ができるようにしたいと考えて取り組んできたといい、次のように続けます。

「たとえば平塚のほうに家庭訪問に伺ったとき、ある農家の女性の方は縛られて、土間に放置されていました。紐の片方は土間にある大きな柱に括りつけられていました。そういう例が少なからずあったわけです。そういう方がたに、何とかしてもっと人間らしい快適な生活を送ってほしい。そういう場所として家庭とは棲み分ける、ということで福祉施設はスタートを切ったはずだったのです。ところが時間とともに滞留化し、コロニー化してしまい、差別を助長する元凶だということになって、福祉施設は批判の対象になっていった」。「たしかに福祉施設は矛盾に満ちたあり方をしていると思います。私たちは少しでも日々の生活を人間らしく送ってほしいということで取り組んだわけですが、これが生活の場かよ、というのが当時の実情だったのですね。例えば、一年を通して週に二回しか入浴ができない。朝昼晩の食事も、朝は牛乳とパンだけとか、とても貧しい。衣食住において、そういう環境」だった、と述べていました。

また西定春さんは、七〇年代前半の施設体験を次のように述べています。

「七〇年代前半までの知的ハンディをもつ人の施設というのは、ほんとうに辛かったですよ。私の施設も山の裏のほうにあったから、冬はとても寒かったです。でも、暖房が入るのは二四時間のうち一時間だけでした。あとはふるえていないといけなかったですね。こんなのは福祉とはいえない。おこがましい。そう考えていましたね。食事も貧しかったですしね。施設のお風呂はいまだに週に二回ですからね」

6
横田弘『【増補新装版】障害者殺しの思想』（現代書館、二〇一五年）、横塚晃一『母よ！殺すな』（生活書院、二〇〇七年）。

また横田氏は「施設」について、次のように書いています。

「現状の「施設」は「権力」、あるいは「健全者」のために必要なのであって、障害者のためのものではない。施設の中で障害者がどれ程主体性を奪われ、可能性を奪われているか、「青い芝」神奈川県連合会々報に寄せられた多くの仲間たちの言葉によってもわかる。／つまり、親たちはそうした既成の概念あるいは価値観によってしか私たちの存在を捉えられないのである。／その、親の既成概念こそ、私たち障害者を疎外し抹殺していく大きな原動力となっていることを私たちはもう一度改めて認識していかなければならないだろう」（五五 - 五六頁）

7　夏堀氏の論文は以下。
https://www.jstage.jst.go.jp/article/jssw/48/1/48_KJ00004596759/_pdf
二〇〇六年七月三一日受け付け、〇七年三月一九日受理とあり、本書執筆時の夏堀氏の肩書は、東京都立大学大学院人文科学研究科博士課程となっています。

8　J・C・トロント著、岡野八代訳・著『ケアするのは誰か？　新しい民主主義のかたちへ』（白澤社、二〇二〇年）
ここでは例えば、次のような議論のかたちをとることになります。
「つまり、わたしたちが平等化しなければならないものは、ケア提供という行為そのものではなく、ケアに対する責任であり、そしてその前提条件として、いかにしてその責任が［社会のなかで］配分されるべきかの議論なのです。こうして、わたしたちは、新たな民主主義の定義を手にすることになります。民主主義は、ケア責任の配分に関わるものであり、あらゆるひとが、できるかぎり完全に、こうしたケアの配分に参加できることを保障する」（三九頁、傍点は原文）

このように、政治的にもある種の変革を目論むときの一つの重要な武器として「ケア」が見定められています。

第Ⅱ部　裁判はなぜ「植松独演会」になったのか

ところで他方では、きわめてひそかなその狂気は、客観性、つまり、狂暴、行為の激発、時には殺人行為などとなって爆発することでのみ存在している。結局その狂気は、もっとも目につきやすくもっとも悪質な客観性へむかっての、また責任能力をともなわぬ行為の機械的な激発へむかっての、知覚しがたい潜勢力をもった下降という姿のなかにのみ存在している。その狂気は、自分自身の外部に完全に投げ出される可能性、また内在性が完全に欠如している場合にかぎり、すくなくとも一時的に存在する可能性、こうした常に内在的な可能性である。

（M・フーコー著、田村俶訳『狂気の歴史――古典主義時代における』新潮社、一九七五年）

第四章　二〇一六年七月二六日未明、この惨劇をどう「記録」すればよいのか

1　凶行の直前と直後

未明の出来事

二〇一六年七月二六日の未明、一時四三分、元職員だった植松聖死刑囚は神奈川県相模原市千木良の津久井やまゆり園に侵入。入居者一九名の命を奪い、夜勤職員を含む二六名に重軽傷を負わせます。園から逃走した時刻は二時四八分でした。凶行の時間は一時間ほど。

この間、午前二時三八分、二時四六分、二時五六分、三時〇一分と、津久井やまゆり園の夜勤職員によって凶行を伝える警察への緊急通報が続きました。植松死刑囚は津久井警察署へ自ら出頭。時刻は三時〇五分でした。

事件の日から六年がすぎました。この未明の出来事をどう記録すればよいのか、これだけの事件をどう書き留めておけばよいのか。それができるのか。この間、私はさまざまなことを試みてきました

が、結局、自分に課していることは次の二つです。

これ以降、植松死刑囚の言葉とその行動を記録していくことになり、凄惨この上ない記述が続くのですが、曖昧な記述や腰の砕けた言い換えに逃げず、書くべきことは書くという姿勢を堅持すること。亡くなった方々に対して、生き残った人間ができることは、記憶すること、忘れないこと、忘れないために記録すること。それが一介の物書きにすぎない私にできる唯一の方法です。なぜ曖昧な記述に逃げないことを自分に課すのかと言えば、ノンフィクションとは記憶するためになされる記録の文学だからです。

第Ⅱ部では、事件の「本丸」に切り込んでいくことになります。ここで試みることはシンプルです。裁判資料を「精読」すること。そこに尽きます。

くり返しますが、痛ましい記述と、植松死刑囚の愚劣な言葉が続くかもしれません。しかし目を背けないでください。四〇数名もの人たちが、このような男に、このようにして命を奪われ、そして深く傷つけられたのです。二〇一六年七月二六日に、実際に起こった出来事なのです。

初めて目にした「植松聖」

初公判は二〇二〇年一月八日でした。さすがに多くの人の関心を集め、二六の傍聴席に対し、一九〇〇人を超す希望者が列を作ったといいます。寒い雨の日でした。この後も、最初の被告人質問のときなどは、一〇〇倍近い倍率になることもありました。マスコミ各社も一般傍聴席を求めてアルバイトの動員をかけてきますから、傍聴券の入手にはかなり厳しい状況でしたが、ダメもとで私は横浜地裁に通い続けました。結果的に八回傍聴できました。

初傍聴は一月一〇日の第二回公判。このとき植松死刑囚（以下、公判中の記述は被告人とします）を初めて目にしました。第一印象は、「こんなに小柄な男だったのか」というものでした。

着席すると、傍聴席にしきりと目を走らせます。知り合いの記者たちを探しているようで、ときどき目礼をしたり、小刻みに頷いたりしています。拘置所での接見で顔なじみになった記者やライターたちへ「挨拶」を送っているようです。その様子がどこか得意げで、私は強い異和感を覚えました。

彼は、死刑判決が予想される事件の被告人として、これから裁かれる身です。被告人席に座ってもなお、自分がどう見られているか、人の命よりもそちらのほうがはるかに気になっているようでした。これから始まる裁判が自分の「晴れ舞台」でもあるかのような、出番を待つ「プレーヤー」でもあるかのような、そんな印象を受けたのです。

両手はミトンで防護されていました。二日前の初公判で突然自分の指に噛みつき、自傷行為がくり返されるおそれがあると判断されたためだと言います。後日、ほんとうに小指の先を噛み千切ったことが明らかになるのですが、なぜそんなことをしたのかと問われると、言葉だけではない謝罪の意を示したかったからだ、と答えたといいます。私には、自分は口先だけの人間ではない、やるときはやるという、大向こう受けを狙った示威行動のようにしか感じられず、苦々しい思いを抱きながら、彼の一挙一動を注視していたのでした。

凶行直前の「植松聖」

第二回公判では、事件前日から決行までの詳細な足取りが検察官によって読み上げられました。そこから、彼の最後の行動をまとめながら拾ってみます。

二〇一六年七月二五日午前七時前、植松被告は車で移動しながらファミリーマートでノートやボールペンを購入。その後、午前八時四〇分すぎから午後一時近くまで、新宿の漫画喫茶に滞在。午後四時二〇分頃、ワークマン（作業服の専門店）で手袋を購入した後、ホームセンターのカインズホームに向かいます。四時半すぎから五時近くまで、結束バンド、ハンマー、ガムテープなど、事件に使用する物品を購入していますから、漫画喫茶での滞在中、事件実行にあたって何が必要かを細かく確認し、どこから侵入し、どういう経路をたどるか、綿密にシミュレーションをしていたことが推測されます（実際に、侵入口はもっとも奥まった場所を選び、その後も、無駄のない行動経路が選ばれていました）。

午後六時前、車を港区南青山の病院前のコインパーキングに駐車させ、新宿区歌舞伎町のホテルにチェックインします。九時頃まで滞在したのち、新宿の焼き肉店へ行き、一〇時すぎまで友人女性と会食。この女性とは交際してはいなかったけれども、「最後の晩餐」を一緒に過ごす相手として選んだ、という趣旨のことを述べていました。ホテルに戻った後、一〇時三五分頃、事前に予約を入れていたデリヘル嬢と、翌二六日の午前〇時頃まで過ごし、〇時二五分にホテルをチェックアウト。この後、車を停めてあった南青山から相模原市に向かいます。

ちなみに、実際の読み上げは次のようなものでした。

午前〇時三九分、被告人は車両を東京都港区南青山のコインパーキングから出庫。

午前一時二五分、被告人の車両が中央自動車道下り線八王子料金所を通過。

午前一時三三分、車両が中央自動車道相模湖東出口から一般道に。防犯カメラの映像が写真③と写真④。料金所を通過する様子です。赤い丸が被告人です。

午前一時三七分、被告人の車両が津久井やまゆり園近くの住民方前の路上に停車。その状況の防犯カメラの映像が写真⑤⑥。水色の点線で囲ってあるのが被告人車両です。住民方の位置関係は見取り図の通り。

植松被告が通った経路のすべての防犯カメラが精査され、行動の一切が調べ上げられています。いざとなれば防犯カメラはもちろんのこと、このようにスマホ、ＩＣカード、ＳＮＳやメールなどによって、私たちの行動は分刻みで丸裸にされてしまうわけです。ここには検察側の意図が明瞭に現れていました。「責任能力」の争いになるだろうことは、早い時期から伝えられていました。警察・検察にとっては起訴し、一〇〇％の有罪、そして死刑判決が、至上命令だったはずです。

植松被告人の足取りを克明に追うことで、示されたのは、事件がいかに周到に準備されたものだったかということです。不必要とも思えるような最後の食事と最後のセックスまで示し、これから始まる凶行を自身がどう受け止めていたか、錯乱の結果としての犯行ではない、会話、振る舞い、どれをとっても心神喪失や心神耗弱の要因などは微塵もないものだったか、ということを示す証左として、これらの事実は読み上げられたのでした。

そして二六日、午前一時三七分、津久井やまゆり園近くの民家の前に車を停めます。一時四三分、かねてより計画していたとおり、園の一番奥の生活棟に向かい、居室のガラスを割り、バッグを持って侵入していきました。

すでに利用者たちは寝入っており、深い静けさがあたりを覆っていたはずです。しかし生活棟のなかは、一気に地獄へと変わります。

凶行直後の「植松聖」

公判では、それから夜勤職員の証言を通して園内での阿鼻叫喚の一部始終が述べられていくのですが、私が膨大な裁判記録を読み返しながらもう一つ注目をしたのは、その前後に、植松被告がどのような行動を見せたか、証人による精細な証言が記録されていることでした。凶行直前と直後の植松被告を近隣の住民（aさんとしましょう）が目撃し、会話を交わしています。第五回公判での証言概要は次のとおりでした。

二六日未明、車のエンジン音に気が付いた住民aさんは、布団を出て、窓越しに外を見て、それから自宅玄関に取り付けた防犯カメラを作動させ、窓とカメラの両方から様子を窺っていました。車から出てきた男は、しばらく車のバンパーをいじっていたといいます（津久井やまゆり園に向かう途中、ガードレールにぶつけてバンパーが外れそうになったが、そのまま運転してきたと植松被告人は証言していました）。それから車を離れ、津久井やまゆり園のほうに歩いて行くのを見て、手伝ってあげようと考えたａさんは家を出ていきます。

車の周りを回って故障個所を調べたり、中の様子を見たりしていると、間もなく植松被告人が戻ってきました。「ぶつけて修理しているのですか。大丈夫ですか」と尋ねると、「大丈夫です。自分はやまゆり園の人間です」と答えたといいます。

そのとき植松被告人はバッグを持っており、ａさんは、何か修理用の道具でも入っているのだろうと思いました。彼はバッグを手にしたまま津久井やまゆり園のほうに歩いて行くのですが、それを見て気になることもなく、ａさんは家に戻っています。それから三〇分ほど自宅の防犯カメラのモニターを見て何事もないことを確認し、再び布団に入りました。

そして、大きなエンジン音とともに立ち去っていく車の音を聞いたのが、一時間後の二時半頃。ａさんはもう一度外に出て行きました。立ち去った後、車が停めてあった周りにはマクドナルドのフタとストローが落ちていました。津久井やまゆり園のほうに歩いて行くと、交差点に結束バンドが散乱していたといい、雨粒ほどの血痕も点在していた、運転席側だった、そんなａさんの証言が続きます。

検察官：あなたが発見したストローやふた、血痕とか、結束バンドについては誰かに伝えましたか。

証人：伝えました。

検察官：誰に伝えましたか。
証人：四時すぎと思われるんですけど、一番早く来た刑事さんに「ここにあります」と伝えました。
検察官：車が立ち去った状況を、防犯カメラのモニターで確認しましたか。
証人：しました。
検察官：どんな状況が映っていましたか。
証人：バンパーの角を引きずって立ち去っていきました。
検察官：車が発進する前に男の人が戻ってくる様子は映っていましたか。
証人：映っていました。
検察官：どちらの方向からその男の人は来ましたか。
証人：やまゆり園の正門側のほうから歩いてきました。
検察官：そのような防犯カメラの映像についてはどうしましたか。
証人：警察の人に渡しました。

立ち去る前と、立ち去った後についての尋問の間、検察官はくり返し、次のような質問を重ねていました。

「あなたが男と話をしたとき、男はあなたときちんと目を合わせて話しましたか」「何を言っているか分からないとか、ろれつが回っていないということはありましたか」「変な汗をかいていたりとかはありましたか」「おどおどしていたり、不審な様子はありましたか」「薬物でも使っているのではと

いうような様子はありましたか」「その男について不審な点だったり、普通の人とちょっと違う様子だという点はありましたか」

近隣住民のaさんは、こうした問いのすべてに対し、「ありません」「一切ございません」と答えていました。言うまでもないことですが、この証言を得ることが、aさんへの証人尋問の最大の目的であり、植松被告の精神状態に疑わしいところはない、薬物の影響はない、そのような証言を引き出すためのものでした。

これが、あれほどの凶行に手を染めた植松被告の、決行の直前と直後の様子です。くり返しますが、意図は明らかすぎるほどで、植松被告人の「責任能力」に問題がないと、ダメ押しのダメ押しともいうべき証言をさせたのだ、と私は感じました。

凶行と津久井やまゆり園からの逃走、そして出頭へ

園からの逃走後、植松被告が向かったのはコンビニエンスストアでした。トイレに入って傷ついた小指の血を洗い流し、その後、タバコ、飲み物、エクレアを購入しています。

車に戻ると、これもかねてからの計画どおり、自身のツイッターに投稿しました。「世界が平和になりますように。ｂｅａｕｔｉｆｕｌ　Ｊａｐａｎ！！！！！」という言葉に、黒のスーツ姿に赤いネクタイを結び、ぎこちない笑顔を向けている自撮り写真が添えられていました。事件決行後のために用意しておいたもので、この顔写真は間もなく、日本国中を駆け回ることになります。

三時〇五分、津久井署に出頭。コンビニから津久井署までは車で五分ほど。「その間にタバコを三本吸い、コーラをがぶ飲みして、エクレアは半分しか食べきれないうち」に、津久井署に到着してしまったと言います。そこで、津久井やまゆり園の入居者を刺したことを伝え、犯行現場まで連行されます。すでにたくさんのパトカーや救急車が並び、近隣の住民も集まっていました。四時二七分、その場で緊急逮捕されました。

公判で、なぜ自首したのかと問われると、「犯罪だと分かっていたので、自首することに意味があると思っていた」と答えています。自分の理解力は正常なのだ、正常な判断に基づいて続行したのだ、といったことを述べたかったようです。また別のところでは「そのほうが潔くてかっこいいと思った」とも話しています。

逮捕から一時間もたたないうちに、この「戦後最悪」の事件は、早朝の日本列島を駆け抜けることになります。

2　殺意と悪意と冷酷な行動

どのようにして実行されたのか

第二回公判は、検察官による証拠調べでした。午前中は第一章で紹介した、被害に遭われた方それぞれの司法解剖の結果が読み上げられました。その後、犯行時の詳細な状況の説明が、夜勤職員の調書を読み上げながら進められていきました。

まずは丙Aさん。最初に植松被告に遭遇した「はなホーム」の夜勤職員です（甲は亡くなった利用者の方、乙は傷を負った利用者の方、丙は夜勤職員の方に付された記号です。【凡例】にもあるように、文中、〔　〕内の記載は私の手による註記です）。

私は七月二六日午前二時過ぎ、一時間に一回の巡回のため、支援室を出ました。一一二号室の隣にある脱衣所にあった洗濯物を片付け、そのまま一一二号室から順番に巡回しようと考えていました。一一〇号室の開いているドアから、入り口近くのタンスの前に男がいるのが見えました。男は膝をついて座った状態で、何か作業をしているようでした。入所者かと思いましたが、一一〇号室の部屋の奥の窓ガラスが割れ、部屋の中にはガラスの破片が散らばっていました。

私はとっさに「誰？」と聞きました。すると、男は立ち上がって私の方に向かってきました。男の手に包丁のようなものが握られ、刃は、家庭用の包丁よりは長く細いものでした。「ぎゃー」と大声で叫ぶと、男は私を捕まえて「騒ぐな、騒いだら殺す」と言いました。それから男に腕をつかまれ、一一〇号室の中に二、三歩連れ込まれたと思います。殺されると思って「すみません、すみません」と言って、声を出すのをやめました。

男は一瞬私から離れ、視線を下に落としました。足下にはバックが置かれていました。私はその隙をついて支援室のほうに走って逃げたのですが、一〇六号室の前で捕まり、一〇六号室の中に引きずり込まれ、床に倒され、後頭部を床に強く打ち付けました。男は私の腕を強くつかんで引っ張り、一一〇号室の入り口まで連れ戻しました。その間、「騒いだらほんとうに殺す」と言っていました。私は抵抗したり逃げ出したり、声を出して助けを求めることはできませんでした。男は結束バンド二本を使い、私の両手首を縛りました。

植松被告が津久井やまゆり園に侵入した直後、いきなり鉢合わせることになった最初の職員への対応です。不意の遭遇であっても、大声を出されても、逃げ出そうと走られても、冷静に応じています。警察官によって作成された調書であり、植松被告の冷静さや残虐さを印象付けようとする記述になっているだろうとは思います。しかしそのことを割り引いても、不意を突かれて驚いたとか、パニックになったという様子は微塵もありません。「職員には手出しはしない」と、事前に知人たちに伝えていたと言いますが、そのとおり行動している点も窺うことができます。

甲Aさんは窓ガラスが割れたことに気づかず、床に敷いたマットの上に横になり、布団をかけて眠っていました。男は「こいつはしゃべれるのか」と聞きました。「しゃべれません」と答えると、男は部屋の中に入っていき、甲Aさんの布団をはがし、中腰の姿勢になって包丁を逆手に持ち、甲Aさんの体に振り下ろすように刺しました。甲Aさんは「ウア！」と苦しそうな声を出していました。男はその後すぐに私の腕を強くつかんで一一一号室まで引っ張って行きました。一一一号室は入り口のドアが開いており、手前には甲Bさん、奥には乙Aさんが寝ていました。男は「しゃべれるのか」と聞きました。二人とも声を出すことができない人だったので、「しゃべれません」と答えました。甲Bさんはいつものようにあぐらをかき、上半身を台に倒して寝ていたのですが、男は甲Bさんをその姿勢のまま刺していました。次に男は私を部屋の中まで連れて行き、同じように「しゃべれるのか」と聞きました。「しゃべれません」と答えると、目の前で乙Aさんを刺しました。

甲Aさんと甲Bさん以外、刺すときには上半身の上を狙っていました。あるところでは「こいつらは生きていてもしょうがない」と呟いていました。甲Fさんを刺した後、男は私を一〇五号室まで引っ張っていきました。入り口のドアは閉まっていました。男が「しゃべれるのか」と聞くので、「しゃべれます」と答えると、男は素通りし、隣の一〇四号室まで引っ張っていきました。一〇四号室は短期入所者用の部屋だったので、私は「誰もいません」と言いました。男は一〇一号室から一〇三号室を指して「あっちはどうなんだ」と聞きました。一人だけしゃべれない人がいましたが、他の人は言葉を発することができたので「話せます」と言うと、そちらには行かず、一一〇号室前まで引っ張っていきました。男は私の両手の親指を結束バンドで縛り、親指の間にさらに結束バンドを通して、一一〇号室の入り口近くのドアの手すりに縛りつけました。男は手が血だらけで、「うまく結べない」「あんた、腕が太い」などと言っていました。

男が「隣のホームの職員は誰なんだ」と聞いたので、私はにじホームの女性職員の名前を答えてしまいました。男が「俺は昔ここで働いていたんだよ」と言ったので、男と面識はなかったのですが、噂で聞いていた植松のことだと思いました。男は「監視カメラがあっても役に立ってないな」と言っていました。男は私に「逃げたから信用できない」と言って、口と頭をガムテープで二、三周巻き、「つばを飲み込めば苦しくないよ」と言っていました。男はそのまま、はなホームの支援員室に入っていきました。甲Aさんは声をあげず、動いてもいませんでした。

この証言が、事件からどれくらい時期を隔てて採録されたものか、その記載はありませんが、途中でふと漏らす「こいつらは生きていてもしょうがない」という一言は凝り固まった本音そのもののようで、私は思わず植松被告人の顔を凝視していたほどでした。

この後も、夜勤職員は結束バンドで縛られ、引き回され、「しゃべれるか、しゃべれないか」と聞かれます。夜勤職員に案内をさせ、障害の軽重を答えさせ、刺突するかしないかの判断をとっさに下して実行に移していく。そしてそれぞれの棟の中を、効率よく回っています。闇雲に乗り込み、手当たり次第に包丁を振り回した、というのとはわけが違います。私は検察官の読み上げを聞きながら、これはコマンドだ、まるで戦場の兵士じゃないか、などと感じていました。圧倒的な殺意と、強固な意志が伝わってくるのです。

次は丙Cさんの証言。

短期利用をしている乙Dさんの部屋から、ガチャと音がしました。人影がこちらに歩いてきたので、見ると、話に聞いていた元職員の植松だと分かりました。透明な袋を持っていて、ハアハアと荒い呼吸をしていました。「なんですか」と言うと、「殺してきたから」と言いました。見ると、黒い血が点々と続き、植松のところで止まっていて、私も刺されるかもしれないと思いました。結束バンドで縛られ、「これで逃げられたら、君はすごい。ぼくはこれから塀のなかでの暮らしが長くなると思うけど、いい思い出にしようよ」などと言いました。

乙Eさんのことを「どんな人か」と聞くので、「目が見えなくて歩けない人です」と言うと、部屋の中に入っていきました。バサッという布団に倒れる音と、「うー」という苦しそうな声がしました。一五秒くらいで部屋から出てきて、「物事の分かる人はいる?」と聞くので、「五〇五号室に少ししゃべれる人がいます」と言うと五〇一号室を顎で指し、「あいつは殺さないとな」と言いました。一分くらいすると五〇一号室から出てきました。「ウェー、ウェー」と苦しそうな声が聞こえました。それから三つの部屋に入って入居者を刺しました。

私はスマホを取ろうと必死でした。縛られていた手で取り出し、同僚のSさんに「すぐ来て、やばい」とLINEをしました。甲Eさんの苦しそうな声がします。植松は甲Fさんも刺しました。Sさんから返信が来ていたのですが、植松が去った後、私はスマホを落としてしまい、靴下を脱いでLINEを受けました。「大変な状況です。すぐに警察を呼んでください。乙Eさんが血だらけです」。部屋から出てきた入居者に結束バンドを切ってもらいました。ホームを回り、縛られていた職員の結束バンドを切り、気を失っていたので介抱しました。

さらに丙Dさん。

はなホームとにじホームの入居者は女性です。みどりホームは強度行動障害のある人たちです。夜勤者から報告を受け、みどりホームを見回りました。午前二時少し前、入居者の声がするので出てみると、廊下に出歩いている人がいるので連れ戻しました。戻って支援室でパソコン作業をしていると、突然、「こっちに来い」という男の声がしました。初めて会う男で、元職員だとは知りませんでした。

肩にバッグを担ぎ、右手に包丁、左手に白い棒のようなものを持っていました。誰だろう、強盗だろうかと思い、殺されるかもしれないと怖くなりました。「丙Cさんのいるところに行け」と言われました。五〇一号室のドアが開いていました。五〇四号室は隣がベランダでした。丙Cさんが結束バンドで縛られていました。肩に血がついていて、切られたのだろうかと思いました。左手の白い棒のようなものは結束バンドで、親指を出すように言われ、両手を拘束され手すりに縛られました。

「二階のすばるホームで、しゃべれないのは誰だ」と聞かれました。「この後、厚木に行く」とも言っていました。男は鍵を開けて出ていきました。丙Cさんは0さんに「元の職員が利用者を殺している、警察に連絡してほしい」と連絡していました。はさみを頼んだ入所者が支援室から何も持たないで出てきたので、「はさみ、はさみを持ってきて」と言うと、今度は持ってきてくれたので、切ってもらいました。「すぐ救急車が来るから頑張って」と言いました。助けが来る間、戻ってくるかもしれない、殺されるかもしれないと思うと怖くてたまりませんでした。

状況はまさしく地獄と言うより他ないものです。ここでは引いていませんが、阿鼻叫喚のなか、狂乱状態になって「やめてください！」と訴える職員に対し、「こいつは面倒くさいやつだな」と植松被告は言い捨てています。一顧だにしていません。最初は確実に絶命させるために、心臓部を狙って包丁を突き立てたといいます。ところが骨にあたって刃先が曲がり、自分の指も傷つけてしまい、そこで頸部を狙うようにした、と冷静に行動を修正しています。

話せるか話せないかを確認する植松被告に対し、ある職員はすぐに「しゃべれます、しゃべれます」と嘘をつき始めますが、植松被告はそのことに気づき、信用しなかったとも述べています。この冷徹で凄まじい殺意はどこから生じているのか、事件以来、私は考えあぐねてきました。そしてこの冷徹な殺意に比べて「動機」がいかにお粗末な理屈で語られているか、そのことに驚きました。

その点に触れる前に、もう一つ、次のことも指摘しておきます。尾野一矢さん（第二章3）は内臓をズタズタにされるほどの傷を負い、三時間以上に及ぶ大手術を経て辛うじて一命をとりとめました。[*1] その凄惨な状態から窺えることが何かと言えば、負傷した人たちが一命をとりとめたのはほんの偶然であり、大きな僥倖によるものだったということです。植松被告が手加減を加えたとか、ためらったわけではありません。襲いかかった四三名全員を絶命させようと、複数回、深く、強く包丁を突き刺しています。現に「首を三回以上刺せば、確実に殺せると思った」と第一一回公判で言っています。そして、そのとおり実行しています。

事件後、「奪われた一九の命」と盛んに喧伝されました。「死者一九名、重軽傷者二六名」とカウントされ、死者一九名だけが被害者であるかのように報じられてきましたが、植松被告はこの二六名の命をも奪おうと「冷酷に、確実に」殺すつもりで包丁を振りかざしているのです。職員を除いた利用者四三名が、一ミリ、数ミリの違いで死者となったかもしれない。ちょっとした偶然が生死を分けたが、ここに区別はない、そんな思いが小骨のように喉に刺さっていたのでした。

3 「どうして実行したのか」と問われて語ったこと

「人の役に立ちたい」から大量の命を奪った?

「どうして実行したのか」、第八回公判では弁護側によるそんな質問に、植松被告は次のように答えていました。

弁護人：どうしてあなたは実行しようと思ったんですか。
被告人：気がついたからです。
弁護人：気がついたというのは、意思疎通できない障害者は安楽死すべきだということにですか。
被告人：そのとおりです。
弁護人：他の人ではなく、あなた自身が実行しなくてはいけないと思ったのはなぜですか。
被告人：気がついたからです。

弁護人：実行を考えるようになったのはいつですか。
被告人：自分でやろうと思ったのは措置入院中です。
弁護人：入院前はまったく考えなかった？
被告人：独断でやろうとは思わなかったです。
弁護人：何かほしいものがあったのですか。
被告人：お金です。
弁護人：いつからですか。
被告人：社会人になってから強く思うようになりました。
弁護人：お金を得てどうしようと思ったのですか。
被告人：楽しい生活をしたいと思いました。
弁護人：金を得るために何をすればいいと思いましたか。
被告人：人の役に立つか、人を殺すかだと思いました。
弁護人：人の役に立つというのは理解できますが、人を殺すというのはどういうことですか。
被告人：詐欺をしたり覚せい剤を売ったり、安い賃金で人を働かせたりすることです。
弁護人：犯罪ということですか。
被告人：はい。大麻を吸っていてそのことに気がつきました。

前半部分と後半部分に、大きなギャップがあることに気づきます。前半は障害者と安楽死を結びつける、いわゆる植松ロジックです。ところが後半部分になると、裏社会でシノギをする人間の言い分そのものになっています。おそらく弁護人は、植松被告の「人の役に立つ」という言葉を誤解していますが、これは一般社会の人たちの役に立つことをして、という意味ではありません。組織の役に立つ、組織の上にいる人間の役に立つ、そして金を稼ぐ、そういうことでしょう。

これが、あれほどの行為の動機や理由として、彼が語っていることです。表側の大義として「世界平和」を掲げ、その一方で裏側の理屈は裏社会のそれになっている。ギャップをギャップとも思わずに、大真面目に話している。このやり取りを耳にしたとき、にわかには信じがたいと感じました。荒唐無稽、支離滅裂。それが私が受け取った印象でした。しかし私同様、裁判員たちも強い違和感を覚えたとすれば、ここでの弁護団の質問は成功したわけです。この支離滅裂さこそが大麻の影響なのだ、と伝えたことになるのですから。

「なぜ実行したのか」という問いは、公判中に相当回数、被告に向けられていましたが、裁判記録のどこをどう探しても、ここで引用した以上のことは答えていません。ここで思考はストップします。M・フーコーのこんな言葉を改めて思い起こしました。[*2]

病気とは本質的に逸脱的なものだが、その本性の内部において、それ自体、たえず逸脱するものなのである。病気には個別的な病気しかない。それは個人が自己の病気に反応するからというわけでなく、病気の作用が、当然のこととして、個性のかたちの中で、くりひろげられるからである。(二三〇頁)

病気の作用が個性のかたちのなかでくり広げられるように、犯罪に至りつくまでの心理的動因も、個別的にくり広げられるしかない。犯罪心理学上、あるいは統計上、どんなふうに括られて類型づけられようとも、植松聖という個性によって作り上げられていく。

公判でのやり取りでは、私たち凡人には受け入れがたいロジックがたくさん駆使されるのですが、わけの分からなさとか受け入れがたさとか、それこそが彼の個性のたまものなのだということ。役に立ちたい、金がたくさんほしい、楽しい生活がしたい。意思疎通のできない人間がいなくなればそれが実現できる。こんな彼の「個性」が存分過ぎるほど発揮されるために用意された場こそが、あの裁判だったわけです。

公判全体を概観する

話が前後しますが、ここで、一七回の公判がどんなふうに進んで行ったか、全体を把握しておきましょう。

第一回……検察官と弁護人による冒頭陳述。弁護人は「大麻精神病」のために責任能力を問えない状態にあるとし、心神喪失か心神耗弱を主張。検察官はそれを斥け、立証可能であることを主張。以降は証拠調べが続きます。

第二回……被害者全員の司法解剖結果と、当直職員の陳述調書の読み上げ（ともに検察官による）。

第三回……検察官による被害者遺族の意見陳述の読み上げ（この日、甲Aさんと呼ばれていた女性の母親が、「娘の名前は美帆である」と公開しました）。

第四回……前回と同じく、遺族による意見陳述。

第五回……検察側の証人として交際相手の女性が出廷し、証言（ただし遮蔽板の奥にいて姿は見えなかったといいます）。

第六回……元交際相手、同級生、幼なじみなどの調書の読み上げ。

第七回……検察官による証拠として、措置入院の判断をした医師の診断（大麻精神病、易怒性、易刺激性障害が亢進、暴言、幻覚妄想状態などの言葉が見られます）。犯行の前日に一緒に食事をした女性の証言の読み上げ。これ以降は被告人質問が続きます。

第八回……弁護人より、被告人質問。第九回は弁護人と検察官による被告人質問。第一〇回、被害者遺族による被告人質問。第一一回公判では被害者代理人弁護人による被告人質問。

第一二回……裁判所の証人として精神鑑定をした医師が出廷し証言。第一三回は弁護側の精神科医師による証言。第一四回は遺族による最終の意見陳述。第一五回、論告求刑。第一六回、最終弁論。これで結審し、三月一六日に判決公判。


裁判をはじめとする刑事司法は、実務実践においても法理論においても、高度な訓練を要する専門領域です。シロウトには高いハードルがあります。ましてこの裁判では、司法に加え、精神鑑定・精神医学という、もう一つのハードルがあります。本格的な「刑事裁判批判」を、両者に通暁した専門家のどなたかがやってくれれば、私のような部外者が口をはさむまでもないことですが、残念ながらいまだそういう状況にはありません。

さらに今回は、弁護団が取材拒否の姿勢を貫きました。質問したいことがたくさんあったのですが、一切取材ができず、いわば「ウラ」が取れない状態でした。私にとって弁護人は重要な取材対象であると同時に、刑事裁判についての貴重な導き手でもあったのですが、今回は自力で挑まなくてはなりません。力の及ぶ限り、津久井やまゆり園裁判の「批判的読解」に挑んでみたいと思います。

なぜ「本質的な議論」ができなかったのか

裁判終了後、ほとんどの新聞社説や識者コメントは、「裁判では、肝心なことは何一つ明らかにならなかった」という趣旨の見解を示しました。公判の間、地元紙ならではの取材力と積極的な紙面構成を見せていた神奈川新聞の「解説」では、「差別思想、解明到らず」とリードを打ち、「被告が差別思想を膨らませた背景への言及がなかった」と記しています。

同紙の識者見解では、重度の障害をもつ子どもの親である最首悟(さいしゅさとる)氏、視覚障害当事者で障害者協会代表の藤井克徳氏、障害者の問題をテーマとするノンフィクション作家の渡辺一史(わたなべかずふみ)氏の名前が見えます。この三氏は、津久井やまゆり園の事件の識者として、象徴的で代表的な存在として、これまでのオピニオン形成に小さくない役割を果たしてきたと言っていいでしょう。その三名が次のように言っています。

「植松青年の考えがどのように形成されたのかということや、同調者が社会にいるということを少しずつでも明らかにしたかった」（最首氏）、「裁判では障害者の「固有名詞」と、事件の背景要因などの「争点」、そして事件の背景に迫らなかったという意味での「弁護」と、三つの不在があった」（藤井氏）、「当然の判決だが、本質的な解決にはなっていない」（渡辺氏）。

多くの重要な論点が不消化のまま終わった、という印象は私も強くもっているのですが、なぜ本質的な問題が明らかにならなかったのか。多くが、「責任能力の議論にのみ終始したからだ」と説明されてきました。しかし私は、少し異なる考えをもっています。「責任能力の議論だけに終わったからだ」というよりも、**「責任能力の議論がありきたりで形骸化したものに留まり、掘り下げた豊かな論議がなされなかったからではないか」**、そう考えているのです。そしてこのことは、現在の刑事裁判の在り方と深くかかわっているようなのです。

前著『ルポ闘う情状弁護へ』[*3]で、登場していただいた浦崎寛泰（うらざきひろやす）弁護士は、昨今の刑事裁判について次のように述べていました。「日本の刑事裁判は、やったことに見合った刑罰を科すという考え方〔行為責任主義〕なので、障害があろうが反省していようが、どんな生い立ちだろうが、貧しい家庭だろうが裕福だろうが、ほとんど関係がありません。／財産犯であればいくら盗んだかという被害額。殺人であれば計画性があったかなかったか。凶器はどうだったか。傷害であれば全治何カ月か。やったことの重さに見合って刑が決まるというのが、日本の刑事裁判です。それによって量刑相場が作られ

てきたわけです」。

あくまでも何をしたのか、その行為が、法のどこを侵害しているのか、その侵害に対しどの程度の刑を科することが適当なのか。それ（だけ）を明らかにすることが刑事裁判の務めである、これまで、そうやって行われてきたといいます。

この点は了解できます。ところが量刑判断は、裁判官室にある量刑端末で、いくつかの検索項目を入力するとグラフが出てくるので、それを参考にして懲役何年から何年まで、という量刑のおおよその枠を決めるというのです。「**量刑はそのようなシステムのなかでキャリア裁判官が積み上げてきた歴史であり、裁判員裁判になってもその基本は変わらない**」、そう浦﨑弁護士は言います。そこまで刑事裁判は形骸化しているのか、と私は驚きました。すべてがそうではないでしょうが、浦﨑弁護士のこの指摘は、現行の刑事裁判についてのとてもシンボリックな言い方になっていると感じました。

前著は、こうした従来型の裁判の在り方への批判を主眼としていましたが、おそらくいまだに、過半はこのような現状だろうと思います。こうした裁判であれば、「責任能力」の論議に関しても同様で、検策項目を端末に入力すれば「ある／なし」がおのずと示されてくる。極論をすれば、そういう事態が押し寄せていたとしても少しも不思議ではありません。

責任能力だけしか論じられなかったというよりも、刑事裁判の形骸化や形式化という事態が、裁判員裁判の導入以降、時間の短縮、裁判の論点整理と簡素化、裁判員への負担の軽減などの名目のもと、さらに拍車をかけて進行してきた、その結果だと思われるのです。「責任能力問題」というのは、裁判員にとってはひときわ分かりにくく、なじみの薄いテーマでしょう。だからこそ裁判官は「分かりやすく、手短に」という強い要請を検察官や弁護人に向け、そのこともまた形骸化現象を推し進める一因となってきた、という事情は大いに考えられます。

4　検察官と弁護人が述べる植松被告の「責任能力」

検察官は「責任能力」をどう述べたか

責任能力の有無を判断するにあたって、検察官は初公判の冒頭陳述で次のように述べており、概要のみを記載します。

――最高裁判所の考え方により、被告人の犯行当時の状況、犯行前の生活状況、犯行の動機、態様などを総合的に見て、①善悪を判断する能力　②①の判断に従って行動をコントロールする能力の有無や程度を総合的に判断することになる。そのポイントは次のとおり。

ア：動機の形成過程の了解可能性
イ：犯行の計画性
ウ：犯行の一貫性、合目的性。目的にかなった犯行態様であること
エ：犯行の違法性の認識
オ：元々の人格との親和性。犯行が被告人の元々の性格と結びつきやすいかなど。

これら全てを考慮して判断する。ア～オの要素が正常な精神作用として説明できれば、責任能

力があると考えられる。検察官はこうした責任能力の有無の考え方や総合的判断のポイントに従って、犯行時、被告人には、①善悪を判断する能力も、②①の判断に従って行動をコントロールする能力もあり、完全責任能力を有していたことを立証する――

正論というか教科書どおりというか、いわゆる一般論です。この裁判の「責任能力論議」は一般論で十分に立証可能だと、検察官は考えているわけです。

ともあれ、検察官が犯罪事実を検証しながら、「イ：犯行の計画性」「ウ：犯行の一貫性、合目的性」「エ：犯行の違法性の認識」の立証を目的とした被告人質問だったことを、私は本章の第一節で指摘しました。**つまり、犯罪事実の立証そのものが、責任能力を有することの証明となっている**、そういう論理の組み立てです。これが今述べた「一般論で立証できる」ということの意味です。もちろん、その立証が妥当かどうかの判断は、裁判官と裁判員に委ねられています。

弁護団の見解（1）――「完全責任能力を証明するのは検察官である」

それに比して弁護団はどうでしょうか。弁護団の冒頭陳述の内容を思い切り縮めてしまえば、ポイントは二点になるようです。

――この件において重要なことは、植松被告が薬物を長期にわたって使用していたことであり、そのことによってある時期から「大麻精神病」になり、別の人格になってしまった。その結果、責任能力を問えない状態になってしまい、犯行時には責任能力のない状態、あるいは著しく損なわれている状態だった。これは刑法三九条の心神喪失あるいは心神耗弱に該当する――これが一点目です。

もう一点は、この裁判において「責任能力あり」を立証しなければならないのは検察官のほうであり、弁護団には「責任能力なし」の立証義務はないと強調した点です。そして、次のように述べています。

「〔裁判員の皆さんは〕良識に従って判断し、検察官が十分に証明できていない、あるいは検察官の証明に疑問がある、と考えられるときは有罪にしてはなりません。この事件についてはさまざまな報道がなされていますが、裁判員の皆さまは、法廷に出された証拠のみに基づき、完全責任能力があったと言えるかどうか、慎重な判断をしていただきたいと思います」

重要なのは検察官の提出した証拠であって新聞・テレビの情報を鵜呑みにしてはいけないと釘を刺しているわけです。そして弁護団は被告の生育歴を述べていきます。

――植松被告は、中高時代には非行歴がなく、性格も明るかった。大学進学以降、脱法ハーブに手を出すようになるが、教員免許状の取得に励んだり、施設で実習を行ったりして、まじめに取り組んでいた。入れ墨を施した後、平成二五（二〇一三）年に津久井やまゆり園で非常勤職員として働くようになるものの、目立ちたがり屋の明るく優しい性格で、とくに大きなトラブルは見られなかった。ところが平成二七（二〇一五）年以降、本来の植松被告とは別人のようになっていく――

このように言います。くり返しになりますが、植松被告がこれ以後のどこかで、責任能力が問えなくなるほどの「人格変容」が起きていることを一つでも示すことができれば、検察の立証は成り立たなくなる、検察はそれに対して、再反証しなければならない。

「責任能力の有無」が唯一の争点ですから、これが、この裁判の基本的な道筋になっていくはずです。

弁護団の見解（2）——どんな「異常性」を見ようとしているか

弁護団が、植松被告のどこに、別人間になるほどの大きな人格変貌を見ようとしているか、冒頭陳述から少しだけ追いかけてみます。

——平成二七年〔二〇一五年、事件の一年前です〕頃から「イルミナティカードは未来を予言している、そこに書かれているのは自分のことだ」と確信するようになった。平成二七年一二月頃には、「障害者は殺したほうがいい、安楽死したほうがいい」と友人に話したり、「自分は選ばれた人間だ。伝説の指導者だ。神からお告げがあった、イルミナティカードにそう書かれている」という発言をくり返すようになった。

それからも「内閣総理大臣に手紙を出して政府の許可を得る、安倍首相から許可があれば、いつでもやれる」「手紙を出して二、三日したら、自分のところへ黒ずくめの集団がやって来て、安倍のところに拉致られる。そこで安倍は許可をくれるはずだ」「政府の代わりに俺が殺すのだから、一〇〇億円はもらえる」、そう発言はエスカレートしていった。そして実際に議長公邸を訪ね、手紙を渡そうとした。そこには「私はＵＦＯを二回見たことがあります」「四五〇人の重度障害者を殺せます」などと書かれていた。この手紙がきっかけとなって措置入院となる——

ここに見られる特異な変容を弁護団は重視します。

措置入院決定の際、医師たちは次のような診断を下していました。

・二月一九日に緊急診察をした医師……主たる精神障害は「双極性障害（躁状態）」。

・七二時間後の二二日に診察した医師……尿検査で大麻反応が出たことから、主たる精神障害は「大麻精神病」、従診断として「非社会性パーソナリティ障害」。

・同じ日に診察した別の医師……主たる診断として「妄想性障害」、従たる精神障害として「薬物性精神異常性障害」。この診断によって措置入院となった。

弁護団は、ここでは「双極性障害（躁状態）」とだけしか触れられていないものの、最初の措置入院の際に診断書を作った医師は、思考奔逸、高揚気分、易怒性、易刺激性、衝動行動、興奮、問題行動として暴言がある、そう記録していたと言います。また躁状態としたことについて、この診断をした医師は、このときにはまだ大麻の検査結果が明らかではなかったからそう診断した、と警察官に説明をしたということでした。

この医師は後に、精神保健指定医（実務と法律等の研修を経て厚生労働大臣の認可を得た医師。この資格を持つ二名の医師による診察がないと、措置入院は決定できません）としての資格を持っていなかったことが判明し、いわくつきではあるのですが、この最初の見立ては、被告人がいかに激しい興奮状態であったかを示しています。

植松被告の変化はさらに続きます。

――三月二日、措置入院が解除されるが、退院後も同様の発言が続き、友人たちは「植松はやばいから、あまりかかわらないようにしたほうがいい」と警戒するようになった。さらに七月二四日深夜、相模原市内で一緒に大麻を使用していた友人の言動から、植松被告は「やくざに命を狙われている」と思い込み、「殺される前に実行しなければ」と考えた。その後、「車にGPS発信器がつけられている」「尾行されている」などと妄想はエスカレートしていった。

また、植松被告は一人暮らしをしていたが、「周囲から見られている」「盗聴されている」と考え、窓に覆いをするようになった。「ださい！」「うざい！」「きもい！」といった被害的な幻聴をも耳にするようになっていた。犯行前日には都内に出かけているが、その際、タクシー運転手は、身を隠すようにシートに横になっている被告人の姿を目撃している。

このような事実から植松被告は、大麻精神病あるいはこれらの精神疾患を発症していたと考えられる。犯行当時、精神障害が犯行に与えた影響により、植松被告には行為の良い悪いを判断する能力も、判断に従って行動をコントロールする能力もなかった――

こういう論述の構成になっています。大枠では措置入院時の診断結果を踏襲したような、そんなロジックが取られていることが分かります。

論点はきわめてシンプルなのに、決して分かりやすい裁判にはならなかったという印象を、私は強くもっています。「責任能力だけしか論じられていなかった」という事情以上に、それをどのように論じようとしていたか、検察官と弁護人の双方は説明をしませんでしたし、私を含め、その意図がほとんど理解されなかったように思うからです。おそらく私の印象はそこに起因します。

どう論証しようとしていたのか。以降の章は、その点ををターゲットとして書いていきたいと思います。

注

1　尾野さん夫妻が病院に駆けつけた時、一矢さんは手術の真っ最中でした。呼ばれて部屋に入ると、医師は次のような説明を始めたと剛志さんは言います。
「首は四針縫いました。喉は三針縫いました。手の傷はすごい状態ですが、筋は切れていません。左手は斜めに傷があって、五針縫いました。一番ひどいのはおなかで、鳩尾の近くを刺されていて深さが四センチ、大腸が千切れる状態でした。汚物が全部おなかの中に回っている状態なので、おなかを洗浄し、元に戻しました。手術は一応終わりました。終わりましたが、命に別状はないとか、大丈夫ですとかはいえません。尾野さんは血液型はA型です。救急車には、日本全国どの救急車もそうですが、O型しか積んでいません。そのO型の血液を相当量輸血していますす。その血液反応がどう出るかは分かりません。明日の朝までこちらから電話がなければ、命を取り留めたと思ってください。何かありましたらお電話いたします」（「尾野剛志さんと尾野チキ子さんを訪ねて　津久井やまゆり園事件を語り尽くす」『飢餓陣営47』二〇一七年七月）

2　M・フーコー、神谷美恵子訳『臨床医学の誕生　医学的まなざしの考古学』（みすず書房、一九六九年）

3　佐藤幹夫『ルポ闘う情状弁護へ「知的・発達障害と更生支援」、その新しい潮流』（論創社、二〇二〇年）

第五章　法廷論議はどう組み立てられていたか

1　検察官はどう「立証」していたか

被告人質問を傍聴しながら感じたこと

刑事裁判は本来「被告人が話したいことを自由に話す」ための場ではなく、検察と弁護側の双方が自分たちの質問に託して、自分たちが立証（あるいは反証）したい証言を引き出すことを目的としてなされるはずです。犯罪を立証する検察側、それを崩そうと反証する弁護側。真っ向から対立するこの対審構造のなかで、それぞれの意図をもって質問はなされていくはずです。

被告人質問を傍聴しながら、私は疑問やら批判やらを感じていたのですが、ライブの際の感想をあらかじめまとめておきます。

一つ目。検察側、弁護側、双方の質問には、その意図が見えてこないと感じることが少なからずありました。言い換えれば、検察官と弁護人を入れ替えても、とくに不都合が生じない「質問－答え」

になっていると感じさせたのです。

二つ目。証言をした知人・友人たちの過半は出廷せず、検察官と弁護人のそれぞれが陳述書を読み上げるかたちとなりました。その結果、反対尋問による意見の応酬がなく、検察官と弁護人の両者ともに、「言いっ放し」になっている、論議が深まらないまま終わっている、という印象が強いものでした。

三つ目。検察官、弁護人双方の質問のほとんどに対し、植松被告人は即答していました。考える、考えあぐねるという場面が見られず、滞ることなく次から次へと答えていました。このことから、これまでの取り調べで、あるいは識者たちによる接見で、何度も何度も尋ねられた問いが、法廷でもくり返された質問だったことが推測されます。

言い換えれば、接見を重ねることで自身の見解がより強固になったことを、植松被告人の答えは物語っていたことになります。（彼は「接見でたくさんの人に会うことができて、考えが深まった」とか、「自分の考えていることが関心を持たれ、支持されることで、ますます確信するようになっていった」といった趣旨のことを述べているのですが、ここに起因するはずです）。

以上の三点が、被告人質問を傍聴しながら感じたことでした。*

今回、以前の原稿を書き直すにあたって裁判資料をじっくりと再読してみました。すると、検察官、弁護人、両者がどのような意図のもとで被告人質問を行っていたのか、仮説らしきものが見えてきたのです。

検察官の質問の方法

検察側の被告人質問（第九回公判）の記録は、内容が次のようになっていました。
①自分たちが示した事実関係を確認し証明するためのもの
②「犯行動機」の形成となる考え方（優生思想と呼んでいるもの）をめぐるもの。
③弁護団が「妄想」状態にあるとした事実への反証を意図したと推測されるもの。
大きくこの三点に分けることができます。すでに前章でも示していますが、検察側の①の事実確認について、きわめて特徴的だと思われた被告人質問は次のようになっていました。

検察官：決行すると決めたのは入院中ですか。
被告人：はい。
検察官：やろうと決めてからどんな行動を取りましたか。
被告人：結束バンドやハンマーを購入しました。
検察官：結束バンドは何種類買いましたか。
被告人：二種類です。
検察官：どうしてですか。
被告人：長いのと短いのがあったため、念のためです。
検察官：使い分けようと思ったんですか。

被告人：念のために買っただけです。
検察官：結束バンドやハンマーの他には何を買いましたか。
被告人：ガムテープや手袋です。
検察官：ガムテープはなんのために買いましたか。
被告人：口をふさぐためです。
検察官：誰のですか。
被告人：職員のです。
検察官：入所者ではなく職員の？
被告人：はい。
検察官：ハンマーはなんのために買いましたか。
被告人：窓ガラスを割って侵入するためです。
検察官：何種類買いましたか。
被告人：たしか二種類です。
検察官：どうしてですか。
被告人：念のためです。
検察官：使い分けるつもりはありましたか。
被告人：ありません。
検察官：手袋はなんのために買いましたか。

被告人：素手より手袋のほうがいいと思ったからです。
検察官：包丁はどこで用意しましたか。
被告人：自宅です。
検察官：全部自宅ですか。
被告人：はい。
検察官：包丁と結束バンド、ハンマーを持って新宿から津久井やまゆり園に向かったんですね。
被告人：はい。

いかに一連の事実が精細に問い質されていくか、その点をお伝えしたいためにあえて省略しませんでした。この後も、こうした質問が続くのですが、内容が細かなところに及べば及ぶほど、三つの点が明らかになっていきます。

一つは、自分たちの捜査がどれほど徹底して精確さを求めていたか、裁判員に対して強いアピールになることです。もう一つは、植松被告がそれに答えることができるならば、犯行の計画性や一貫性、合目的性が、おのずと明らかになっているというメッセージになることです。加えて三点目は、すでに三年半ほどにもなる過去の事実を、植松被告がここまで詳細に、しかも間違うことなく記憶し、再現できているということは、現在（裁判時）はもちろん、事件当夜にあっても意識の清明さが保たれていた蓋然性が高い、そのような思惑を読み取ることができます。

この後も、検察官による質問の多くは事実確認に費やされていきます。

検察官の「被告人質問」は何を明らかにしたのか

引用が続きますが、もう一つ引きます。実行の最中にあって植松被告がどんな様子だったか、何を考えていたか、その点に及ぶ質問です。話題は「にじホーム」でのことについてですが、こちらの引用は適宜省略します。

検察官：にじホームの職員にも話せるか確認しましたね。
被告人：はい。
検察官：職員は答えてくれましたか。
被告人：はい。後半は、ずっとしゃべれると言っていました。
検察官：あなたはそれを信じましたか。
被告人：信じませんでした。
検察官：意思疎通できる、できないはどう判断したのですか。
被告人：自分で確認しました。
検察官：どうやって。
被告人：部屋の様子やその人の雰囲気です。
検察官：どういう部屋だと意思疎通できない、と判断したんですか。

被告人：部屋に何もない人は意思を伝えられない人だなと。
検察官：ほしいものを伝えられないから、ということですか。
被告人：そうです。
検察官：その人の様子で確認した、とも言いましたね。どういう様子で判断しましたか。
被告人：たとえば、パンツ一枚で寝ている人とか、体のつくり……。あと、しゃべれる人は知っていたので。
検察官：パンツ一枚で寝ていると、意思疎通がとれないとはどういうことですか。
被告人：自分では排泄ができない人だと判断しました。
検察官：体の様子とはどんなところですか。
被告人：顔の雰囲気です。後は実際に確認を取りました。
検察官：実際の確認とは？
被告人：「おはようございます」と話しかけました。
検察官：それでどうやって判断しましたか。
被告人：返事が返せる人はしゃべれると判断しました。
検察官：にじホーム以降の他のホームで刺したときも、同じように判断したんですか。
被告人：はい。
検察官：にじホームの職員の、刺している時の反応はどうでしたか。
被告人：刺している時？

検察官：あなたが連れ回した職員の様子です。
被告人：錯乱状態でした。
検察官：泣いていた？
被告人：はい。
検察官：やめるように言われなかったですか。
被告人：心があるんだよと言っていました。

書き写していると、心の底からやり切れないさが湧いてくるのですが、同時に、被告人質問だけで一冊の本が書けるのではないかと思えるほど、さまざまな思いが立ち上がってきます。できるだけ簡潔に述べていきます。

第四章で、夜勤職員の証言を引きました。あの証言は、証拠能力としては、じつは重大な難点を抱えていました。職員が凶行のまっただ中に置かれていたこと、つまりは錯乱に近い状態にあったときの記憶に基づいた証言であり、それが、どこまで事実の正確さを担保しているか、その信用性を認めてよいか、そうした疑念を挟むことができるからです。

現場の状況やそのときのやり取りを確認できるのは、植松被告人と夜勤職員の二人だけです。したがって被告人質問の証言が、夜勤職員のそれと合致するようであれば、夜勤職員の証言の信用性と正確さが立証される、そういう役割を果たしていることになります。これが一つ目です。

そしてここでの証言は、植松被告が職員の反応に応じて自身の対応を臨機応変に変えていることを示しています。こんな杜撰な確認で、利用者たちは生死を分けたのかと複雑な腹立ちを覚えるのですが、ともあれ被告人なりの「判断基準」をもち、それを一人ひとりに当てはめていきます。これほどの阿鼻叫喚の最中にあってもなお、判断に基づいて実行していった、混乱状態にはなかった、むしろ冷静で冷酷だったということが分かります。そして、それを示すことが検察官の目的です。

精神鑑定における責任能力判断は、実行時にどういう精神状態にあったか、基本的にはその点に向けられるものです。実行時、何らかの精神疾患に罹患していたのかどうか。罹患していたと判断されるならば、それはどのようなもので、そのときの行動にどの程度の影響を及ぼしていたと判断されるか。大きくその二点がターゲットとされます。

「事後になって実行時の状態を判断する」という精神鑑定の逃れられない特性が、鑑定における難題、あるいはジレンマとなってきました。鑑定は早くても数カ月後、場合によっては再鑑定として一年以上を経て行われることもあります。それほどの年月を経ていても、妥当な結果にたどり着くことができるのか。

結果、医師のあいだでも、病理をたどることが可能であるという「可知説」と、不可能であるという「不可知説」とに分かれ、解決のつかない面倒な議論が今もって続いているようなのですが、ここではこれ以上、立ち入らないことにします。

「妄想状態」は深刻化していたのか

検察官による質問がずいぶんと長くなっていますが、どうしてももう一つだけ、取り上げておきたいことがあります。弁護団は、植松被告の妄想状態が昂じている点に触れていました。その点についての検察官の反証と読める件です。

検察官：暴力団に狙われていましたか。
被告人：そういうことは事件には関係ないと思います。
検察官：あなたは大麻の合法化やカジノを認めるべきだと言っていましたね。
被告人：はい。
検察官：友人や知り合いにその話をしていましたね。暴力団から狙われていると思いませんでしたか。
被告人：狙われていてもおかしくないと思いました。
検察官：どうしてですか。
被告人：厄介だからです。
検察官：何が厄介なのですか。
被告人：自分の考え方が。
検察官：あなたの考え方がどう厄介なのですか。

被告人：暴力団かどうかは分かりませんが、厄介だろうなと。
検察官：世の中には、厄介だと思う人もいるだろうなということですか。
被告人：はい。
検察官：今、大麻は違法ですが、そこから得られたお金はどこに行くと思いますか。
被告人：それは暴力団の資金源かもしれませんが、暴力団のおかげで大麻が吸えています。
検察官：あなたの主張は暴力団の資金源を奪うという主張にもなりますが、だから狙われると。
被告人：そういうこともあると思います。
検察官：それに対して、自分で対策とかは考えましたか。
被告人：寝室に包丁を置いていたぐらいです。体を鍛えるのもその一つだと思います。

犯行前、暴力団に狙われているという妄想が被告人を支配していた、弁護団はそう主張しました。そのことを大麻による人格変容の、重要な証拠としました。精神医学の定義では、妄想は「訂正の利かぬ信念」とされるといいますが、仮に直前や実行時に妄想状態が見られたとしても、ここでの証言からは、すでに「訂正されている」ことが理解されます。少なくとも右のやり取りを見る限り、その話は事件には関係がない、狙われてもおかしくはない（ことを自分は理解していた）、大麻の合法化という主張は暴力団への批判のようになるが、暴力団のおかげで大麻が吸えていることは分かっている……賛否はともかくとしても、それなりに筋の通ったロジックになっています。
検察官による被告人質問は、このようにして進んでいきました。

2　弁護団は何を尋ねていたのか

被告人質問――検察官と「同じ問い」に込めた弁護団の意図

弁護団が検察官と同じ問いを発しているところがあり、その部分にも私の注意は引き寄せられました。「七月二六日の直前の記憶はありますか。全部答えられますか」と尋ね始めている個所です。検察官がいかに詳しく尋ねているか、すでに紹介しました。内容的には重複するところもありますが、おそらくは弁護団は弁護団の意図をもって、二六日直前のことを問い質しているはずです。

まず、ホームセンターに行ってハンマーと結束バンドを購入したことが語られ、その前の二五日の夜は、河川敷で友人と会っていたと言います。

弁護人：会ったのは何時頃でしたか。
被告人：一二時すぎだったと思います。
弁護人：河川敷では何をしましたか。
被告人：大麻を吸っていました。
弁護人：その後は。
被告人：事件を起こそうと思いました。

弁護人：その後河川敷から移動していますが、交通手段はなんでしたか。
被告人：車です。
弁護人：大麻を吸っていたのではありませんか。
被告人：はい。
弁護人：その後車で家に戻りましたか。
被告人：帰っていません。
弁護人：どこに行こうとしましたか。
被告人：あまりに、えーっと、なんと説明すればいいか、説明の仕方が分かりません。
弁護人：家に帰らないでどこに行きましたか。
被告人：バス停から新宿に行きました。
弁護人：その前にマック〔マクドナルド〕に行っていますが、マックで何をしましたか。
被告人：車を置きに行きました。
弁護人：なぜですか。
被告人：GPSがついているかもしれないと、あーそうですね、たいした意味はありません。
弁護人：その後、どんな方法で移動しましたか。
被告人：ヒッチハイクです。
弁護人：どこまで行きましたか。
被告人：バス停までです。

弁護人：知らない人の車に乗せてもらって？
被告人：そうです。
弁護人：バス停ではどうしてましたか。
被告人：始発のバスを待ち、始発に乗りました。
弁護人：それからどうしましたか。
被告人：新宿で降りました。
弁護人：電車で？
被告人：はい。
弁護人：その後何をしましたか。
被告人：新宿の漫画喫茶で、自分の考えをノートにまとめました〔「新日本秩序」のこと。詳細は後述〕。
弁護人：その後は。
被告人：地元に車をとりに戻りました。
弁護人：車はどこで受け取りましたか。
被告人：津久井署だったと思います。
弁護人：それは二五日ですね。
被告人：はい。
弁護人：その後どうしましたか。
被告人：車でホームセンターに行きました。〔この後、結束バンドを購入したという、検察官も尋ねていたやり取りが続きます」

長い引用になりましたが、お伝えしたかったことは二点あります。

一点目は、傍線を引いて示しましたが、事件直前に大麻を吸っていることが二回確認されています。「事件決行には大麻の影響が深く関与していた」というのが弁護団の主張です。その点が強調されているわけです。措置入院時の緊急診断に「思考奔逸、高揚気分、易怒性、易刺激性、衝動行動、興奮」といった被告の状態像が指摘されていましたから、その後の被告人の行動には高揚や気分の変調があったのだと指摘するための伏線だったはずです。

早朝、始発前の時刻に、決して近くない距離をヒッチハイク（つまり徒歩）でバス停まで向かおうとしていること。早朝の新宿にそれほどまでして、なぜ行かなくてはならなかったのか。こうしたまとまりを欠いた（?）、意味不明の行動こそが大麻の影響であり事件に引き継がれている。このような意図が推測される質問であることが、一点目の理由です。

もう一点は、この「直前の様子」は検察官も尋ねていました。そこでは詳細な事実と経緯を尋ね、被告がその問いに的確に答えていることを示すことで、「責任能力あり」を実証する根拠としていました。

弁護人はまったく逆の目的で「直前の様子」について尋ねています。大麻が使用されたことを確認し、続いて「事件を起こそうと思った」という証言を引き出しました。大麻と事件が結ばれたわけです。そして、その後の行動は意味不明であり、そこには大麻の影響が見られる。そんなロジックを示そうとしているようなのです。それがどういうことかは後述します。

証人陳述から見る植松被告の変貌

被告の人格変容がどれくらい大きかったか、弁護団は本人の証言以外にも、友人・知人たちの証言を補強材料とし、立証しようとしていました。できるだけ簡単に紹介します。

第六回公判で読み上げられた証言は、高校時代に交際していた女性、幼稚園・小学校・中学校の同級生三名、一人が「不良仲間」と称している友人たち。続く第七回公判では、措置入院に関する経緯報告書と入院診断書、後輩知人への捜査報告書、新宿での移動の際のタクシー乗務員調書、デリヘル嬢の証言、最後に一緒に食事をした知人女性の証言と、その女性が食事中に友人男性に送っていたLINE、知人二名の供述調書、などが取り上げられました。

友人・知人たちの証言には一定のパターンがありました。事件以前はいかに「明るいお人よしのさと君」だったかが述べられ、ある時期を境に急変していくという共通のストーリーをもっています。エスカレートし、頑なになり、説得してもまったく聞く耳をもたない、やがて仲間たちから遠ざけられていった。おおむねそのような筋道が語られます。

公判記録を再読して改めて印象づけられたことは、本人がまさに、「世界的課題の最終解決」を発見したかのような激しい高揚状態の中にいることです。そのことを、友人・知人たちに伝えて共有しようとしています。友人たちはそれぞれのやり方で反論しているのですが、植松被告は、賛同されないことに激しく反発していくようになります。内容が内容ですから、友人たちから危険視されることが分かりそうなものですが、そう振り返る余裕のないところまで追い込まれているわけです。ここに陰謀論への傾斜が加わることで、自分は選ばれた人間である、とさらにドライブがかかっていく。

自分を認めてほしいという「承認欲求」という言葉が、どうしても浮かんできます。弁護人は陰謀論へはまり込んでいく経緯を、大麻による影響であると直結させたのですが、私が感じたのは別のことでした。なぜ陰謀論的思考へ激しく吸引されていったのか。自己承認感を欠落させてしまった人間が、短時間のうちに、手短な方法でそれを埋め合わせなくてはならないとき、しばしば用いられるのが陰謀論的思考への傾斜ではないか。どうも、そこには不遇感があるようなのです。

それほど植松被告人は仲間の間で「認められていない」と感じていたのか、「認めさせたい、認めてほしい」という不遇感にとらえられていたのか。擁護するわけにはいかないのですが、そんなことを感じたのです。これは私にとっては、新しい発見でした。

「最後の食事」をともにした女性の証言とＬＩＮＥ

もう一つの証言を紹介します。決行の直前の二五日の夜（事件はそれから数時間後の二六日未明です）、食事を一緒にした知人女性の証言と、その内容を友人の男性に伝えているＬＩＮＥのやり取りです。

「私とさと君がお店に着いたのは、二一時頃だったと記憶しています。お店に着くと、私とさと君はテーブル席で対面に座りました。注文を終えると、私はさと君が仕事をしていないことを知っていたので、「仕事してなかったけどどうするの」などと尋ねました」。女性はこのように、なんということもない話題のつもりで切り出しますが、植松死刑囚が話し始めたのは「新しい法律を六個作りたい」という、「新日本秩序」のことでした。そして、こんな会話が始まります。

お店に入ってから三〇～四〇分ぐらい経っていたと思いますが、さと君は突然「俺には彼女がいるんだけど、大事な日にU〔女性のこと〕を選んだ」と言いました。私はこれを聞いて、さと君には彼女がいたのだと思いましたが、大事な日と言うので告白されたら面倒だと思い、話を広げないようにさと君に「意味分かんないんだけど」などと言って話を流しました。

その後、さと君は私に「今日で会うのは最後かも。しばらく会えない」と言ってきました。私はさと君に「なんで」と尋ねると、さと君は「引っ越すかも」と答えました。私はさと君に「どこに」と尋ねると、さと君は「まだ決めていない。パワーアップして帰ってくるよ」などと言ってきたので、私は「はいはい」と言って笑って話を流しました。

〔食事が終わり、別れるとき〕さと君は私に今日は来てくれてありがとうと言って、握手を求めてきました。さと君はいつもは、じゃーねー、と言って手を振って軽く別れていたのですが、気持ち悪いからと言って、握手をするのを断りました。しかし、さと君はいいからと言って、しつこく握手を求めてきました。私は二、三回断りましたが、さと君がしつこく握手を求めてきたのと、歌舞伎町で人がたくさんいる中で、騒ぐのも嫌だったので、しかたなくさと君と握手をしました。

こんな内容です。女性のほうは植松死刑囚に面倒な話題を切り出されても、受け流したり、相槌を打ったりして適当にやり過ごす、よくある男女の光景です。私がなぜこれを引いたかと言えば、女性が植松被告とこんなやり取りをしながら、別の男性にＬＩＮＥを送っているという、もう一つの事実に引き付けられたのでした。

男：合流まだ？　**女**：九時くらいにして、二時間で切り上げる予定。**男**：おうがんばれ！　**女**：合流した。車じゃなくてタクシーだった。**女**：ちょっと様子がおかしいのは、気のせいかな。**男**：やばい。**女**：新しい法律を六個作りたいらしい。**男**：どんな。**女**：意思疎通ができない人間は安楽死させる。**男**：あとは？　**女**：後で言うわ。**女**：なんか、最後の晩餐らしい。**男**：怖いんだけど。**女**：もう終わる。

そして植松被告と別れた後は、こんなふうに続いていました。

男：今マジックショーなう。どうだった？　**女**：いや、さとくん、もう手遅れ。関わらない方がいいレベル。**男**：なんでどうした？なんかされた？　**女**：いや、何もされていないけど、頭おかしいのが度を越してる。怖すぎてさと君の地元の親友に電話したら気をつけなって言われた。**男**：どんな頭おかしい？大丈夫？今電車なう。**女**：頭のネジがあと一、二本抜けたら本気で人殺すと思うって、さと君の親友が言ってた。おれは世界を変えるとか、世界中の女を守るとか、法律変えるとか、もう非現実的なことしか考えてなくて。**女**：言っても聞く耳持たなくて。若干説教されて、気まずくなって、あーごめん、ごめんみたいな。**男**：説教されたん？　**女**：爆死。うつとデブの気持ち考えたことないでしょ。**男**：それ、この前も言ってた。**女**：さと君ほんとどうしたんだろ。**男**：もうさとくんと連絡とってるの数人しかいなくて、誰も止められないみたいで。**女**：ほんとその内ニュースとか出ちゃうかもしれないから、そういうことも覚悟で今遊んであげてるんだって。**男**：みじめ。**女**：怖すぎてさっきまで一緒にご飯食べてたと思うと震える。

私はこの公判を傍聴しているのですが、植松被告本人は得意になってあれこれと話し、楽しそうな会話を続けていたはずなのに、陰ではこんなメールが交わされている、そのことが弁護人から明かされてしまった。これは植松被告にとっては、かなり屈辱的な内容です。しかし被告人席に座る本人は一向に意に介さず、薄笑いさえ浮かべています。

私はそこで、公判終了直後、退廷する際にあることを試みてみました。席を立ちながら、思い切り小馬鹿にしたような半笑いを浮かべて、植松被告に目を凝らし続けたのです。「偉そうなことを言っても所詮こんなものだろう。いい笑い物じゃないか」という表情を作りながら、こちらに目を向けてくれることを念じたのです。

目撃者は誰もおらず、事実であることを証明できる手段はないのですが、偶然、目が合いました。するとと、とたんに顔を真っ赤にし、上目遣いになってこちらを睨みつけてきたのです。私が引き出したかったのはこの反応でした。その直後、警備官に囲まれてしまい、二秒にも満たない間でしたが、間違いなく激昂している様子が見て取れました。キレた、激変した、という言葉がぴったりでした。

くり返しますが、そう見えただけだろうとか、作り話ではないかと言われると、私には反論材料はありません。こんなことが退廷間際に実際にあった、としか言いようがありません。私がこうした挑発行為に及んだのにはわけがありました。

措置入院を決定した医師の診断書がこの公判の午前中に読まれているのですが、そこに「思考奔逸、高揚気分、易怒性、易刺激性、衝動行動、興奮」とあったこと。とくに「易怒性」という言葉に、私のアンテナが強く反応しました。それを確かめてみたかったのです。それまでの新聞記事にも、学者や遺族との接見の最中に、あることをきっかけにして態度を急変させ、「上等じゃねえか」と怒鳴りつけたという記述が見られました。この「キレやすさ」は、植松被告人の人となりについて考える際の重要なポイントになるのではないか。そんなことを考えていたのです。

上目遣いで睨みつけてきたときの表情はなかなかの迫力があって、にこやかな表情で受け答えをしていたときの植松被告とは、およそ別人でした。このように突然激昂することは、津久井やまゆり園で利用者を前にしたときにもなかったはずはありません。

介護は、トイレその他、第三者の目の届かない状態がときに生まれます。支援する人間にとって自己規律を要する時間です。「相性の悪い利用者」が「反抗的な態度」を露骨に見せてきたとき、支援者はどんな振る舞いをするか。まったく思いどおりにはならない状況に置かれたとき、支援者のほんとうの力量が問われるのですが、植松被告はどうだったのか。

意のままにさせる、力ずくで抑えつける、罵倒し恫喝する……。障害のある子どもたちと一緒に時間を過ごす学校現場にあってさえ、一部の教職員によるこうした光景を見てきました。相手は言葉のない小さな子どもたちです。それでも威圧して自分を優位に立たせようとするのです。顔を真っ赤にして睨みつけてきた植松被告を見たとき、支援者としての「裏の顔」を見た、強くそう感じました。

3　弁護団のもう一つの「立証方法」

「なぜか」「どう考えるか」、弁護団は重ねて尋ねていた

被告人質問に戻りましょう。ここまで、弁護団が被告人の変化をどう示そうとしているか、その点を検討してきました。裁判記録を読んでいくうちに気がついたことは、弁護側は、被告人の人格変容を直接示そうとするやり方だけではなく、もう一つ異なる立証方法を取っているのではないかということでした。

弁護人の問いの多くが、なぜそれをしたのか、そのときにどんなことを考えていたのか、それはどういうことかなど、被告の「考え」や「感想」「理由」を求める内容に費やされているのです。速記録を見てみると、三分の二以上がそうした問いに割かれています。

弁護人は被告人質問の冒頭、「あなたが考えていることは正しいか」「正しい考えに基づいて行動したのか」と重ねて問いかけた後、「**どういう考えか、一つ一つ聞いていきます**」と始めていきます。

最初に、三年前に弁護団に手渡したというノート〔のちに「新日本秩序」と名付けられるもの〕を取り上げます（弁護人の質問は太字に、植松被告の答えは（　）に記します）。

「**そこには何が書かれていたか**（多くの人が幸せになるための七つの秩序）」「**それはどんなものか**（安楽死、大麻、カジノ、軍隊、セックス、美容、環境について）」「**安楽死とは**（意思疎通できない人間を安楽死させること）」「**意思疎通できない人間はなぜ安楽死させるのか**（無理心中、介護殺人、社会保障費、難民など、さまざまな問題を引き起こす元になっているから）」

「**無理心中の元になっているとはどういうことか**（子どもが重度障害を抱えていると生活を支え切れない）」「**介護殺人の元になっているとはどういうことか**（意思疎通のできない人を守ろうとするため、死の価値について考えることができなくなっている）」「**どういうことか**（重度障害者と生活していると死についての考えがあやふやになる）」「**そのことと難民とはどういう関係があるのか**（不幸がつながっている。不幸がつながって難民問題が起きている）」

「**意思疎通がとれないのは障害者には限らない。年を取って寝込んだりする人はどうするのか**（意思疎通がとれなくなったり、移動や排泄が困難になったら、自死が認められるべきだ）」「**自死？ 意思疎通がとれない障害者にも、親やきょうだいがいるし親戚もいる。家族のことはどう考えたのか**（子どもが重度障害をもっていても守りたい気持ちは分かるが、受け入れることはできない）」「**なぜか**（自分のお金と時間で面倒を見ることができないからだ）」「**家族でも、自分で面倒を見ている人はいる**（障害者のために、国からお金を支給されているからできている）」「**日本では安楽死は認**

められていない。認められるべきだと考えているのか（はい）」「**なぜか**（死を考えることでよりよく生きることができるからだ）」「**法律はどうするのか**（これから認められ変えていけばよい）」「**やまゆり園の家族と何十回も話したというが、何を感じたか**（長くいる家族は明るくのんきだが、短期の家族は表情が暗く逃げるように帰っていく）」「**それを見て何を感じたか**（重い表情で疲れ切った顔をしていた）」「**なぜだと思うか**（奇声を上げて暴れるような重度の障害者を家で介護することはできない。疲れ果てる）」「**そういう家族に「大変ですね」と声をかけたことはあるか**（ない）」「**どうしてか**（言える空気ではなかった）」「**どういうことか**（言葉で言っても解決しないことだ）」

こんなやり取りがこの後も延々と続きます。世界の経済状況と日本の借金問題について。津久井やまゆり園で働いて感じたことについて。ヒトラーについて。大麻について。カジノや軍隊について。環境問題について。イルミナティカードについて。措置入院時のことについて。なぜ自分が実行しないといけない、と考えるようになったのか。……このように「新日本秩序」に書かれていることを中心に、言い換えれば事件のポイントになっている事柄について、その感想や考えを求めることで弁護人の被告人質問は構成されていました。検察官による反論や意見の応酬は一切ありませんでした。

先ほど、被告人が即答している点を指摘しました。このことは取り調べのみならず、記者や識者たちとの接見にあって幾度となく同様の質問がくり返され、接見が法廷証言の事前訓練になっていたからだという趣旨のことを指摘しました。もちろん、接見を禁止にしたほうがいいとか、控えたほうがいいなどと言いたいのではありません。

先走って言えば、被告人は死刑判決に対してなぜ控訴の取り下げをしたのか。彼の最大の目的は裁判を自説のアピールの場とすることであり、事前訓練の甲斐もあってその目的が第一審で果たされた、もう十分だという腹積もりがあったがゆえではなかったでしょうか。それくらい被告人質問は「植松独演会」の観を呈していたのです。

裁判における「責任能力判断」の論理構造

さて、ではこうした被告人質問を並べていくことで、弁護側は何を意図していたのでしょうか。問われるにつれて、そこに被告人の「考え」が積み上げられていくわけですが、私の見るところ、そのことを通し、被告人の考えがどれほど「非常識で常軌を逸している」か、その事実を示そうとしている。そしてそれこそが、大麻の影響による人格変容の結果である。どうも、そのようなロジックをとろうとしていたのではないかと思われるのです。これが弁護団がとったもう一つの方法です。

くり返しになる件もありますが、ここまでの指摘をまとめてみましょう。

検察官が、被告人に事件に至る経緯について確認させていくことで、「完全責任能力あり」を論証しようとしていたことはすでに書きました。一方の弁護団は、被告人自身に考えを述べさせることで、「責任能力なし（あるいは疑いあり）」を示そうとしました。

つまりは、自分たちが語らせた被告人の証言を、一方はそれを「完全責任能力あり」の論拠とし、もう一方はそれを「責任能力なし」の証拠として示す。そして双方が、これこそが自分たちの立証の根拠であると主張する。それが、この裁判における「責任能力判断」の基本的な論理構造になっているようなのです。

被告人の証言→検察官→「責任能力あり」の証拠

被告人の証言→弁護団→「責任能力なし」の証拠

言い換えましょう。

検察側のロジック。「被告人の発言は、考えの内容は一般常識からは逸脱し、非常識かつ差別的この上ないものとなっているが、事実認識や論理の運びには、乱れも矛盾もない。したがって了解可能であり、責任能力に問題はない」。

弁護側のロジック。「論理の運びは乱れのないものの、大麻の影響によってその考え方には大きな飛躍と逸脱がある。内容も行動も了解不能である。このことこそ被告人の大麻精神障害の結果であり、責任無能力あるいは限定責任能力であることの証左である」。

一方は内容ではなくロジックの妥当性を強調し、もう一方はロジックの形式ではなく内容の荒唐無稽さを強調する。これが「責任能力」をめぐる争いの基本構図だったのではないか。

裁判所はどう判断したか

二〇二〇年三月一六日に、判決公判が開かれました。

用意されていた傍聴席は二六でしたが、コロナパンデミックの影響で半数の一〇。一〇〇名を超す希望者がいたといいますから、傍聴券の入手がかなうはずもありません。横浜地裁のロビーに待機していると、メディアで顔を見る何名かが、終了後のコメントを求められているのでしょう、記者に先導されるようにして入廷していきます。ロビーには他にもマスコミ関係者が溢れかえっていました。

開廷時刻は一三時三〇分。一〇分すぎたかすぎなかったかという頃でしょうか。一人の記者が「主文後回し！」と叫びながら出てきました。予想されていたこととはいえ、ロビー内が一気に緊迫したことを覚えています。

その後、判決要旨を入手したので、その要点をまとめます。

【罪となるべき事実】（略）

【法335条第2項の主張に対する判断】

第1　本件の争点と当事者の主張（本文略）

第2　当裁判所の判断

1　被告人の精神障害（本文略）

2　精神障害等の本件犯行への影響

(1)　本件犯行の動機了解が可能であること

本件犯行の動機は前記1(4)アで述べたとおりであり、被告人自身の本件施設での勤務経験を基礎とし、関心をもった世界情勢に関する話題を踏まえて生じたものとして動機の形成は明確であって病的な飛躍はなく、了解可能なものである。

(2)　本件犯行に計画性、一貫性、合目的性が認められること（本文略）

(3)　違法性の認識があったこと（本文略）

(4)　以上のような動機の了解性、本件犯行の計画性、合目的性、違法性の認識に照らすと、本件犯行に特別不合理な点は見受けられない。加えて、証拠上認められる被告人の妄想や幻聴は程度が軽いものしかなく、大麻又はこれに関係する何らかの精神障害が本件犯行に影響を与えたとは考えられない。したがって犯行時に被告人の善悪を判断する能力及びその判断に従って行動をコントロールする能力のいずれについても喪失ないし著しく低下していたとの疑いは生じない。

【量刑の理由】

（略）以上のとおり、本件の結果、殊に殺人については他の事例と比較できないほど甚だしく重大であって、犯行の態様や動機を踏まえても、犯情は限りなく重く、被害者遺族らが峻烈な処罰感情を示すのも当然である。／そうすると、被告人が犯行時26歳と比較的若く、前科がないことなど一般情状をできる限り考慮し、罪刑の均衡、公平性の観点から慎重に検討しても、死刑をもって臨むほかないと判断した。以上

なんと言ったらいいか、判決文（要旨）は、予想どおりのものでした。死刑判決を下す際の、これ以上にも以下にもなりようのない型どおりの判決文です。マニュアルをなぞったようなというか、要するに結論ありきで、「何も言っていない」に等しいものです。ともあれ、新型コロナウイルスが猛

威をふるうなか、「津久井やまゆり園「優生テロ」事件」の裁判は終了しました。

この三カ月近くの間、早朝五時に起床し、六時前には家を出て電車を乗り継ぎ、九時すぎには横浜のみなとみらい駅に到着し、傍聴券の抽選を待つという生活を続けてきました。これで緊張の連続だった日々から解放されるという気の緩みと、判決文を読んで、どうしようもなく襲ってくる虚しさで、脱力状態に陥りかけていました。

しかし私の正念場はこれから始まります。この事件はいったいなんだったのか。「植松聖」とははたしてどんな人間なのか。帰りの電車の中で、そんな問いをくり返していました。

4　裁判が「植松独演会」になったわけ

なぜ「よく分からない裁判だった」のか

弁護団は初公判の冒頭陳述で、「**裁判員の皆さまは、法廷に出された証拠のみに基づき、完全責任能力があったと言えるかどうか、慎重な判断をしていただきたい**」、そう述べて論議を始めました。しかし、自分たちの立証方法がどのようにして検察の立証を崩そうとしているものなのか、まずもってこのことが正しく伝わっていたでしょうか。私は傍聴しながら、意図のよく分からない質問だと感じたと書きました。裁判員はその意図を受け止めることができていたのでしょうか。

この裁判は、ときに「植松独演会」「植松劇場」と揶揄されました。たとえば一月二四日の産経新聞ＷＥＢ版で、第八回公判の記録をまとめた記者は、途中に「**独演会のような被告人質問が続く**」と書き込みを入れていますが、まさに私も「これじゃあ、ワンマンショーじゃないか」と感じていました。

この事情は検察官も同様です。なんのためにそのような質問をするのか。検察官と弁護人と質問者を入れ替えても成り立ってしまうような被告人質問は、どこかに不首尾があるのではないか。検察官の質問も、そのように感じさせるものだったのです。

裁判記録を読み返すことで、これまで書いてきたような双方の「質問の意図」めいたものにたどり着いていますが、被害者は匿名にされてその存在を消されたばかりか、公判が植松被告のために用意された独演会場の様相を呈することで、ますます被害者の存在が法廷からなくなってしまう。そんな印象がぬぐいがたく残っていました。

なぜ「植松独演会」のような裁判になったのか。これまでの記述と重複するところもありますが、まとめておきます。

・理由一……検察官は、事実の経過について、なぜそのように問うのかという説明がないまま質問を続け、弁護人も同様に、被告人の、考え、理由、感想を問い続けた。問いの意図が分からない、双方の入れ替えが可能な被告人質問になっているという印象だけを残し、被告人の答えだけが積み上げられていった。

・理由二……陳述書の読み上げだけで反対尋問がなく、双方に意見の応酬は見られなかった。議論が深まっていかない、争点が見えにくいという印象を強く与えることになった。

・理由三……被害者の匿名化に加えて人数が桁外れに多かったがゆえの審理の簡略化、という印象を随所に受け、被害者一人ひとりの生きてきた軌跡、苦しみが伝わらず、植松被告人の存在感だけを大きくした。

・理由四……彼にとってもっとも大事なことは、話したいことを聞いてくれることだった。法廷は自分の考えの宣伝の場であり、話したくないことや自説の宣伝にならないことには答えない、質問を拒否するという姿勢を一貫させていた。そうした質問が発せられると、被告人自身のみならず裁判官も弁護人もすぐさま制止していた。答えを拒否する権利は保障されなくてはならないが、これが逆に、「肝心なことには触れずにいる」という印象を強く作り出し、植松劇場の後押しというように彼の意図に「協力」するように働いてしまった。

本質的な問題、論議されるべき問題が論議されていない、植松独演会になっている、よく分からないままに終わった。これが、今回の裁判における「最大公約数」的な印象ではなかったかと思います。なぜそのようになってしまったか、その理由はここに述べたとおりです。

裁判を被告人の振り返りや反省の場とする、という考え方にはさまざまな意見があろうかと思います。裁判は反省の場ではない、事実を明らかにし、どのような罪に該当し、どんな量刑が適切なのか、それを定める場が法廷であるという反対意見が、おそらくはもっとも多いのではないかと思います。是非はともかくとしても、植松被告にとって、この裁判がそのような場となることはありませんでした。弁護団もついに一度も求めませんでした。たしかに被害者と家族に対する「謝罪の意」を表してはいましたが、自分の行ったことを振り返る、という場には至りませんでした。それが今述べたことと深く関連していることは言うまでもありません。

なぜこのような裁判になってしまったか。刑事裁判の形骸化という問題があり、その根本的な見直しが重要だと私は考えるのですが、残念ながらそうした声はどこからも上がってはきませんでした。

＊これまで、津久井やまゆり園裁判についての原稿をいくつか書いてきましたが、いずれも、ここに記した傍聴時の批判的な印象をもとにまとめたものです。

「一月一〇日第二回公判を中心に――戦争と福祉と優生思想」（『季刊福祉労働』一六六号、現代書館、二〇二〇年）、「津久井やまゆり園事件、裁判のどこが「問題」だったのか」（『詩と思想』土曜美術出版販売、二〇二〇年八月号から一一月号まで）、「津久井やまゆり園「優生テロ」事件（第2稿）――戦争と福祉と優生思想」（『飢餓陣営52』二〇二〇年一二月）など。

第六章　刑事裁判はなぜ形骸化するのか

1　医師たちは「薬物」事犯をどう鑑定してきたか

福島章『犯罪心理学研究Ⅰ』より

「大麻精神病」という診断事例は日本ではまだ一例もない、と言われるように、数冊の書籍にあたっても、大麻についての精神鑑定事例は見当たりません。そこで覚せい剤など薬物事犯のケースでどんな鑑定が行われてきたか、両者にどんな相違があるのか（シロウトには見極めがたいところはあるのですが）、印象深いと感じたところを紹介してみます。[*1]

一九七七年と古いものですが、福島章氏の「覚醒剤乱用―その精神病理と責任能力―」[*2]の一節。覚せい剤の使用によってどんな意識状態になるか、基本的なところを押さえておきます（文責は佐藤）。

これまでも過覚醒（overarousal）とか超感覚性（supersensitivity）と称せられていた意識水準の

変化が起こるわけであるが、現代の乱用者にとってそれは徹夜や勤勉のための「道具」というより、世界認識を変化させ、自己と世界、自己と他者との関係を変化させるための「目的」となる。／そこで利用者は、世界の「意味」や人間の「本質」、状況の「隠された真実」などを突然に「悟る」(aware)にいたる。（略）精神鑑定で見るかぎり妄想知覚・妄想着想などの精神病理学的「症状」が彼らの不安定な生活をカタストローフ〔破局〕に導くことが多い。（一三頁）

薬物の使用によって、世界認識の変化、自己・他者・世界の関係の変容、「隠された真実」の突然の「悟り」が生じるとされていますが、このあたりの意識変容は、植松被告の場合と共通するのではないでしょうか。そして福島氏は症状類型にしたがって、責任能力判断の原則を次のように示しています。

①心神喪失……a非定型精神病型、b幻覚妄想状態回帰型、c挿間性幻覚型（夢幻状態）
②心神耗弱……d複雑酩酊型、e〝不安状況反応〟型
③完全責任能力……f一般的反応

シロウトにはなかなか難しい説明になっていますが、ざっくりと解説すると、以下のようになるでしょうか。

①のaは内因性精神病（いわゆる統合失調症など）とよく似た病像を示す類型であり、bは薬物乱用から遠ざかっても幻覚・妄想をくり返すケース、cも明らかに意識の変容が示唆されるケースである

とされます。この類型は「真の精神病との鑑別も容易ではない」、そのような症状類型であり、「心神喪失と判断されることに異論はないであろう」と、福島氏は書いています。

③の一般的反応とは、「易怒・刺戟性・不安・不穏・邪推などに基づく犯行」で「薬物による性格の変化というより、生来の性格傾向の誇張・顕在化」であり、こちらは「完全責任能力とすることにも問題はない」とされます。

真の精神病との区別が容易ではないケース①、生来の性格傾向が誇張されて顕在化したケース③。こうして心神喪失と、完全責任能力が大別されます。

〔ちなみに、植松被告についての鑑定も、統合失調症に準ずる精神病理があったのか（心神喪失）、生来の性格の誇張・顕在化（完全責任能力）だったか、ここで議論が分かれていたのだとわかります〕

福島氏は、議論がもっとも割れるのは、②の心神耗弱に分類した「d複雑酩酊型」と「e〝不安状況反応〟型」であるとし、この類型は薬物乱用による幻覚・妄想状態によって引き起こされる犯行の一群であり、一九五〇年代までは、これらはすべて「分裂病をモデルとして、その類推によって責任能力を論じ」、心神喪失とされていた。しかしこれは誤りであった、自分は心神喪失ではなく心神耗弱と判断したと氏は言います（これは後述する中田修医師への批判になっています）。

それを著者は「〝不安状況反応〟」と名付け、幻覚・妄想状態が現れるが、「**その内容は乱用者の生きている状況**（生活史、環境など）**から**」発生するもので、「**乱用者のおかれている状況の危機的性格や精神力動の問題点が、幻覚・妄想の中にあからさまに透視されるような内容**」だといいます。

逆に言えば、そこでの幻覚・妄想には、乱用者の性格のありようや、精神状態の在り方・働き方（精神力動）が強く窺うことができるものであるとしています。つまりは妄想・幻覚による犯行であるけれども、①ほんとうの精神病理と区別のつかないものか、②性格や精神状態の色濃く表れたものか、そこに判断の基準を置いているといってよいだろうと思います。

さらに、次のような言い方もしています。

覚せい剤中毒の症状は「**分裂病を「真似る」が、両者は同一ではない**」、「**人格の変化の質と程度において大きく距っている**」。「幻覚・妄想に動機づけられた犯行」＝②をただちに「幻覚・妄想に支配された犯行」＝①と見なすことは、覚せい剤乱用の場合には正当ではない。つまり、「支配された犯行」は人格の変化がより深刻かつ根源的であるが、「動機づけられた犯行」における人格の変化は部分的であり、一過性のものである。この判断が重要になる。これが、医療がする判断である。そう言われています。

くり返しますが、まず「幻覚・妄想のある・なし」によって大別され、次に「幻覚・妄想あり」の一群が、「支配されている」か「動機づけられている」かに区別される。こうして、覚せい剤乱用によって引き起こされる幻覚・妄想による犯罪をすべて心神喪失とはしない鑑定法が示され、福島氏が心神耗弱への道を初めてひらいた、という評価となり、これは現在にいたっても引き継がれているようです。ここが福島鑑定の最大のポイントであると見てよいでしょう。

次に薬物事犯と刑事責任能力について、福島氏がどのように考えているか、ざっくりとまとめて紹介します。

刑事責任能力の判断は純粋に理論的問題であるとは考えない。犯罪者に対する社会的反応すなわちサンクション〔社会的制裁〕を合目的・合理的かつ人道的にコントロールするために存在する一機能であり、すぐれて刑事政策的な機能であると考える。（二二五頁）

これがまずもって福島氏の前提となる考えです。私なりに言い換えるならば、医学的診断がそのまま責任能力判断となるのではなく、そこに社会的制裁機能、刑事政策的な機能を加味することでなされるのが、責任能力判断である。そのように述べています。

もう一つ、次の指摘も引用しておきます。

病人が責任を免除されることは一般の人々にも良識的判断と考えられるが、自らの意志で招いた薬物乱用が免責の事由になるという考えには、一般公衆も、行為者自身も納得しない場合が多い。乱用者自身も、狂気の行為として免責されるよりも、裁判や受刑によって彼らの罪責感を償うことを示すことが多い。（二二六頁）

明らかな病理による違法行為がなぜ免責されるのかと言えば、その病理は個人の意思を超えたところで引き起こされ、つまりは個人の責任を超えたものだからです。しかし大麻の吸引は自由意思でなされています。それなのに、その自由意思がなぜ免責されるのか。植松死刑囚についても同様です。

この点は私も含め、多くの人が感じる疑問ではないでしょうか。医師たちにとっても悩みどころだったようです。

ともあれ福島氏は、次のようにまとめています。「**以上のような観点から、覚醒剤乱用による場合、幻覚・妄想状態下の行為であっても、〝不安状況反応〟型などのさいには有責**（完全または限定責任能力）**と判断すべきであろう**」（二六頁）

誤読や勇み足があるかもしれませんが、以上が薬物事犯における福島氏の鑑定です。この論文は一九七六年および七七年に発表されており、ここでの基本的な考え方に賛成するにしろ反対するにしろ、以降の薬物事犯の鑑定における重要な指標となってきたと言ってよいと思います。

林幸司『精神鑑定実践マニュアル』より

次に林幸司氏の著を紹介します。[*3] 林氏には拙誌（『飢餓陣営』）にもご登場いただいたり、編著を作る際にもご協力をいただいたりしています。私の責任能力論や精神鑑定についての基本的な理解は、多くを林氏の見解に拠っています。

氏は薬物犯罪の項を、先ほど紹介した福島氏の六分類から始めるのですが、まず心神耗弱への道を開いたとされる「〝不安状況反応〟」について、一九五〇年代より心神喪失と鑑定していた中田修医師が次のような反論をしているとして、それをとりあげます。[*4]

> 人格が病的体験に完全に支配されるということは一体どういう状態なのだろう。本来の性格の関与も、そういう関与のない犯行など考えられるだろうか。これは刑法上の不備からの苦し紛れのエセ精神病理学である。覚醒剤中毒による幻覚症は精神分裂病と等価的なものである。それ故そのような状態で犯された犯罪には原則として責任無能力を認めるべきである。ただし覚醒剤取締法違反で処罰する。（三八頁）

福島氏の見解に対するかなり手厳しい批判になっています。つまり中田氏は、さきに福島氏が分類した幻覚・妄想による犯行の①と②の区別は認めない、それらは原則として責任無能力（心神喪失）であると、従来からの主張をくり返しています。

これに対して林氏は、福島分類が、「e〝不安状況反応〟型」を分裂病（統合失調症）から差別化した点は高く評価される、しかしそうは言っても、福島氏も中田氏も「a非定型精神病型」と「b幻覚妄想状態回帰型」を心神喪失としている点で、二人は結果的に「同意見ということになってしまい、対立自体が疑問である」、と書いています。林氏の趣旨を私なりに解釈すれば、中田氏の反論は反論になっていないのではないか、という疑義のようにも読めます。「**薬物犯罪に対して本来の人格からどの程度理解できるかを考える手法は決して時代遅れなものではない**」と書いていますから、林氏の福島分類への評価は高いようで、まずは中田氏による福島批判を斥けておきたかったのではないかという点を指摘しておきます。

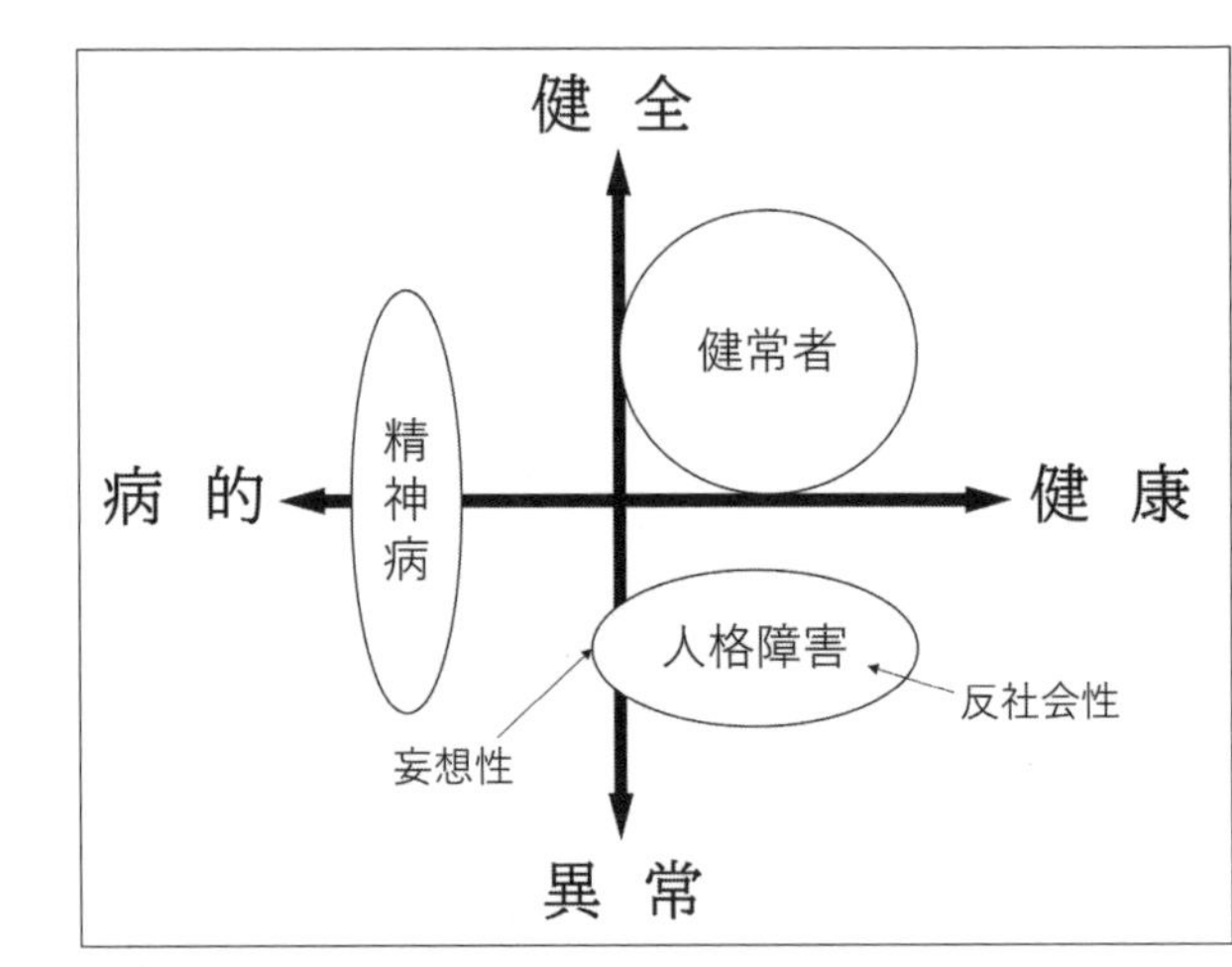

図　二次元に広げてみる（『精神鑑定実践マニュアル』をもとに作成）

ちなみに、本書の冒頭第一章は「刑事責任能力の基本的考え方」となっていますが、ここが非常に分かりやすく、シロウトにもとても面白く読むことができますし、学問的な裏付けとともに必要なことが必要な分だけ書かれています（なんか、上から目線ですが）。すべては紹介できないので、薬物関連に触れたところのみを取り上げます。

「二次元に広げてみる」と見出しを付け、「健康⇕病気」「良い性格⇕悪い性格」と二つの軸で座標を取って四象限に分類し、【図】のように示しています。私はこれを初めて見たとき、一気にもやもやが晴れました。実際の診断では、それぞれの象限で、複雑きわまりない診断名がいくつも列記されるのでしょうが、性格のありようにおける判断があり、病気のありようにおける診断がある。性格の良し悪しと、病理の重い軽い、これらの組み合わせ。要するにこういうことなのです。

林氏は、**「こうしてみると第二象限の人たちが狭義の心神喪失者のようである。まったく対称の第**

四象限に居座る人格障害者たちが insanity defense〔精神異常抗弁・心神喪失や心神耗弱を主張すること〕**へ割り込もうとするのはいかにもルール違反であることが分かる**」と書いています。第二象限の人たち、つまりは性格的には健全であるが、病理をもつ（あるいは深い）人たちが「狭義の心神喪失者」と呼ばれるべきであり、第四象限の人たち、つまり病理は深くないが、性格的な逸脱の大きい人たちが心神喪失や心神耗弱を主張するのはルール違反ではないか。そう主張しています。

これもまたしかりです。責任能力論議における私の旧来からの訴えは、もともと精神病理の深い人が激しく混乱し、錯乱状態で引き起こしてしまう犯行と、社会的に逸脱した考えや偏りのある性格の人間が特異な犯行行為に手を染め、事後的に診断名が付けられる場合とでは、同じ責任能力問題として同一に論じることはできないのではないか、というものでした。それは林氏のここでの指摘に拠っています。

植松死刑囚の責任能力論議がどこでなされていたか、ずいぶんとすっきり理解されるはずです。第一象限＝完全責任能力、第二象限＝心神喪失、第三象限＝心神耗弱（稀に心神喪失）、第四象限＝グレーゾーン、ということになり、検察官は第四象限での議論として持論を主張し、弁護団は第二象にあると訴えていたのでした。

林氏はここに「**もう1軸加えて三次元化したらどうか**」と続け、病因論はどうかと書きます。「**当人に責のない順に、器質因、脳障害を要請される内因、生来性の素因、心因、と続いて最後は違法な薬物の任意使用である**」。しかしこれらに関して病因はほとんどが不明であって、疾患における連続体は構成できない。「両極、少なくとも薬物性は認定しやすいだろう。これによって薬物犯罪をinsanity defenseから排除することが可能になりそうだ」と書きますから、福島氏同様、自分の意思で常習化する薬物犯罪の悩ましさに苦慮していたことがわかります。ではどうすればよいのか。

「妄想に動機づけられて限定責任能力ではあるが、被告人にもともと精神障害の素因はなく、原因は覚醒剤の任意摂取である。覚醒剤はこのような危険な精神状態を招く薬物であるからこそ特別刑法で厳しく取り扱われているのであり、刑法上の心神耗弱に該当するか否かは法律判断である」として法律家にお返しするのである。（三九頁）

これが、医師たちに共通する思いのようです。法律判断のはずなのに、それは建前だけで、現状はそうなっていない、医師に責任能力判断がゆだねられている、そのことへの不満。最高裁判断も、責任能力は司法判断だとしているのですが、現状は必ずしもそうはなっていないようです。

ともあれ林氏は、日本には「覚せい剤中毒者対策に関する専門家会議」による優れた分類があり、病像の理解にはそちらを勧めるとし、「福島分類の1、2、3、5は覚せい剤精神病に、4は急性症候群に、6は急性中毒に対応すると思われる」、と書いています。

1は福島分類の「a非定型精神病型」に、2は「b幻覚妄想状態回帰型」に、3は「c挿間性幻覚型（夢幻状態）」に、4は「d複雑酩酊型」に、5は「e〝不安状況反応〟型」に、6は「g一般的反応」に、それぞれ対応します。

林氏の見解をざっくりとまとめるならば、近年の知見への検討を加えつつも、大枠のところでは、福島鑑定への大きな異論は示してはいないようです。

中谷陽二『司法精神医学と犯罪病理』から

次に中谷陽二氏の『司法精神医学と犯罪病理』[*5]を取り上げますが、「覚せい剤乱用者の責任能力」という一項を設けており、やはり、福島氏と中田氏の論点を取り上げることから書き始めます。中谷氏は林氏とは異なり、両者には「重要な対立点が見いだされる」とし、二人の見解を比較検討しながら中谷氏自身の見解を述べていく、そういう手法をとっています。

まず、異なる次元の論点が重層して論じられているとし、それは①症状学的観点、②病因論的観点、③刑事政策的観点、であるとします。症状学的観点、つまりそこに現れた病状をどう理解するか。病因論的観点、薬物摂取という任意の行動によってもたらされた犯行であるという点をどう考えるか。刑事政策的観点、医学が刑事責任能力の判断にどこまで踏み込むか。これらの点が重層している、錯綜しているという指摘です。

中心となっているのは①の症状学的論点であるが、両者は前提が異なっている、「**中田は覚せい剤による幻覚妄想状態一般を扱っているのに対して、福島は内因性精神病に類似の病型とは別に〝不安状況反応〟という1類型をあげている**」が、これが明確な類型として取り出すことができるかどうか疑問であると、福島説を批判しています。中谷氏のこの批判は中田氏のそれに近いものだ、と私は受け取ったのですがどうでしょうか。

さらに続けて、「福島説は「異常な体験に対する正常な（つまり性格に規定された）反応[*6]」と言い換えることできるが、この図式が心神喪失を否定する根拠とされることには問題があると思われる。なぜなら、この解釈を拡大していけば、粗暴な病前性格を持つ統合失調症患者による暴力犯罪などでも心神喪失を容易に否定できるからである。どのような疾患でも、行動には本来の人格がいくばくかは関与している」（傍点引用者）とします。人格要因の関与がどの程度か、「覚せい剤精神病と統合失調症のあいだに一線を画するのはむずかしい」というのが、中谷氏の見解です。（以上、一二九頁）

かなり専門的な論議に入り込んでいますが、覚せい剤精神病における本来の人格や病前性格の関与をどう見るか。福島氏と林氏はそれを区別することの重要性を言い、中田氏と中谷氏は明確な区別はできないと言い、ここが医師たちの間の重要な論点の一つのようであり、見解の相違が表れていると言えます。

病因論について、中谷氏は意表を突く（少なくとも私にはそう感じられる）見解を述べています。

> 近年の精神科臨床では、アルコール・薬物依存を単なる悪癖としてよりも病理的な行動様式としてとらえ、それ自体を治療対象とみなす傾向が優勢となっている。そのような観点に立てば、薬物への病理的欲求、渇望（craving）にもとづく入手や摂取は自由な意思決定による行為とはいえないことになる。（一三〇頁）

精神科医・松本俊彦氏の取り組みが思い起こされるように、新たな問題を提示しています。中谷氏が示しているのは、好奇心による使用者と重症の依存症者とを区別する必要はないかという、使用頻度や依存性の度合いに留意するという点です。そして治療対象としてみるのであれば、すべてを「任意の摂取」と一括りにはできず、薬物依存症者における自由意志とは何かという問題が生じてくる、と中谷氏の見解をまとめるのは強引でしょうか。

もう一つの論点である、医学的診断と刑事政策判断の兼ね合いについては、薬物乱用者に対する免責（心神喪失として無罪放免とすること）は社会的に好ましくない事態を引き起こす、治療論（医学的判断）をそのまま法的判断に持ち込むことは許されないとし、そして福島説（責任能力判断は、犯罪者に対する刑事政策的な機能をもつとする説）に対して、一般論としては成り立つかもしれないが、それは鑑定人が立ち入るべき領域なのかと批判します。

どこまでが性格の現前で、どこからが病理か、その判断は難しい、とするのが中谷氏の見解ですから、福島説のように〝不安状況反応〟型という類型を設定し、それを有責とする見解は、鑑定人の立ち入る領域ではないと批判しますが、とはいっても、覚せい剤乱用者の鑑定では、社会防衛的観点を無視することは難しい。ではどのようにして、医学的診断と刑事政策が整合性を持つことができるのか。

「**薬物乱用への刑事的な対策は別個に確立されるべきであるし、責任能力判断において考慮するにしても、これこそ裁判官の判断にゆだねられるべきである**」（同前）とし、林氏と同趣旨の主張になっている（と私には思われます）が、ここには両氏によるニュアンスの相違があるようです。

刑事政策に対して、林氏がどちらかといえばニュートラルな立場に立とうとしているのに対し、中谷氏の主張には、最終的には司法判断なのだから、裁判所も刑事政策上も、もう少し判断基準を整理し明確にすべきではないかというように、踏み込んだ批判を感じさせる、というあたりでしょうか。

ここまで福島、林、中谷三氏の見解を（中田氏の見解も参照しながら）検討してきました。論点がどこにあったか、シロウトが大鉈をふるって言えば、統合失調症などの精神病理とどう区別するか、そこに本来の人格が関与しているかどうか、しているならばどう関与しているのか、この点が一つでした（症状学的観点）。

二つ目は、医学的診断と刑事政策の整合性をどう考えるか。医師は責任能力判断にまで踏み込んだ判断を示すべきかどうか。精神鑑定がすでに刑事政策的機能なのだから、それはすべきだとする福島説。あくまでも裁判所判断、司法判断だとするのが林氏と、中谷氏の見解でした（刑事政策的観点）。

この点に加えて、薬物摂取が任意である点も含めて免責するのか、その点をどう考えるのかという内容も論点となっていました（病因論的観点）。

ここまで医師たちの見解を対立点が明らかとなるようにしてまとめてきました。植松鑑定における公判での論議にあっても、結局はこれらの点をめぐって論じられていたのだと考えてよいだろうと思います。また公判の論議にあって何が欠けていたのか、少しばかり見えやすくなってきたのではないかと思います。

これ以降、できるだけ詳細に、裁判についての批判的検討を加えていきたいと思います。

2　津久井やまゆり園裁判への六つの批判

弁護団に質問したかったこと

裁判記録を読み直し、自分の考えを整理していると、改めて「弁護団に質問したかったこと」が、次から次へと浮かんできます。細かなことはさておいても、思いつくままに箇条書きにしてみると次のようになります。

①薬物使用犯の多くが免責されることを望んでいない、と福島氏が指摘していたように、心神喪失とされることを植松被告本人は断固として拒んでいる。その点についてどういう話し合いがもたれたか。

②「責任能力がある／ない」だけに争点を絞り、それ以外の情状（刑事裁判での量刑判断にあたって考慮されるべきすべての事情）に関しては一切捨象したが、とくに家族史の問題、母親との関係や影響など（人格形成に少なくない影響を与えた問題だと考えられるが）、そうした内容に触れる質問を、弁護団も率先して拒否していた。被告人本人の希望とはいえ、釈然としないものが残った。被告人と弁護団とで、あるいは弁護団内部で、どういう話し合いがもたれたのか。

③刑事裁判の現状についてどんな感想をもっているか。生活史、障害などの個人的背景、処遇など、

福祉と連携した情状裁判・情状弁護の試みが始まっているが、その点についてどの程度の情報をもっているか。
④責任能力を争う弁護として意図のよく分からない被告人質問があった（そう私は感じた）、どういう趣旨で質問をするのかいくらかでも説明があれば、もっと分かりやすかったと思うが、それをしなかったのはなぜか。
⑤裁判員裁判は、「国民に開かれた司法」と「刑事裁判に市民感覚を」という意図のもとで導入されたものだと理解しているが、取材、会見など、国民とのコミュニケーションをすべて封じてしまった。そのことで生じた誤解、曲解、疑問などが多く残った。このことは、刑事裁判全体に対する国民の失望と不満を招き、裁判員制度全体への信頼を失うことにならないかと危惧する。この点をどう考えているか。
⑥この裁判はいわゆる「死刑事件」の裁判である。あれほどの事件を起こした被告人ではあるが、人間一人の命が弁護団に託されたことになる。死刑事件であるという点について何か考えることはなかったか。
⑦主張が認められれば「無罪」の可能性も出てくる。無罪となった場合、どんな処遇が望ましいと考えているか、という言及は一切なかった。判決後にどんな展望を持っているか、聞かせてほしい。
⑧二〇一一年七月、ノルウェーで七七人を殺害した事件など、無差別の「テロリズム」は昨今の世界的な課題となっている。津久井やまゆり園事件は障害者だけを狙った事件として特異であり、世界のメディアが注目していた。裁判も同様だと考えられるが、この点について考えるところはないか。

書いていくときりがないので、この辺にしましょう。以下、列記した弁護団への質問をもとに、この裁判全体の責任能力論議に批判を加えてみます。事の性質上、「弁護団」を主語として批判が書かれますが、裁判官や検察官も含めた裁判全体に向けたものであることをお断りします。弁護団の見解は検察官への「反論」として述べられたものであり、公判全体を指揮し、最終的責任を負うのは裁判官です。この点を含みおいて、お読みいただければと思います。

批判（一）――精神鑑定の抱える原理的なジレンマ（自己矛盾）に無自覚だった

今回のような確信犯的事件にあって、全面的に責任能力の有無を争うという裁判は、いくつかの根本的なジレンマを抱え込むものだ、ということを改めて感じました。

たとえば前章で、検察官も弁護人も、同じように「直前の様子」を尋ねている点を指摘しました。弁護人は、大麻吸引が「まとまりのない」行動を招いている、とその様子を示そうとし、検察官は事実を正確に答えていることを示して「責任能力あり」の根拠としました。

なぜこのように、同じ「直前の様子」が双方の論証にとっての根拠となるのか。「実行時の精神状況について、事後に聞く」という精神鑑定のもつ原理的なジレンマがここにはあり、そのことが検察官、弁護団の双方にどの程度自覚されているのか、疑問に感じざるを得ませんでした。

以下は林幸司さんの議論を参照しながら進めますが、この原理的な自己矛盾は、長いこと医師たちを悩ませてきた「可知論と不可知論」の問題につながります。既述したように、犯行時の生物学的診断は確定できるが、それがどこまで行動に影響を与えたかという心理学的診断は確定できない、とするのが不可知論。両者ともに確定可能とするのが可知論。

目の前にいる患者の臨床診断でさえ異なる診断名が出てくるのは珍しくないことで（身体病理の場合も同様ですが）、まして時間を経てなされる鑑定が困難な作業になるだろうことはシロウトにも推測されます。リアルタイムでの困難と、事後の困難というように、言ってみれば二重のジレンマと思しきハードルを抱えています。とくに弁護団の被告人質問は、「直前の様子」を尋ねるのであれば、同じ質問を違う角度からくり返してみるとか、少しばかり丁寧な手続きが必要だったはずです。精神鑑定のもつジレンマを最初に示唆してくれたのは浜田寿美男さんですが[*7]、この点が弁護団にあって自覚されているようには見えませんでした。つまり、公判時の植松被告の見解が、そのまま実行時の見解としてスライドされてしまっている、それでは説得力が弱い、そう受け取らざるを得ない場面が少なからずあったこと。その点に対する批判が一つ目です。

批判（二）――「悪いことだとは思っていない」というのは弁識能力の欠如？

もう一つは、植松被告人が確信犯だということにかかわります。彼は事件直後より、自分の行動は世の中のためであり、世界平和のためである、悪いことではないという主張をくり返していました。第四章で紹介した検察官の冒頭陳述に、責任能力とは「①善悪を判断する能力、②①の判断に従って行動をコントロールする能力の有無や程度」についての総合的な判断である、と述べられていました。

つまり植松被告が、「自分は悪いことをしたとは思っていない」「むしろ世界の平和のためになる」と自説を述べれば述べるほど、「善悪を判断する能力」や「それに従って行動をコントロールする力」を欠いていることを示す、一般判断ではそういうことになります。

すでに書いたように、弁護団は植松被告に、自身の考え、感想、理由などについて多くの時間を費やして尋ねていました。つまり弁護団は、「いかに自分が正しいことをし、それが世の中のためになるか」、そのように考えている植松被告を最大限、示さなくてはならなかったわけです。あざとい言い方になりますが、「植松劇場の出現」こそ、弁護団にとっては、大いに望むところだったわけです。

さらにそのことと、大麻の吸引とを結びつけなくてはならない。しかも弁護団にとっては、中途半端な大麻の習慣ではなく、過剰で常習的であることが、より望ましいということになります。常習性の深刻さ＝病理の深刻さ、という図式がそこでは前提とされているわけですから。

前節で、薬物事犯は自分が進んで吸引したことによって引き起こされた犯罪であり、そこにある倫理問題や国民感情の問題が、鑑定する医師たちを苦闘させていたことを紹介しました。しかしそのような問題意識は、今回の弁護団には皆無でした。自分たちの立証にとっては、むしろ邪魔なものとなります。反省もせず、謝罪もせず、正しいことをしたのだという確信や、荒唐無稽なことを述べ続けてくれたほうが、自分たちの立証を利することになります。

弁護団の主張は、植松被告はいわゆる確信犯とは異なる、大麻の常習的吸引は自由な意思ではなく、過度の常習性こそが大麻精神病によって支配された結果の悪循環によってもたらされたものだ、というものになるのかもしれません。しかし、いわゆる通常の精神病理ゆえに全面的な責任能力の争いとなるケースと決定的に異なるのが、この、自らの意思が招いた結果だということです。医師たちにとってあれほど苦慮されていた倫理問題は、一切無視されています。無視したところで弁護団のロジックが作られているという点に、どうしても釈然としないものが残るのです。

この問題をさらに引き延ばせば、被害者への慰藉をどう尽くすか、これからの人生を（たとえ残り少ないものであったとしても）、どう被害者と向き合って過ごすのか、という問題につながり、被告人の更生といった課題が、すべて不問に付されてしまうことになります。弁護団のロジックからすれば、そんなものを被告人にもたれては、自分たちの弁護活動にとってはマイナスです。あくまでも植松被告人は大麻に支配された確信犯であり、徹底した優生思想と差別思想の持主であり、だからこそ心神喪失なのだ、弁護団の弁護方針は、どうしてもそういうロジックを引き寄せてしまうのです。

自分のやったことはよいことである、世界平和のためである、大麻の使用は大いに歓迎される、という考えを示してほしい。被害者へどう慰藉を尽くしていくかなど考える必要はない。大麻がどれだけ被告人を酩酊状態に陥らせているか、それだけ見せてくれればいい。……極論に傾いていると感じるかもしれませんが、結果的に、こうした刑事弁護になってしまっています。くり返しますが、それは、鑑定人たちを悩ませてきた国民感情との軋轢という問題を、弁護団が一切スルーしていることによります。

こうした弁護は倫理的な問題を残さないのか。そんな疑義を強く感じました。私は責任能力論議のすべてを否定するものではありませんが、それが法廷にもち出されたとき、弁護があるジレンマを抱え込んでしまうこと、その点の自覚があまりになさすぎないかと感じたこと、これが二点目です。

批判（三）――「大麻の過剰吸引者＝犯罪者」という図式の欠陥

もう一つ、次のような問題もあります。

最終弁論で弁護団は、「**今回の事件は、大麻の長期常用により慢性の精神病を発症した被告人がそれにより病的で異常な思考に陥った結果、そのような異常な思考に突き動かされるままに実行したものだ**」とし、それ以外の要因をすべて斥けました。裁判員裁判ということもあり、論点をより明確にするため、という理由があったのかもしれません。

しかし、原因を大麻常用それ一本に引き絞って論理構成をしたことにより、あるジレンマを抱えることになります。大麻単一説を鮮明にさせればさせるほど、そのジレンマは深くなります。

それは、大麻の長期間に及ぶ常用が、仮に慢性の精神病を発症させたとして、ではその人間全員が、植松被告のように大量殺人を引き起こすかと言えば、そんなことはないわけです。なぜ植松被告人以外の大麻の過剰吸引者はこのような犯罪を引き起こさないのか。なぜ一人、植松被告人だけが実行に及んだのか。大麻単一説をとる弁護団のロジックでは、この問いに答えることはできません。

事件以降、大麻の他にもいくつかの「犯人」が、取り沙汰されました。ナチスと同等の優生思想がこの事件を引き起こした。入所施設の存在がこのような大事件となった。虐待の土壌となっていた津久井やまゆり園の支援に問題があり、そこで差別的思想が作られたことが原因となった。

しかし、今述べたように、単一原因説は、問いを反転させたとたんにロジックが効力を失うことが分かります。十分条件とはなっているけれども、必要条件を欠き、必要十分条件とはならない。単一原因説では説明しきれないのです。

したがって必要にして十分な条件となるよう、複合的な要因を考えなくてはならない。複合要因をどう考えるか。論理はそのように進んで行くはずですが、弁護団は出発点にあたって、他のすべての要因を封印してしまった。結果「大麻単一犯人説」を取ることになった。それが致命的だったと私は思います。くり返しますが、単一原因説ではこの事件の深層には届かない、複合的な観点を必要とするというのが、私のとろうとしている立場です。

批判（四）――「残酷で被害の甚大な犯罪になればなるほど無罪？」

ここは「批判（二）」の言い換えになります。

前節で薬物事犯をめぐる医師たちの論議を取り上げた際、「心神喪失・耗弱の概念は精神医学の視点抜きには語れないが、あくまで法的概念であり、法律家が判断すべきものである」という見解を紹介しました。三者三様のニュアンスを含みつつも、共通して述べているところでした。

この背景には、一九八四年の「最高裁第三小法廷決定要旨」と呼ばれる有名な判決があります。林幸司さんの著書『精神鑑定実践マニュアル』より孫引きします。

「被告人が当時精神分裂病に罹患していたからといって、そのことだけでただちに被告人が心神喪

失の状態にあったとされるものではなく、その責任能力の有無・程度は被告人の犯行当時の病状、犯行前の生活状態、犯行の動機・態様等を総合して判定すべきである」（一九頁、傍点原文）

基本的にはここで、責任能力判断は、司法による総合的な判断であるという原則が打ち出されます。しかし、林幸司氏や中谷陽二氏が述べていたように、実務において、必ずしもその通りには事が運んではいませんでした。そして医師たちの見解も一枚岩ではありませんでした。

同じように法律家にあっても、さまざまな見解が見られたことは言うまでもありません。私がここで注目したいのは、この最高裁判断を踏まえ、刑事法学者の前田雅英氏が次のような議論を展開させていたことです。[*8] 統合失調症の場合と覚せい剤の場合は、同列の評価はできない、それを区別していくのが法律家の仕事だとした後、次のように書きます。

> 医者は、患者の治療を第一に考えるし、考えてもらわなければ困る。法律家は、いろいろな意味のバランスを取らないといけない。患者が治ることだけではなくて、それによって殺された人はどうなるか、殺されそうになる人の危険はどうなるか。もちろん、片一方で法律家としても、被疑者・被告人の人権、患者としての被疑者の人権擁護も重要だけれども、それだけを強調するだけではいけないのだと思うのです。（一六七頁）

ここで注目しておきたいことは二点あります。一点目は、この見解が示されたのが二〇〇〇年前後の、「小泉‐竹中構造改革」による新自由主義的な政策が一気に前景化した時期にあたっていることです。つまり法的主体として、自己責任と個人原理が強く意識されるようになった時期だったということです。前田氏の見解は、こうした文脈のなかで理解される必要があります。この点を氏は明言してはいませんが、それは、精神疾患などに対しても自己の管理責任が問われるようにならないかという危惧を呼び起こします。さらに言い換えれば、これまでのように病者だからと無条件に免責されるのではなく、病者にも責任主体として法の前に立ってもらう、そういう方向を司法は目指していかなくてはならない、と言われていることになる、どうしてもそんなふうに読めてしまうのです。

　引用の後、次のように続くことからも、それは明らかではないでしょうか。二一世紀の責任論（刑法における責任主義）は変わらざるを得ない、国家は国民の権利を制限する存在であり、責任主義はそれに抵抗する人権保障の最後の砦だというこれまでどおりの人権観、国家観でいいのか、と進めていくところにもそれは感じられます。司法における個人の権利を制限し、責任主体としての在り方を明確にする、そういう刑法観であると私は受け取ってきました。

　二点目は、刑事事件における被害者の存在がクローズアップされていくのがこの時期であり、前田氏の先の引用では、はっきりとその点が指摘されています。氏は、患者の利益と被害者の利益のバランスをどう取るかということが、これからの課題となるといい、「**ギリギリどこまで緩めるかというのは、最後は国民の意識を踏まえて法律の専門家としていろいろな諸利益のバランスを取って考える。そして、その困難な作業は、主として法律家が担わざるを得ない**」、と明言します。

　「諸利益のバランス」という言い方をしていますが、これまでは明らかにバランスを失していた、被害者の利益や人権はほとんど顧みられなかった、言外に述べられているのはそういうことです。前田氏の刑法理論がこの時期に主導的存在になるのですが、それは新自由主義の台頭によって、人権をめぐる考え方や自己責任論、刑法における責任主体などが変わろうとしていることと軌を一にしていた、そんなふうに私は受け止めてきました。

そしてさらにここにきて（ことに3・11以降、と言っていいと思いますが）、過度の自己責任論が反省され、「きずな」とか「つながり」という言葉が、メディアに多く見られるようになりました。私の前著『ルポ闘う情状弁護へ』（論創社、二〇二〇年）は、「協働的更生支援」「治療的司法」「司法と福祉の協働」「社会内処遇」といった語をキーワードとして、刑事裁判において少しずつ始まっている新しい潮流にスポットを当てたものでした。

当然、司法の中での責任主体も、個人としての責任を厳しく問われるという在り方から、関係や協働という方向へ舵が切られています。ということは、まだ誰も明確には示し得てはいないとしても、責任能力の概念もおのずと変わるだろうことを伝えています。責任主義の在り方も（もちろん司法全体も）時代に応じた変化が求められている、私はそういう強い問題意識をもっているのですが、今回の弁護団の見解には、いや裁判全体にこうした含みや揺らぎがまったく感じられませんでした。

その典型だと思えたことが、医師による診断が、「心神喪失＝無罪」というように法律判断とダイレクトに結ばれて、弁護側によって無罪主張がなされていたことです。これは重大な欠陥を生むことになります。

法的判断というのは行使できる刑罰を法によって厳しく定める一方で、社会防衛というブレーキ作用もあります。その緊張関係を欠くことでなされる関係は「残虐で被害者の多い犯行→重篤な精神病理→責任無能力→無罪」という図式を、強く押し出すことにつながります。

さらに単純化すれば、「被害が甚大な事件→責任無能力→無罪」。無茶苦茶なことをやればやるほど無罪。ひょっとしたら、いまだにそういう誤解が残っているかもしれませんが、今回の弁護団の主張では、そういうロジックへの歯止めがかけられなくなってしまいます。

この点も自覚されていません。自覚されていないことがもたらす最大の問題は、司法精神医学への誤解と不信を強めてしまうことです。私自身も精神医学や司法精神医学に少なからぬ疑義を感じることとはありますが、刑事裁判において司法精神医学への不信を強くしてしまうことは、つまりは刑事裁判そのものへの不信へとつながり、加害者にとっても被害者にとっても大きな不幸になる。それは私たち国民にとっても好ましいことではない。そのように感じます。

くり返しますが、「残虐で被害者の多い犯行→重篤な精神病理→責任無能力→無罪」というのは誤解であり、俗説です。この点に対する疑念が批判の四点目です。

批判（五）——「完全責任能力の立証責任は検察官にある」、この主張は正しいのか

弁護団は冒頭陳述の最後に、裁判員にお願いしたいことがある、と次のように述べていました。

「植松さんに責任能力が存在していなかったことを、植松さんや弁護人が証明する責任はありません。植松さんに、行為の良い悪いを判断する能力、その判断に従って行動をコントロールする力があっ

たかどうかということを、検察官が立証しなければいけません。裁判では、不確かなことで人を処罰することは許されません。ですから、証拠を検討した結果、良識に従って判断し、植松さんに責任能力があることが間違いないと考えられる場合にのみ、有罪とすることになります」

犯罪の立証責任があるのは検察官です。「疑わしきは被告人の利益に」という有名な言葉があるように、その立証にわずかでも綻びがあれば、有罪認定はできなくなる。犯罪事実の立証はすなわち、被告人は「非難されるべき責任」を有している、そのことも同時に立証されなくてはならない。検察官はその責を負う。それが弁護団のロジックです。

ここまでは納得するのですが、返す刀で、責任能力がなかったことを弁護人が証明する責任はない、と言っており、ここは引っ掛かりを覚えたところでした。この引っ掛かりを、なかなかうまく言葉にできずにいたのですが、再び林幸司さんの『精神鑑定実践マニュアル』を引きます。「正常推定」という項目のもと、次のように書いています。

精神障害は一目でわかることもあるが、正常を証明することは難しい。そこで、ある程度の年齢に達した人間は病気でもない限り責任能力を有するものだ、という証明不能かつ不要な前提のもとに insanity defense は成り立っている。無罪推定と表裏一体に正常推定が働いているのであるから、心神喪失を主張するならばそちら側に異常性を立証する責任がある。責任能力がある、ということは、責任能力を損なうような精神障害がない、という回りくどい二重否定によってしか論証できない。医学でも not particular（特筆すべき異常なし）という控えめな表現で正常を表すのと同じである。

（一五頁）

この件を初めて読んだとき、責任能力問題がなぜ厄介なのかが腑に落ちました。林さんが指摘しているとおり、責任能力があることを示すためには、「責任能力がないことを示す事実がない」ことを証明する、そのような方法しかないこと、ここに責任能力問題の厄介さの秘密がある。そう得心しました。

特段の事情がない限り、人は責任能力を有する（正常推定）。これは証明不能であり、また証明不要である。特段の事情が生じたとき、初めて責任能力に疑いが生じる。特段の事情とは何か、その説明（証明）が求められる。こういうロジックであれば、よく分かります。

検察官がしなくてはならないのは、犯罪事実の証明です。理屈の上からは、犯罪事実を証明し、有罪を認定するということは、おのずと有責性（責任能力あり）をも証明することになるのですが、ではそのことをもって有責性の証明も検察官のなすべきことである、とロジックを転倒されると、何かが違うのではないかと感じるのです。

検察官は、無罪推定に疑いが生じたときには、それを証明しなければならない。「正常推定」に疑いがあるときには、起訴することはできない（起訴をしない・起訴便宜主義）。つまり、起訴した時点で有責性が前提となっているのであり、起訴後、改めてそれを証明する必要はない。「表裏一体になっている」というのはこういうことだろうと思うので、したがって、有責性（責任能力あり）に疑義があるという訴えは、訴えたほうに立証責任が生じるのではないか。私の理解ではこうなるのです。

弁護団が「責任能力なし」を争点として争うことは理解できます。疑いがあるときには取ってしかるべき法廷戦略です。しかし「責任能力あり」は検察官に立証責任がある、とする弁護団の主張が成り立つのかどうか。林さんが書いているように、「なし」を訴えた時点で挙証責任は弁護団に移るのではないでしょうか。

批判（六）――「情状と処遇論」を欠いたことによる自己矛盾

ここまで、（一）実行時と証言時のタイムラグの問題、（二）弁護方法が生じさせる倫理的問題、（三）大麻単一原因説の限界、（四）医療判断と法的判断の同一視の問題、（五）挙証責任の問題、と弁護団への批判を述べてきました。言い換えれば、弁護団のロジックが自己矛盾を起こしている、そういう趣旨を込めた批判でもあります。

さらに言い換えれば、精神鑑定をして病理を診断し、責任無能力を立証すべく訴える、という刑事裁判がもたざるを得ない難題やジレンマ（それが何かはすでに述べてきましたが）、そうしたものをことごとくスルーすることによって法廷議論を成り立たせてきた、それゆえの結果ではないかと思われるのです。

誰がどう見ても勝てそうもない難しくて面倒な裁判を引き受け、そしてこんなふうに批判までされる、これではとても割が合わないと弁護団は感じるだろうと思います。しかし戦後の事件史に残る大事件であり、その裁判です。こちらとしても、「悪条件のなかで一生懸命やったじゃないか」と、中途半端に妥協するわけにはいきません。全力でぶつかるのが弁護団への礼儀であり、また四五名の被害者への哀悼であるという信念に叛くことはできません。そんな思いとともに書き続けてきました。

もちろん、この責は弁護団だけに帰すことはできません。すでに触れていますが、昨今の刑事裁判の著しい形骸化という問題、改革を叫ばれながらも一向に改まらない現状も背景としています。

法心理学者の浜田寿美男さんは、刑事裁判における供述分析においてこの国の開拓者ともいうべき存在ですが、裁判資料をお送りし、お話を伺うことができました。浜田さんもまた、「**そもそもこの事件はいったい何だったのか、なんでこんなことが起こったのかを知りたいという思いをもっている人には、このような裁判のあり方ではとても分かったという気持ちにはならない**」と述べました。[*9]過半の人に共通する感想だろうと思います。

浜田さんは、現行の刑事裁判の問題についても、「**情状についても、狭義の事実認定だけでなく、この事件がどのような背景のもとに生じたのか、またある刑罰を与えたとすれば、それを被告人がどのように受けとめ、どのように引き受けて刑に服し、その後を過ごすことになるのか、そこまで考えなければならない**」、しかし一向にそこに至らないと批判します。浜田さんが精神鑑定に批判的であることはすでに述べました。ではどんな鑑定であることが望ましいのか。

そう考えれば、**情状鑑定**をもっと活用しなければならないということになるでしょう。しかし、裁判官の多くは、やったかやらないかという狭義の意味での事実認定をやって、そのうえで量刑を判断するのが自分たちの仕事だと考えていて、それ以上のことはまったく見ようとしない。それが日本の刑事裁判のこれまでの流れでした。判決を受けた後どうなるか、刑期を務め終えた後どうなっていくか、ということまでしっかりと見通した判決になっていない。ここがなかなか変わりません。（一三八頁）

今回の裁判の判決も弁護も、まさにそのとおりのものでした。形骸化の理由がここに述べられています。そしてこのような結果に至らせた最大のものを一つだけ挙げるならば、情状面の中でも「処遇論」と呼ばれるものを欠落させたゆえではなかったか、と私には思えるのです。

心神喪失の主張が通れば、無罪判決の可能性があるわけです。ではその後どうすればよいのか。医療観察法に乗せて入院させれば、それで一件落着となるのか。無罪判決後に待ち受ける長い人生をどう生きていくことが望ましいのか。被害者とどう向き合うのか。こうした視点をまったく欠落させたまま審理が進んだのですが、これこそが処遇論を欠いていたゆえでしょう。

『自閉症裁判』（朝日文庫、二〇〇八年）としてまとめた「浅草レッサーパンダ事件」と称された事件があります。その弁護人だった故・副島洋明氏は、従来の精神鑑定について次のように批判していました。[*10]

〔鑑定書では〕犯行時までの生育歴が整理され、羅列されてはいるのですが、それまで生きて味わってきた苦しみとか、その人間が抱えていた課題とか、その人間が持っているお粗末さとか、そこはほとんど問われない。一つの抽象的な数値として抽出され、診断基準に合致するかどうか、合致するならばどこか、そこだけで鑑定がなされるわけです。（一三〇頁）

副島弁護士も同じように、大事なのは精神鑑定ではなく情状鑑定だと主張しています。この時代、「司法と福祉の協働」とか「協働的支援」「治療的司法」といった言葉はまだなかったのですが、副島さんのこうした基本的な考え方が原型となって、やがて一つの流れとなります。

この人たち〔知的障害をもつ人たち〕は「犯罪者」というかたちで登場するけれども、必要なのは刑務所ではなく、更生の場なのです。（略）無罪放免しろというのではない。二年、五年という懲役刑を受けるのなら、彼らには何が必要か。どこでどのような処遇をすべきなのか。大事なのは処遇論だと私は思っています。

裁判でしなければならない弁論、争いも、責任能力があるから有罪だ、ないから無罪だ、かわいそうだから減刑だ、そういう議論ではありません。刑罰を前提としたとしても、どう処遇し教育していくのか。検事なり弁護士なりが積極的に処遇意見を交わし、そこに重点が置かれる裁判であるべきだろうと思います。（一二六頁）

コンピュータの端末で量刑がはじかれるような形骸化した刑事裁判に対し、副島弁護士は、真っ向から反対しています。私はこうした副島氏の姿勢を、シンボリックな表現として「闘う情状弁護」と称したのでした。

ここに述べたことを、植松被告人の裁判に直接当てはめることができるかどうか、それが適切なのかどうか、今少し検討は必要かもしれません。しかしこうした考えに基づいてなされる刑事裁判が広く取り入れられていれば、今回の津久井やまゆり園裁判もまた異なったものとなっただろうと思います。私の批判は、最後はおそらくこの点に集約されていくはずです。

注

1　以下のことを、あらかじめお伝えしておきます。松本俊彦氏の『薬物依存症』（ちくま新書、二〇一八年）を刊行と同時に感銘深く読み、私たちの勉強会にお招きしました。松本氏は薬物依存の問題にとってもっとも大事なことは、どう刑罰に乗せるかではなく、社会的処遇を含め、どう治療の手立てを厚く講じていくか、そこにあると強調していました。私も強く同意します。ここでは「薬物依存と犯罪」という取り上げ方をしますが、薬物依存症者の危険性、犯罪性を強調したいのではありません。「責任能力」という問題がどう扱われているか、ここでの記述はあくまでもそのことを主眼としています。この点を誤解のないようお読みいただきたいと思います。

2　福島章『犯罪心理学研究Ⅰ』（金剛出版、一九七七年）所収、「Ⅰ　覚醒剤乱用—その精神病理と責任能力」。他に『精神鑑定　犯罪心理と責任能力』（有斐閣選書、一九八五年）でも「覚せい剤乱用」として一章が設けられています。

3　林幸司『精神鑑定実践マニュアル　臨床から法廷まで』（金剛出版、二〇〇一年）。他に『ドキュメント精神鑑定』（洋泉社新書y、二〇〇六年）、編著として『司法精神医学研究　精神鑑定と矯正医療』（新興医学出版社、二〇〇一年）があります。林氏は北九州医療刑務所に勤務する矯正医官でした。したがってあくまでも刑事施設の中での、「精神障害犯罪者」の治療論（医学）と矯正医療論（司法）が基本となっており、私が引きつけられたところでした。

4　中田修「責任能力をめぐる最近の問題（覚醒剤中毒と精神分裂病）」『精神医学体系年間版』（中山書店、一九八七年）

5　中谷陽二『司法精神医学と犯罪病理』（金剛出版、二〇〇五年）

6　「異常な体験に対する正常な反応」は、V・E・フランクル著（霜山徳爾訳）の『夜と霧　ドイツ強制収容所の体験記録』（みすず書房、一九六一年）の、「異常な状況においては異常な反応がまさに正常な行動であるのである。（略）**強制収容所に収容されるということに対する囚人の反応も異常な心理状態を示していたが、しかしそれ自身において考えれば正常な反応であり、そしてその形は、それが与えられた状況との連関においてみられる限り、典型的な感情の激動する反応であった」**（九九頁、傍点は原文）という件を参照しているようです。

7　浜田寿美男「刑法三九条論議の一歩手前で」（呉智英・佐藤幹夫【共編著】『刑法三九条は削除せよ！　是か非か』洋泉社新書y、二〇〇四年）

8　前田雅英『刑法入門講義――新しい刑法の世界』（成文堂、二〇〇〇年）

9　「浜田寿美男氏に聞く　やまゆり園裁判の問題点をめぐって――「行動は是認できないが、動機は了解できる」？」（『飢餓陣営52』二〇二〇年一二月）

10　副島洋明「求められているのはむしろ新しい「責任能力論」である」（『刑法三九条は削除せよ！　是か非か』同前）

第Ⅲ部　「植松聖」という深層へ

――彼はなぜ「孤独」だったのか

フランスでは一七九一年の刑法典の名高い第三条――「すべて死刑囚は斬首されるものなり」――に、次の三重の意義がこめられている。まず、万人にとっての平等の死刑（略）、つぎに、ル・ペルティエが告発した絞首台（ポタンス）のごとき「長時間におよぶ、したがって残酷な」身体刑に訴えない、かつ一挙に達成される、一死刑囚につき一回かぎりの死刑、最後に、もっぱら死刑囚だけに加えられる懲罰、事実、貴族にたいする刑罰たる斬首刑は、犯罪者の家族の名誉の毀損が最もすくない。一七九二年三月以降もちいられた断頭台（ギヨティーヌ）は、この諸原則に合致した装置である。死刑はそこにおいては、可視的な、しかし瞬間的な出来事に帰せられている。

（ミシェル・フーコー著、田村俶訳『監獄の誕生―監視と処罰―』新潮社、一九七七年）

第七章　「戦争と経済」から読む戦後犯罪私史

1　貧困の変容と、戦後の犯罪

「永山則夫事件」から始まる戦後の重大犯罪

第Ⅰ部では、津久井やまゆり園事件があぶり出した、戦後福祉が抱えもつ構造的な問題を、第Ⅱ部では、津久井やまゆり園裁判がどのように行われたのか、批判的な分析を加えてみました。この第Ⅲ部では、事件の社会的な背景要因を踏まえながら、「人間学的犯罪論」といった考察を加えてみたいと思います。

簡単に言えば、次のようになります。教育と医療と保健衛生、そして福祉が豊かになれば、社会は犯罪のリスクを低くします。もう一つは経済です。貧しさは犯罪へのハードルを下げますし、さらに、体感的な治安悪化という社会心理学的な不安が膨らみ、そのことは、他者への信頼という重要なセーフティネットを損う要因となります。

犯罪はこれらの関数として表れます。言い換えるならば、社会の動向に伴って、犯罪の質や在り方が変化するわけです。本来であれば資料やデータにあたり、一つ一つを読み解き、検討していく作業が必要なのですが、ここではその余裕がありません。一つだけキーワードをあげるならば、それは経済の問題、「社会的貧困」の問題です。戦後の重要な犯罪をピックアップしてみると、なぜここまで、というほど経済の動向と軌を一にして生じていることが分かります。リストは私の個人的な基準での選択であり、あくまでも「私史」ですが、以下のような見取り図をもっています。

一九六八年、一九歳の永山則夫による「連続ピストル射殺事件」と呼ばれる事件が起きます。戦後の経済成長が順調に上昇を続け、多くの国民が「豊かさ」を実感し始めていた頃でした。永山は東北の青森を出自とし（若干紆余曲折がありますが詳細は後述します）、中学卒業とともに集団就職で上京してきた少年でした。生まれ育った家庭は極貧で、彼は『捨て子ごっこ』[*1]というタイトルの自伝的作品集をもっていますが、まさにそのようにして育てられました。上京後、「金の卵」としてもてはやされた生活も長くは続かず、豊かさに向かって進む社会からふるい落とされるように、放浪の生活に追いやられます。逃げ場をなくした果てに手にしたのがピストル。そこから一気に連続射殺事件に追い込まれていきました。

一九八〇年八月の「新宿西口バス放火事件」。夜の九時すぎ、新宿駅西口に停車していたバスに男がガソリンをまいて火を放ち、一瞬のうちに炎上。六人が死亡し、一四人が重軽傷を負うという大惨劇でした。弁護を担当した安田好弘氏は、「日雇い労働者の問題をはじめ、精神障害者や貧困の問題、戦後における家庭の崩壊など、さまざまな社会問題を内包した事件だった[*2]」と書いていますが、まさにそのとおりで、社会の矛盾が凝縮された事件でした。豊かな社会を目指して走り続けてきた日本がジワジワとひび割れするように、隠しようのない内部崩壊が現れ始めます。

ひずみや歪みは真っ先に弱い層を直撃します。この事件は、日本の経済成長を最底辺で支え続けてきた存在が、無差別殺傷の「加害者」として現れた事件です。山谷や釜ヶ崎といった寄せ場に集っていた「日雇い」と呼ばれる存在は、真っ先に切り捨てられる人々でもありました。

「加害者」とされた男はアルコール飲酒による複雑酩酊を呈していたとされたのですが、安田弁護士は、ほんとうにこの男が真犯人なのかと冤罪を疑っています。裁判では責任能力が重要な争点となり、最高裁まで争われます。精神障害や知的障害をもつ人たち、生活や居所の不安定な日雇い労務者やホームレスたち、なぜこうした弱い層の人たちが、大事件が起きるとその加害者として真っ先にターゲットにされるのか。それは社会的排除ではないか。そのことに対する強い怒りが、安田弁護士の『死刑弁護人』（講談社＋α文庫、二〇〇八年）にはみなぎっています。

一九八八年から八九年にかけて起きた「連続幼女誘拐殺人事件」、いわゆる宮﨑勤事件。東京北西部から埼玉南西部にかけて、複数の幼女が誘拐され、命を奪われるという事件でした。時代は、昭和が終わり平成に入るとき。それはまた「一億総中流」と呼ばれたバブルの時代が終焉し、長い不況の始まりとなる「失われた二〇年」の入り口の時期にあたっています。

ノンフィクション作家の佐木隆三さんは全裁判を傍聴し、全三巻に及ぶ『宮﨑勤裁判』[*3]を著しています。被告人男性の内面世界をどう理解するのかをめぐり、医師たちの判断が三様に分かれたという精神鑑定。そこへ向けられた記述が全巻の多くを占め、圧巻の労作です。精神鑑定はなぜ分かれるのか。詐病はどこまで見抜けるのか。特異な性格なのか病理なのか。心神喪失と心神耗弱の違いはどこにあるのか。それを決めるのは法律家か医師か、というように、その後の司法精神医学に引き継がれていく難題が、佐木さんの著作を読むとほぼ出そろっていることが分かります。

個人的な印象を述べるなら、この事件をきっかけに「犯罪の質」ががらりと変わりました。それまでの事件は動機が確定でき、なぜそれが犯罪に直結したのかという方程式が見えやすかったのですが、ここから一義的な理解が通用しなくなったという印象です。犯罪心理が「動機→行為」という一次元図式では足りず、「動機→〔＋α〕→行為」というような、二次元・三次元の図式を必要とするようになった、そういう質的な転換を感じます。経済成長による社会システムの複雑化、第三次産業への移行とそれに伴う人間関係の変容、そういう外的状況との対応を強く感じさせた事件でした。

二〇〇一年の「大阪教育大学附属池田小学校事件」。この時期、社会的貧困が着実に進行していました。同じ年に「浅草レッサーパンダ事件」が起きており、私はその取材に奔走していたので明瞭に記憶しています。貧困問題は、マスメディアではまだ前景化していなかったのですが、浅草事件の加害者は、受刑生活とホームレスをくり返していました。取材の過程で、これまでとは異なる「表立っては現れないホームレス層」の存在を実感していったのです。およそこざっぱりとした身なりをして、日中は都市のさまざまな場所に紛れ込んで時間を費やし、夜は漫画喫茶などで過ごすというように、ホームレスの在り方が多様化していきます。ちなみにこの年は、グローバリズムと新自由主義の理念を色濃くした「小泉－竹中構造改革」が本格化していたときでした。これ以降、戦後の経済発展を支えてきた「良質な中間層」がズタズタにされ、一気に格差社会へと突入していくという、そんな時期にあたります。

中間層からふるい落とされた層が「下流層」として固定化し、階級社会化が見え始めていました。池田小事件の宅間守元死刑囚は、社会的底辺から脱却したいという強い上昇志向をもちながらも、短絡的で暴力的な言動で挫折をくり返し、そのなかで、精神医療の患者になることによって社会的逸脱行為が免責されることを学習していきます。事件を引き起こしては「詐病」を使ってリセットする。そうやって「人を殺して死刑になりたい」という事件の先触れのような事態に追い込まれていきます。[*4]ターゲットにされてしまったのが、エリート層と言ってよい家庭の子どもたちで、経済格差の二極化を先取りするような事件でした。

司法精神医学的には、詐病の問題、精神鑑定の信頼性の問題、林幸司氏が指摘したような反社会性人格障害は医療の対象なのか、といった課題が前景化するのですが、議論が深まるという事態からは程遠いものでした。この事件も、やはりメディアは騒ぐだけ騒いで終わりかと思っていたところ、事件から一二年後の二〇一三年、鑑定をした医師の岡江晃氏が、その鑑定内容のほぼ全文を収録した『宅間守精神鑑定書』を刊行したのです。この著書によって彼の幼少期が明らかになり、事件についての重要な示唆を得ることができた、私は強くそう感じました。

二〇〇八年六月の「秋葉原無差別殺傷事件」。加害者の加藤智大死刑囚は、日曜の秋葉原の歩行者天国に二トン車で突っ込み、その後、行き交う人々を無差別に切り付け、死者七人、負傷者一〇人という大惨事を引き起こしました。育った家庭は「一億総中流」の余波を残しながらも、加藤死刑囚は「虐待」というほかない養育を経て地方の大学に進学。そこからお決まりのコースのように、派遣社員として、あちこちを転々とする不規則で不安定な生活を強いられるようになります。不安と不満を解消するように、インターネットの掲示板に居場所を求めますが、「なりすまし」や「荒らし」と呼ばれる存在（加害者の利用する掲示板に登場し、不愉快な書き込みを続ける存在）によって、ますます社会的承認を枯渇させ、孤立していく他なかった、そのように推測される事件でした。またその著書を読む[*5]と、やはり独特な思考をもち、器質的にも大きな偏りを感じさせます。弁護人は心神喪失を訴えて争いますが、いずれも却下されています。

経済動向にも大変動がありました。この年、リーマン・ショックと呼ばれる世界規模の金融危機と世界同時不況が起きます。これをきっかけに、日本では自動車産業や電機メーカーで、契約労働者や派遣労働者の大量解雇・雇止めが発生します。いわゆる「派遣切り」です。藤森克彦氏は『単身急増社会の衝撃』[*6]で、日本社会の公的な社会保障は、家族や企業によるセーフティネットを前提として制度設計されてきた、しかし非正規社員や単身者にはどちらも及びにくい、その象徴的なケースが〇九年の「年越し派遣村」だったと言います。これは、秋葉原事件の重要な背景です。

さらに述べれば、加藤死刑囚が犯行の舞台とした「秋葉原」は、当時、サブカルチャー＝オタク文化の中心地でした（現在は、東京都が区画整理を推し進めたことによって、通常のオフィス街へと変わりつつあります）。「オタク」の名を知らしめたのが八九年の連続幼女誘拐殺人事件の宮﨑勤であり、オタク文化というサブカルチャーが一気に支持を拡大するのが、バブル期です。バブルの終焉とともに宮﨑勤が現れ、日本経済が実質的な破綻に追い込まれた年に、加藤智大が「秋葉原」を舞台に無差別殺傷を仕掛けていく。ここにも経済との連動を読みとることができそうです。

こうして二〇一六年の「津久井やまゆり園「優生テロ」事件」に至りつく道具立てが、ほぼ出そろうことになります。高度経済成長とバブル、それが終わった後の、労働者としての身分の不安定化、貧困・格差の固定化。かつての中流家庭からの没落と、そのことがもたらす社会的承認の枯渇。「まずしい自己」と表裏になった、弱者への差別と排除。インターネット（SNS）と同時進行的な事件の進行。そこに現れる賛同者たち。「人格と病理」をめぐる境界線の流動化と多様化。それに伴って苦慮する精神鑑定や司法判断の問題。不特定多数に向けた悪意と社会へのリベンジ。私の見立てでは、津久井やまゆり園事件には、永山事件から五〇年の変容が凝縮されています。[*7]

「例外社会」論に見る戦争と経済の変容

重大犯罪が経済動向と連動していると示唆してくれたのは、批評家で作家の笠井潔氏による『例外社会』[*8]でした。「例外社会」とは、戦後社会の変容に「戦争の世界史的視点」という大きなスケールで洞察を加え、例外状況がなぜ社会化していったかという検討を試みたものです。たとえばこんなふうに書かれます。

> ドゥルーズが予見したように、二一世紀では人間を「群れ」として管理する権力が主導となる。第一次大戦以降、われわれの社会にとって必然的な例外状態は、国家が社会化した二〇世紀的な例外国家（社会の隅々にまで生権力を展開する国家）から、社会の国家化としての二一世紀的な例外社会（国家の社会領域からの撤退に応じ、生権力を自生化する社会）に変貌した。「ゆたかな社会」の崩壊以降、社会領域から撤退した国家は、人口を生と死に分割する人種主義的な例外国家を模倣しはじめる。同時に社会それ自体が、監視カメラの事例からも窺われるように、例外状態を構造化するようになる。（四九－五〇頁）

この引用文だけでは、笠井さんの言う「例外社会」がどんなものかは、十分に伝えきれないかもしれません。補足しますが、「例外国家」はカール・シュミットの「例外状態」（法を規範とする社会契約の、通常の在り方が崩壊した社会）を常態化させた国家の謂いです。国家間の世界戦争の変化とそれに伴う総力戦体制が例外国家を生み出すことになり、例外国家の例外状態では、九〇年代以降、一気に社会化が進行することになる。それが引用中の「二一世紀的な例外社会への変貌」です。二〇世紀の例外国家から、二一世紀の例外社会へ。

このときのキーワードは、横軸が、ネオリベ（ネオリベラリズム・新自由主義）とグローバリズム。

縦軸が、経済システムの変容、とくに社会の貧困化です。日本でいえば、先ほど言った「小泉－竹中構造改革」の時期にあたります。

笠井さんが「例外社会」というキーワードを得たのは、9・11直後のアメリカの状況だったといいます。まさに二〇〇一年です。反テロ戦争に勝利するという名目で、さまざまな規制が設けられ、「**市民社会の内側から相互監視のようなかたちで、個人の権利が私的に制限されていくという、例外国家の論理からは外れた事態が目立つように**」なり、「**これは非法規的な規制で、超法規的な例外国家のそれとは違う**」と感じたといい、例外状態はもはや社会にまで及んでいる、そこで発想を得たと書いています。

私なりに言い換えますが、例外状態とは、国家の規範や法が、それまでのようには効力を維持できなくなった状態を指します。そして例外社会とは、市民社会が内部から自壊するようにして例外状態化していくことです。

ヘイトなどの差別的言辞の氾濫と無法化状態。ターゲットとされた者の生活を破綻させ、自殺にまで追い込みかねない威力を発揮する、インターネット上の匿名バッシング。陰謀論やフェイクニュースと、ファクトに基づくとされるニュースとのボーダレス化とポスト・トゥルース状況。見えないところで強めていく監視機能。こんなふうに、社会の内部の空洞化が進んで行く状態。これが二〇〇一年以降、一気に進んだというのが笠井さんの見立てだと受け取ってよいだろうと思います。

笠井さんにとって世界史的洞察を駆動させるキーワードが「例外状況」と、戦争です。戦後社会のなかで重要視しているのが、まずはベルリンの壁の崩壊（一九八九年）とそれに続くソ連の解体（一九九一年）、つまりは「冷戦」の終了です。冷戦がなんであったかといえば、第二次大戦を勝ち残り、世界国家という一強を目指すトーナメント戦の勝者であった米ソによる、最終の勝者をめぐる第三次世界大戦です（ちなみに、日本の高度経済成長は冷戦の進展と不可分でした。米ソの代理戦争だったヴェトナム戦争は、一九六五年から七五年、永山則夫の事件が起きたちょうどその時期にあたります）。

アメリカの勝利によって冷戦は終わるわけですが、ベルリンの壁の崩壊の翌年、一九九〇年に湾岸戦争が起きます。笠井さんによれば、世界国家の実現というアメリカの野心を実現できる条件が獲得され、この湾岸戦争は「**アメリカ主導の多国籍軍による戦争だった。世界国家が支配する世界では、「戦争」は存在しません。戦争的な行動は「犯罪」になる」。「フセインによるクウェート侵攻もまた、世界国家アメリカへの犯罪にすぎない。アメリカ軍ではなく国連軍として湾岸戦争が戦われたことの意味は、以上の点にありました**」（先ほど、一九八八年から一九八九年の「連続幼女誘拐殺人事件」で犯罪の質が大きく変わったと述べましたが、ベルリンの壁の崩壊の始まりの時期にあたっており、ここにも戦争（冷戦）との連動を見ることができます）。

そして二〇〇一年。アルカイダによる9・11「同時多発テロ」が引き起こされます。ブッシュはそのとき「テロとの戦争」を宣言することによって、戦争が新しい局面に入ったというメッセージを発信しました。これに対して笠井さんは次のように言います。湾岸戦争は、世界国家を目指していたアメリカにとって、「戦争」ではなく「警察行動」だった。しかし子ブッシュは9・11で、「テロだ」と非難すると同時に、「戦争だ」とも断定した。従来の観点では「テロ」は違法行為であり、戦争ではない。

この時、子ブッシュは「二一世紀的な戦争の到来を無自覚ながら察知した」。「二一世紀型の世界内戦」の始まり、その象徴的な起点が9・11だった、というのが笠井さんの見立てです（そして言うまでもなく、この年に宅間守による池田小事件が起きています）。

やまゆり園裁判の始まりとともに、新型コロナが世界中に広がっていったことはすでに書きました。コロナウイルスが猛威を振るうにつれて、世界の各国から「これは人類とウイルスとの戦争である」というメッセージが発信されるようになりました。コロナパンデミックを機に一気に世界経済は縮減し、そして二〇二二年二月、コロナパンデミックの終わりが見え始めたかという矢先、ロシアによるウクライナ侵攻が強行されたのです。言ってみれば、「ウイルスと人類の戦争」と入れ替わるようにして、「ロシア－ウクライナ戦争」が始まったわけです。

ロシアによる核施設への攻撃と占拠、核兵器の使用を匂わせるプーチンの発言。世界は一気に緊張に包まれました。パンデミック後の世界がどうなるか、さまざまな議論が現れた最中にウクライナ戦争はそこに突如として現れ、限りなく第三次世界大戦の危機を露呈させたのです。アメリカとEU（NATO）、そしてロシアと中国。この大きな世界史的対立が、これからどんなふうになっていくのか、今のところまったく見えません。エネルギー問題や食糧危機、そして金融の状況、戦争は経済の動向と大きく関連していることを、改めて見せつけました。そして述べてきたように、経済の動向は、犯罪の在り方や特性に微妙な影響を及ぼすようなのです。

この節のまとめめいたことを、少しばかり書いておきましょう。犯罪を考えるときに、なぜ経済事情を押さえておくことが重要なのか。

私たちが「自分がどんな人間か」を知ることができるのは、観念的な思惟（私とは何者であるかという思弁的考察）による以上に、具体的な人間関係と、労働その他の社会的な活動によります。そこで何らかの手ごたえ（関係による承認と社会的承認）を得ながら、自分が何者であるかの輪郭をつかみ取っていくことになります。

その時々の経済の動向は、生活や労働の在り方に大きな影響を及ぼします。労働の在り方は、社会的承認の在り方を強く規定します。たとえば深刻な社会的貧困は承認の枯渇や低減を招きかねず、孤立させ、それが犯罪やテロへと走らせる重要なリスクとなる。そういう筋道が想定されるからです。後ほど、植松死刑囚における承認欲求の問題について具体的な洞察を加えてみますが、社会のある層が承認欲求の不遇を深く、強く内面化させることは、本書の冒頭で書いた、植松死刑囚の手紙を最初に読んだときの感想――政治が戦争の「顔」を強く表し始めたとき、「自分は優秀なコマンドだ、いつでも敵を殲滅する用意がある」という手紙をもって、政治の中枢に乗り込んでいった、そんな印象をもった――間違いなくここにつながります。あのようなかたちで、彼は社会的承認を得ようとしたわけです。

これが、戦後の重大犯罪の歴史と経済と戦争の動向という、大きな社会的背景事情のなかで見る、「津久井やまゆり園「優生テロ」事件」です。いわば「図と地」の地にあたります。

2　セーフティネットとしての「つながり（関係の承認）」

犯罪はなぜ起こるのか

この章では「人間学的犯罪論」を考えたいと言いながら、真っ先に考えておかなくてはならない問いを後回しにしてきました。犯罪とは何か、そもそもなぜ犯罪が起きるのか、どう考えても割に合わないことは明白なのに、なぜ人の命を奪うなどという最悪の愚行に手を染めてしまうのか。そしてなぜ植松聖死刑囚は、このような凶行に及んでしまったのかという、「図と地」の図式でいえば図にあたるテーマです。

犯罪心理学者である原田隆之氏の『入門　犯罪心理学』[*9]を読んでいると、書き出しから数ページ目のところに置かれた次の記述が目につきました。「犯罪心理学における神話」と小見出しが打たれ、次の中で正しいのはどれか、と問われています。

「少年事件の凶悪化が進んでいる」から始まり、「治安の悪化が進んでいる」「性犯罪は再犯率が高い」「厳罰化には犯罪の抑制効果がある」とあげられ、「貧困や精神障害は犯罪の原因である」「虐待をされた子供は犯罪に走りやすい」と列記しています。さて、このなかで正しいのはどれか。

原田氏によれば、結論は、これらは科学的な裏付けがなく、どれも事実ではない、根拠がないままにメディアで語られてきた「神話」にすぎない、と断じられています。その通りですが、少し補足しておきたいと感じました。

第Ⅱ部で、「大麻が犯行の原因である」というロジックをとったとき、「ではなぜ多くの大麻吸引者のなかで、植松死刑囚一人だけがあのような犯罪に手を染めたのか、単一原因説では合理的説明ができなくなる」、そう書きました。大麻でも虐待でも貧困でも、単一の原因説に拠ってしまうと、このような陥穽に落ち込みます。したがって、複合的要因を見なくてはいけない、それが私の基本的な考え方である、そのように述べました。この点を捕捉し、原田氏の「神話」説へ同意します。

以降、永山則夫と植松聖という二人の死刑囚における「貧困とまずしさ」の問題について考えていくことを宿題としているのですが、「貧困が彼らを犯罪者にした」というような誤解をもたれないために、「複合要因」をめぐる基本的な考え方について述べておきたいと思います。私の二冊目の法廷ドキュメントである『裁かれた罪　裁けなかった「こころ」』[*10]に、次のように書きました。

「犯罪を引き起こす要因は一つだけではなく、重大な事件になればなるほど、複数の要因が複雑に絡み合いながら一つの事件へと帰結する。図示すると以下のようになる。

〈①器質的・生得的要因〉×〈②養育環境・生活史的要因〉×〈③文化的・社会的要因〉×〈④引き金となる出来事〉→　犯罪

何が大きなリスク要因となるかは事件によって異なるが、それぞれの要因が相乗的に作用しながら重大事件に至る」

これが一つ目です。②の養育環境や生活史的要因のなかに、虐待や厳しい貧困や孤立といった負の要因がカウントされるようであれば、犯罪へのハードルを下げることになります。虐待や貧困それ自体が下げるというよりも、そのことによって自尊感情が損なわれてしまう、自己肯定感が低い、そういう心理的要因につながることでハードルを下げてしまう。

発達障害もそうです。発達障害それ自体ではなく、そのことによって生きることを難しくする条件が生じやすく、問題がうまく解決がされないまま失敗や挫折体験をくり返してしまう。そうすると自信がもてなくなります。原田氏が述べているとおり「原因」ではなく、あくまでも「リスク要因」です。①から③までの複数のリスクが相乗的に働き、④あるところで、ある引き金をきっかけに、一気に破綻（犯罪）に向かっていく。これが犯罪についての一つ目の考えです。先ほどの、戦後の重大事件六件に当てはめてみたときに、どんなことが言えるでしょうか。

詳細な検討はできませんが、①と②に関する限り、これまでの重大事件の加害者と比べ、植松死刑囚一人がはっきりと異色です。公判で述べられた幼少期から少年期までのプロフィールを見る限りは、取り上げて検討しなければならないような特段の負因が、一見しただけでは見当たりません。しかしあまりに何もなさすぎることが、私の喉に小骨のように刺さるのです。

③については先ほど、経済と戦争という二つの視点からマッピングしておきました。総じて言えることは、経済の変化とともに変容していく社会システムに、どうしてもうまく適応できない、その不適応の軋轢が自己承認の不在となり、それぞれにとっての深い被害感情をつくり、おそらくは自己価値の低減へとつながっていくという筋道が推測されます。④の引き金（トリガー）についても、それ

ぞれに独自のキーワードが浮かびあがるはずです。植松死刑囚については、後ほど検討してみます。

「なぜ友達がいるのに孤独だったのか」——セーフティネットの問題

犯罪が生起するときの二つ目の着眼点は、セーフティネットの問題です。「バケツ理論」と私自身は呼んでいますが（バケツはセーフティネットの比喩です）、どれだけ多くのバケツを持っているか、バケツの数が多ければ、一個や二個のバケツに穴が開いたとしても、他のバケツが水漏れを防いでくれます。全部のバケツに穴が開いたとしても、穴の位置が異なっていれば、少量の水漏れで持ちこたえることができます。

ところがバケツの数が少なければ、小さな穴が致命的な結果をもたらすことになります。すべてのバケツが同時に、同じ場所に穴が開いてしまえば、水漏れは防ぐことができなくなります。バケツの破綻により防げなくなった水漏れ、それが犯罪です。

すでに書いていますが、教育、医療、福祉、それ自体がすでにセーフティネットです。そして家庭（家族との人間関係）、友人・知人のネットワーク。そこで育まれる信頼ときずなも、とても重要です。孤立や孤独の中に置かれ、社会資源にアクセスするツールをもたないことが、大きなリスク要因となることは明らかです。そして経済。貧しさは生活の中からゆとりを奪います。ゆとりが奪われると、問題に対処する力を低下させ、小さなトラブルを事件化させてしまうことになります。

一つのセーフティネットが破綻しても、他に多くのセーフティネットをもっていれば、カバーできますが、生存の条件が過酷な人であるほど、セーフティネットは脆弱になります。犯罪へのハードルは下がるわけです。私たちがさまざまなアクシデントに見舞われながらも犯罪を免れているのは、複数のセーフティネットに守られているからです。

ここでも植松死刑囚は一人異色です。最大のセーフティネットである家庭はそれなりに機能していたようですし、友人関係も一見すると豊富です。鬱病だと騙って生活保護費をかすめ取るくらいの悪しき知恵と、社会資源を使う術をもっています。社会的スキルを欠いていたわけではないし、セーフティネットを破綻させていたわけでもありません。本人の証言や、記者たちの取材記事や、公判資料を見る限りでは、虐待やネグレクトも見られません。

「なぜ友達がいるのに孤独だったのか」。これは中島岳志氏の『秋葉原事件』[*11]の帯に書かれたコピーですが、「エピローグ」では次のように書かれています。

加藤は、リアルな世界のスタート地点で躓（つまず）いた。やはり母という軛（くびき）は大きかった。母からの問答無用の暴力と強制は、彼から言葉を奪っていった。実際、作文を母から検閲・矯正されることで、言葉を奪われた。／だからこそ、加藤は逆説的に言葉に敏感になった。彼が文集で発する言葉はネガティブでありながら、鋭利だった。誰かに届いてほしいという切実さが、文字から滲み出ていた。／しかし、リアルな社会で彼の言葉を受け止めてくれる者は、ほとんどいなかった。そこでは「建前」の言葉のやり取りしか行われず、本当の言葉は誰とも交換できなかった。だから、彼は友達がいるのに孤独だった。（二三〇頁）

自分の言葉を奪われるようにして過ごさなくてはならなかった幼少期。長じてから、必死になって言葉を届けたいとインターネットの掲示板上に立ち上げたスレッド。しかしその言葉を真正面から受け止めてくれる人間の不在。それが加藤死刑囚の生きていた世界でした。「人とのつながり」という重要なセーフティネットを、彼は欠いていたわけです。

加藤死刑囚は、裁判ではほんとうのことを話さなかったといい、被害者の一人は「本人しか知り得ない内面のことを語っていない」と感じて証言台に立ち、「真実を語ってほしい」と語りかけます。かすかにうなずいて聞いていた加藤死刑囚が、最終弁論の後に語った言葉は、「**いまは事件を起こすべきではなかったと後悔し、反省しています。遺族と被害者の方には申し訳なく思っています。以上です**」。これだけだったと言います。

植松死刑囚は、接見でも公判でも、自分の考えを得意げに、雄弁に語り続けました。しかし私は、植松聖は大事なことを話していない、と感じ続けていました。「友達と一緒にいる時間はほんとうに充実していたのか、虚しさはなかったのか」「自分のことをもっと認めてほしいと感じていたのではないか」。このような自身の真情については、ほとんど語っていないのです。自分と真正面から向き合うことを避け続けるように、大麻がどうしたとか、障害者がどうしたとか、安楽死がどうしたとか、そんなことばかり喋り続けました。裁判がそれを求めていたという事情があるにせよ、それは、ほんとうに彼が語りたかったことでしょうか。私も中島氏に倣って「植松聖は友達や彼女がいたのになぜ孤独だったのか」、と問いかけたい気持ちを強くしています。

早い時期から私は、植松死刑囚の言葉を「真に受けてはいけない」と感じてきたのですが、今言ったように、不必要なことを過剰に話しすぎるし、大事なことは語っていない、語ろうとしないという事情を感知していたことによります。そして話していない最大のものが、なぜ「疲れ切った母親の表情」が、彼の心の真ん中に居座っているのか、「長年育てた母親を思うといたたまれなくなる」のか、ということに他なりませんでした。以上が私のもつ「仮説1」です。まとめます。

仮説1　植松死刑囚は重要なことを話していない。不必要なことを語りすぎるし、重要なことは話さないという傾向が見える。したがって彼の語ることを真に受けてはいけない。何らかの「裏読み」や「深読み」が必要になる。

注

1　永山則夫『捨て子ごっこ』（河出書房新社、一九八七年）

2　安田好弘『死刑弁護人　生きるという権利』（講談社＋α文庫、二〇〇八年）

3　佐木隆三『宮崎勤裁判（上）』（朝日新聞社、一九九一年）、『同（中）』（一九九七年）、『同（下）』（一九九七年）上巻の帯には「連載同時進行ドキュメント」とコピーが付されています。記述はまさに詳細を極めますが、その過半が精神状態と精神病理をめぐる内容に割かれています。

4　宅間守元死刑囚については、鑑定を担当した岡江晃医師による『宅間守精神鑑定書』（亜紀書房、二〇一三年）があります。また私たちの勉強会に岡江氏をお招きし、著書を中心とした勉強会の機会をもたせていただきました。詳細は、『飢餓陣営せれくしょん2　『宅間守精神鑑定書』を読む』（言視舎、二〇一四年）に収録しています。闘病中だったにもかかわらず、岡江氏は上京し講演と質疑応答に応じてくださいました。

5　『解＋』（批評社、二〇一三年）、『東拘永夜抄』（批評社、二〇一四年）、『殺人予防』（批評社、二〇一四年）

6　藤森克彦『単身急増社会の衝撃』（日本経済新聞出版社、二〇一〇年）

7　この他に少年事件の系譜と、あさま山荘事件やオウム真理教事件など、〝国家への叛乱〟を目論んだ政治主題が前景化する系譜がありますが、ここでは割愛しました。

8　笠井潔『例外社会』（朝日新聞出版、二〇〇九年）

9　原田隆之『入門　犯罪心理学』（ちくま新書、二〇一五年）

10　佐藤幹夫『裁かれた罪　裁けなかった「こころ」』（岩波書店、二〇〇七年）

11　中島岳志『秋葉原事件　加藤智大の軌跡』（朝日新聞出版、二〇一一年）

第八章　「植松聖」が語らなかったこと

1　二人の「植松聖」

植松死刑囚の生育歴から――どう変わっていったのか

第一二回公判で裁判所の依頼で鑑定にあたった大澤達也医師（都立松沢病院）が生育歴をまとめており、ここではそれを参照してみます。とくに私が注目するのは、高校を卒業した以降の変化です。（以下、太字部分は裁判資料からの引用です）

誕生から小学生まで。幼少期、発達の遅れは見られず、コミュニケーション力は年齢相応だった。小学生の頃には注意怠慢や、こだわりの強さはあったが大きな問題ではなかった。家族とは穏やかに過ごし、小学生までは明らかな問題は認められない。

中学生。タバコや万引き、飲酒などに手を染め、不良仲間との交流が始まったが、仲間内では真面目な人間と見られていて、反社会的行動や大きな逸脱行動はなかった。親や教師に反発して窓ガラスを割ったりしたが、こうした行為は次第になくなっていった。

高校時代。バスケット部の後輩部員を殴ってケガをさせて停学になったが、繰り返すことはなかった。当時のことを被告人は「目立ちたがりの、ただのバカだった」と表現していた。中学高校時代には女子生徒と交際していて、中学で二人、高校で二人と付き合い、性体験もあった。

「調書によれば、中高時代の知人による人物評価は、肯定的なものと否定的なものがあります。肯定的なものでは明るくて社交的、ムードメーカー、優しくて真面目。否定的な意見は、自分の意見を曲げない、切れやすい、人を見下すナルシスト。高校までは病的な逸脱行動はなく、環境に適応していいます。しかし行動に問題がないとは言えず、やんちゃな様子が認められ、不良とされる友人との親和性を深めています」（傍線は引用者、以下同）

大学時代はサボらずに講義に出席し、単位を取得している。学童保育でのアルバイトも体験している。大学二年のときに飲み会中心のサークルに入り、この頃から服装が派手になっていく。「クラブに行き、出会い系サイトを利用して盛んに女性と交流するようになります。入れ墨をし、脱法ハーブや麻雀などの賭け事を始めます。大学時代の友人は、自分より格上の人間を敬い〔交際女性は「目上の人にはぺこぺこしていた」と証言しています〕、強い影響を受けるようになります。快楽的考えが強まり、それに基づいた行動が優先になり、就労後も続きました」。

社会人時代。運送会社に就職し、当初は問題がなかったが、次第に変わっていった。入れ墨を増やし、運送会社を辞め、入れ墨を彫る勉強を始める。師匠の許可なく勝手に彫り師として仕事をし、激しく叱責される。「脱法ハーブから大麻に切り替え、それが常用となり、街でけんかをしたり、赤信号を無視して猛スピードで暴走したりして、反則切符六点をとられたこともあります」

女性との交際も逸脱し、奔放になり、中学高校時代に見られた親和的交流は姿を潜めます。「金儲けを意識するようになり、出会い系で会った女性を無理やりＡＶに出演させようとしたり、交際していた女性が大麻を理由に別れようとすると、これまで費やした金銭を支払うよう求め、誓約書を書かせ、読み上げて録音したりしました。このような反社会的行動が見られるようになり、高校の友人は、年を追うごとに素行が悪くなっていったと証言しています」

しかし一方、教員になりたいという希望をもち、小学校教員の免許状が取得できる大学の学部に入学した。学校や施設での実習を体験しており、子どもたちの評判も悪くなかった。

人が変わったように激変し、激怒する

こうした植松死刑囚の特徴に、東洋英和女学院大学教授で精神科医師の山田和夫氏はＡＤＨＤの可能性を疑っています。[*1] 幼少期から抑えられない衝動性があり、多動傾向が見られ、落ち着かない、親や友達に対して暴力的な面が見られた、などの点を指摘しています。おっちょこちょいだけれども、明るくて人気がある。易怒性と診断されたことや、法廷で激変した様子を紹介しましたが、この点も当てはまります。私の見立てでも、注意欠陥や、多動な傾向があるという指摘のほうがフィットします。

年齢が上がるにつれて、「裏の顔」が強くなっていきます。素行の悪さ、たとえば金銭のために女

性をAVに出演させようとしたり、誓約書を書かせて金銭を取ろうとしたり、女性を徹底して利用しようとする。手段を択ばない。まるでやくざの手口です。表裏のギャップなど誰でも持つものですが、その振幅が大きくなっていくのです。さらに「切れやすさ」を示す傍証として、神奈川新聞にこんな記事がありました。被害者遺族の男性と記者が、横浜拘置所に面会に行った時のものです（二〇二〇年二月一四日）。

「あなたに死刑宣告しようと思っている」／4畳ほどの空間。2人はアクリル板越しに対峙した。植松の表情がこわばる。敬語も突如、ぞんざいな語調に転じた。「どうでもいい」。吐き捨てると、あごを突き出し、眉間にしわを寄せ、男性をにらみつけた。／男性はひるまない。「世の中なめてるよ」／植松は「はいはい」。射るような眼差しが一層、鋭くなる。／男性は気丈だ。「文句を言ってるんじゃない」／「上等だ。てめえ」。植松は震えた。「黙って聞いてればよ。くせぇ演技に飽き飽きしてんだよ」／わずかな沈黙があった

こうした面はほとんど注目されませんでしたが、重要な記録だと私は思います。突如として態度も言葉も激変させる植松死刑囚。人を見下す一方、目上の人間にはぺこぺことへつらう傾向。人目が気になり、見た目が何よりも大事であり、美しくなるためには整形が必要だと考える外観最優先（ルッキズム）。

彼がよしとする「美」の基準に、重度の障害者が合致するかといえば、そういうわけにはいかない

でしょう。彼の「美」の基準からすれば真逆のはずです。自分より格上の存在にへつらう人間が、格下だと見なした人間に対してどんな態度に出るか。気に入らないことがあると、突然、態度を一変させて凄んでくる、恫喝してくる、そんな「植松聖」という一面を、利用者たちに見せなかったということは、およそ考えられません。

「障害者はかわいい」という言葉は、メディアの多くにあって、好意的に受け取られていたようでしたが、私は逆の印象をもっていました。自分が日々接している利用者たちが、彼のなかでは「かわいい／かわいくない」と二分されていたわけです。人間相手の仕事ですから、相性の「合う／合わない」はどうしても生じます。だからといって簡単にそれを口にしてしまう無防備さは、支援のプロとしていかがなものか。「かわいくない」利用者への支援はおざなりにするのか。「かわいい」という感情は、ちょっとしたことをきっかけにいつでも負の感情に転じていく。そんなことを感じるのです。私は支援者としての未熟さを表す言葉だと受け取ってきました。

比喩として言えば、上半身に彫った入れ墨は「素行の悪さ」や、突如として激怒する「植松聖」という「裏」の顔を象徴しています。身体に彫り込んだ入れ墨をウェットスーツで隠し、職員として「猫を被り」ながら勤務を続けようとした「植松聖」は「表」の顔です。

この「両極の二面性」が、最後まで事件について回る特徴であり、重要なポイントではないか、と私は考えてきました。どちらがほんとうでどちらが嘘かということではなく、二人ともに「植松聖」です。「お調子者のさと君」から、卑劣で酷薄で暴力的な「植松聖」への変容は、おそらくはスイッチ一つで行われるのであり、このあたりに事件の重要な問題に迫るカギがありそうなのです。

第六章で見てきたように、医師たちは、病前性格との関連を指摘し、薬物の使用によってもともとの性格が前面に表れてくるケースがある、と述べていました。見下しとへつらい、美への憧憬と醜への嫌悪、他人の眼への過度の関心、切れやすさ、快楽を優先させる刹那性。この大きな二面性は、先の図式（二四〇頁）の、①と②が相乗的に働くことで作られていった彼の性格だと考えられます。

重度障害者が「かわいい」から「生きている価値がない」と変貌していったのは、ある時を境に急激に変わったというよりも、もともと彼のなかにあった資質や性格が前面に出てきた、そのような変容ではなかったでしょうか。以上のことから、「仮説2」は次のようになります。

仮説2　彼には振幅の大きな二面性がある。一つは、切れやすく、暴力に親和性の高い「植松聖」。もう一つは気のいい「さと君」。切れやすく、暴力に親和性の高い「植松聖」は、津久井やまゆり園勤務中にも日常的に現れていた。

2　トリガー（引き金）としての「施設」

「かわいい」から「生きている価値がない」へ

公判資料の記述から、さらに時系列に沿って特徴的な事柄を拾っていきます。

【平成二六年～二七年】

世界情勢や経済に興味をもつようになる。テレビでイルミナティカードを知り、予言があたっていることがわかり、興味をもった。二七年秋頃から「障害者は生きている意味がない。税金の無駄」という発言をするようになった。同年の暮れになると、「障害者は税金の無駄。死んだほうがいい。殺したほうがいい」と発言するようになった。

【平成二八年一～二月】

「障害者を俺が殺す」「革命を起こす」と話すようになり、二月頃には夜間の見守りの仕事中にも同様の発言をするようになった。「イスラム国のニュースを見て、障害者は殺したほうがいいと気づいた」と話す。二月一五日には、衆議院議長宛てに手紙を渡す。その直後に、措置入院となる。退院後、交際女性と映画を観て、「これだよ、意思疎通をとれるのが人間だよ」と発言した。

【平成二八年六～七月】

知人らに考えを話すことはなくなった。一方、大麻仲間には計画について話して、協力を求めるなどしていた。人に合わせて振る舞いを変えていた。

さて、このように発言をエスカレートさせていく要因（先ほどの式では、③の社会的要因と、④の引き金となる出来事にまたがる部分です）は、判決でも触れられていたように施設での勤務経験だったと私も思います。では、津久井やまゆり園は、植松死刑囚にとってどのような場所だったのか。

検察官によって、津久井やまゆり園で働くようになって、どんなことに驚いたかと尋ねられた際、こんなふうに答えています。

「入浴中、大の大人が裸で走り回っていたので、見たことのない景色だと思い、驚きました。自分で排泄できない方がこんなにいることにも驚きました」

この後のやり取りは、食事や先輩職員たちの話題に移っていきます。当時の津久井やまゆり園のケアがどんなものかを示す重要なところなので、一問一答で示します。

被告人：重たい障害者の人は、どろどろした液状の、ひどい飯を食べてるなと思いました。
検察官：職員について、思ったり感じたり驚いたりしたことはありますか。
被告人：感覚がずれてしまうのかなと思いました。利用者を人間として扱えなくなってしまう。
検察官：具体的に見聞きしたことはありますか。
被告人：命令口調で、普通の人に話すのとは違い、人に接する口調ではなくなってしまうと思いました。人として扱っていない。
検察官：職員が手を出してしまうことはありましたか。
被告人：食事ですけれども、流動食を、職員が流し込むようにしていて、人に食べさせる状況ではありませんでした。人間扱いしていないと思いました。
検察官：職員が暴力をふるっているのを見たことはありますか。
被告人：聞いたことはあります。
検察官：何か職員と話したことがありますか。
被告人：自分ははじめ暴力はよくないと思っていましたが、二、三年やれば分かるよと言われました。

検察官：二、三年いてどうでしたか。
被告人：やっぱり人じゃないなと思いました。

ここは重要です。そして二つの点に留意する必要がありそうです。一つは、全員がこのように「人間扱いをしていない」職員ばかりではなかったはずで、いい支援をしようと努力していた先輩支援者もいたはずです。しかし彼がモデルとしたのはそうした職員ではなかった。劣悪な対応をする職員のほうだった。

どうしてか。そのほうが「楽」だからです。「利用者の気持ちを汲み取った支援」や、「支持的で受容的な対応はどうあるべきか」というような、面倒なことや難しいことを考えずに済むからです。

もう一つは、とはいえ、彼が述べた「二、三年やれば分かる」ような現実が一方にはあった、劣悪な支援は園全体として是正されないままだった。そのことも間違いないだろうと思います。その結果が次のようになります。引用を続けます。

検察官：暴力をふるったことはありますか。
被告人：無駄な暴力をふるったことはありません。
検察官：無駄じゃない暴力とはどんなものですか。
被告人：しつけだと思ってふるったことはあります。
検察官：しつけだと思ってふるったのはなぜですか。

被告人：甘やかしてしまうと、自分で食べるよう促しても食べなくなってしまうからです。
検察官：あなたはどうしましたか。
被告人：鼻先をこづきました。
検察官：食べようとしないから鼻先をこづいたのですか。
被告人：はい。犬も鼻先をこづいてしつけましたので。
検察官：動物のしつけと一緒ですか。
被告人：はい。

論評にも値しない最低の見解が述べられているのですが、次の点は指摘しておきます。ここでは重度の障害者がモノ化あるいは動物視されているのですが、植松死刑囚が女性を、金銭を引き出す対象としてモノ化していたことは指摘しました。これは彼の個人的側面という必要条件です。

次に十分条件。事件当時、やまゆり園の入居者だった平野和己さんの父親の泰史さん（第二章）は、早い時期から「複数の利用者を一室にとどめておいて何もしない（させない）日中支援」の在り方や、不適切・不衛生な居室環境についての告発を続けてきました。神奈川県が立ち上げた「利用者支援検証委員会」による「中間報告書」が二〇二〇年五月にまとめられたのですが、そこには、これを裏付けるような記述が見られました。

（略）24時間の居室施錠を長期間にわたり行っていた事例などが確認された。この事例から、一

部の利用者を中心に、「虐待」の疑いが極めて強い行為が、長期間にわたって行われていたことが確認された。

身体拘束その他利用者の行動を制限する行為は、利用者又は他の利用者の生命又身体を保護するため緊急やむを得ない場合を除き、行ってはならないが、単に利用者の見守りが困難なことを理由として、身体拘束を行っていた事例が確認された。

不適切な支援が長期間にわたって行われていた疑いが強い、と指摘されているわけです。見えないところで手荒に扱う、乱暴で侮蔑的な言葉がけが常態化している、非人間的な方法で食事や排泄の介護をする。居室を施錠する。よほど注意しなければ、施設（や職員）がもってしまう裏の面です。あるいはケアというものがもつ負の側面です。利用者に対する先輩職員のかかわりがそのようなものであったなら、水が染み込むように新人職員たちは真似ていくはずです。支援者としての最初の出発をどのような職場から始めていくかはとても重要で、そこで支援観や障害者観の基本が作られる、それくらいの影響力をもちます。

そして施設支援のこうした事態は、支援者の個人的資質にはとどまらない問題があります。どうしてもできてしまうブラックボックス、生活の管理と規律化、つまり「支援する－される」という関係の非対称性の固定化。虐待や暴力の温床はいつでも、簡単にできあがります。多くの施設から虐待がなくならないゆえんです。施設一般が持ってしまう支配的側面と、植松死刑囚が指摘していた津久井やまゆり園の支援が持ってしまった負の側面。これが十分条件です。

こうした諸々は事件の解明にとって重要なテーマのはずでしたが、裁判ではいずれも不問に付されました。津久井やまゆり園の側からも、自分たちがどういう支援観に基づき、どんな支援を心掛けていたかという証言はありませんでした。それは津久井やまゆり園とかながわ共同会にとっては社会的責務のはずです。しかし私の知る限り、ついに、納得できる説明はなされないままでした。

ここまでの分析から、「仮説3」は次のようになります。

仮説3　植松死刑囚は「障害者はかわいい」と言いながらも、三年も経ないうちに支援観も支援スキルも、ともに疎かにしたまま、指示や命令、体罰をよしとする劣悪な支援者となっていった。当時の津久井やまゆり園には、そうした土壌が改善されないまま残り続けていた。

利用者は彼を信頼していたのか――不本意な屈辱

いよいよ最後の「④引き金となる出来事」そのものについての考察になります。

ここからの仮説は、わずかな裏付け証言はあるものの、植松死刑囚が述べていた発言内容を真っ向否定し、その反対となる事実を仮定する、ということとなります。お前の憶断ではないかと受け取られかねないところですが、最初に結論となる「仮説4」を書いておきたいと思います。

仮説4　劣悪な支援者だった植松死刑囚は、当然ながら利用者との信頼関係を作ることはできなかった。むしろ反抗され、拒否され、自分がもっとも「格下」だと見ていた利用者からも相手にされない事態の中で孤立していった。そのことは、不本意で大きな屈辱となった。

私が事件直後に書いた、「重度知的障害者とはどんな存在か」という趣旨でブログに書いた文章は、第二章ですでに再録しています。この時点では情報が足りなかったために明言を避けていますが、「支援者としての腕は最低、利用者たちとの関係は最悪、職場環境もおそらく劣悪」、これが最初の直感でした。そうでなければ、「重度障害者は生きている意味がない」と考え、実行するような人間が、支援現場から現れるなどということは、およそ考えられないことだからです。

ここまで引いてきた発言を見れば、「動物のしつけ」という植松死刑囚の言葉からは、少なくとも良好な信頼関係を築いていなかった、築けなかった、ということが一目瞭然です。このような支援者に、利用者たちが心を開くということはおよそ考えられません。信頼されるわけはありません。

くり返しますが、どんなに寝たきりの重度の人であっても、この介護者は嫌いだ、気に入らないと思ったら、徹底して反抗します。言葉で訴えることはできなくとも、あの手この手で抗ってきます。三年、五年、少し身を入れてケアをした支援者なら、重度の人は何もできない、重い知的障害のある人だから何も分からない、などと考えるのは大間違いだということは理解されるはずです。

彼は、津久井やまゆり園の仕事は楽しかった、辛くはなかった、だから楽だったと、二〇一七年一〇月一九日の、『創』編集長の篠田博之氏との接見の際に述べていました。[*2]

「（障害者施設の仕事は大変だと思うけど？）大変と捉えるかどうかは人によって違うと思いますが、**私はそう思ったことはありません。むしろ楽な仕事だと思っています**」「（待遇には不満はなかった？）**全くありません。むしろ障害者施設の中では働きやすいところだったと思います。例えば「見守り」**

という仕事があるのですが、本当に見ているだけですから」「(いうことを聞いてくれない障害者もいたのでは?)もちろんいました。でも暴れたときには押さえつけるだけですから」

「大変だと思ったことはない」。これに類したことはその他でも語られ、これが植松死刑囚の「本音」だろうと受け取られてきました。しかし一方では次のような報告もあります。初公判の後に接見に行った佐々木隆志氏(静岡県立短期大学教授)が、共同通信に寄せた記事の中の一文です(「識者評論　相模原殺傷事件公判」二〇二〇年一月一二日)。

「接見した際、かれは「目立ちたいからやった」と話したが、私が「やまゆり園の職員にならなければ、事件を起こさなかったんじゃないか」と聞くと彼は「120%そうです」と答えた。/障害者の世話をする仕事は重労働で、つらい思いを経験したという。その割に感謝もされず、報われない」(傍線部の強調は引用者)

彼は肝心なことを隠している。仮説1でそう書きました。口が裂けても二度と言わないでしょうが、記事の傍線部分が彼の本音だったはずです。少なくとも、信頼されていない相手への支援が、やることが拒否されているばかりの支援が、楽しいわけはありません。短い記述ですが、そのことが分かります。「重労働で辛かった。生きていないほうがいいと思った。だから殺した」。こんな説明は、彼には格好の悪い、ダサいことこの上ないものだったはずです。絶対に否定しなくてはならなかった。

仮説1から4までを思い起こしてください。植松死刑囚にとって、利用者たちに反抗されることは何よりも屈辱だった。腹立たしさが募り、エスカレートし、やがて憎しみに転じていく。「こいつらは、いないほうがいい」という排除の感情に直結する。そこから次のような自己合理化が始まります。非は自分にはない、話の通じないこいつらが悪い、言っても分からないこんな人間は生きていても意味がない。もし彼が、自分は役に立っていない、承認されていないと感じていたとするならば、こうした自己合理化は一気にエスカレートしていったはずです。

仮説5　重度障害者の世話は重労働で、辛いことが多かった。うまくできないために、利用者に反抗され、離反されるようになった。そのことによって、こいつらはいないほうがいい、排除したほうがいいという強い負の心理が形成された。一度生じたその心理は、どんどん自己合理化されていった。

「重度障害者こそが世界を不幸に陥れている」

先述したように、植松死刑囚にとって、「障害者に相手にされなかった、舐められたので頭にきた、こいつらをなんとかしてやる」などというストーリーほど「格好悪い」ものはないでしょう。彼には絶対に認めたくないものだったはずです。

先ほどの篠田編集長とのやり取りは次のように続きます。「(仕事自体に疑問を持ったわけではない?)はい、**そういうことは全くありません。ただ彼らを見ているうちに、生きている意味があるのかと思うようになったのです。それは現実を見ていればわかることだと思います**」。屈辱のストーリーは、こんなふうに合理化のストーリーへと転じていきます。「生きていることに意味があるのか」と存在の否定に向かう合理化は、さらに社会的な意味を求め始めます。

……自分たちはなぜこのように、将来に夢も展望ももてないような不安な状態に置かれているのか。

これは経済がよくならず、国に膨大な借金があるからだ。にもかかわらず、高齢者や障害者に莫大な税金が無駄に使われている。貧困問題は世界中に広がり、このことは戦争の原因になっている。障害者に無駄な税金が使われなくなれば、貧困の問題は解消し、戦争も解決する。これが世界の指導者たちの本音だ。しかし誰もそれを口にしない。建て前ばかり言っている。トランプ大統領は偉い。本音を言っている。世界は建前と本音でできている。それが世界の秘密だ。そのことに自分は気づいた。気づいたからには、あとは実行に移すだけだ。こうしてテロリズムの心性が一気に解き放たれていった。

ここにイルミナティカードが現れます。……イルミナティこそまさに本音の世界、真実の世界だ。この真実の世界では、「植松聖」は真実を世に知らしめる革命の戦士だという。自分は選ばれている。世界に平和をもたらすという使命をもっている。総理大臣の許可があれば、いつでも実行に移すことができる。……そう考えて手紙を届けに行きます。しかし待っていたのは措置入院という回答（現実）でした。

おそらく彼は、ここで二つのヒントを得ます。一つは、こんな「本音」を触れ回っていると、そのスジにいつ命を奪われるか分からないし、こんなふうに病院に拘束されるかもしれない。実行は早くなくてはならない、そんな判断になっていった。

二つ目は、なぜ措置入院になったか、ここで植松死刑囚の自己合理化は大きく飛躍します。実行すると決断したならば、単独で行動してほしい、作戦計画を考える時間をやる、措置入院は政府からのそういうメッセージだったと受け止めた。こんなふうに、合理化の心理はもはや止めようがなくなってしまった。したがってここでの仮説は次のようになります。

仮説6 「重度障害者は生きていても意味がない」という自己合理化された心理は、それをさらに根拠づけるために社会的な意味を求めていった。障害者にかかる莫大な費用は経済不況のもとになっており、不況は戦争を招く。重度障害者は世界を不幸に陥れている元凶であり、これが世界の「真実」である。これを是正するために、自分は単独行動を起こす。自分は選ばれた存在だ。

最後の存在証明

くり返します。彼は公判で、どうしてこんなことを実行したのかと問われ、「気づいたからだ」と答え、それ以上の説明はしませんでした（できませんでした）。何に気づいたのか。世の中にはおよそ役に立たない「建前」と、その裏には誰もが隠しもつ「本音」がある。福祉などというのは建前の極みであり、偽善そのものであり、嘘にすぎない。しかしトランプは力と金をフルに使ってアメリカ大統領にまで登りつめた。彼は「本音」で世界と相渡っている。だから自分はトランプ大統領を尊敬する。「本音」は、隠してきた自分のもう一つの顔にフィットしている、もう隠す必要はない、あの冷徹で無慈悲な「植松聖」はもう解放してよい。むしろそれこそが社会の底辺で押しつぶされている人間のためになることだ。そのことに「気づいた」。こうしてテロリズムの心性が一気に解き放たれていった。

もう一つあります。植松被告が何に気づいたのか。犯罪（という暴力）とは本来、統治者の手にある「法」への挑戦であり、侵害です。法と秩序の破壊という意味をおのずと孕むものなのですが、植松被告にあってはそのようには意識されていません。「法に対する挑戦の暴力」ではなく、逆に、「統治者との共犯の暴力」だと意識されているらしいことです。それを解き明かすのが、彼が書いた手紙です。

彼が敵とした「生産性のない人間・重度知的障害者」に対し、政治は、さまざまな美辞麗句のもとでつくろっているが、それは建前である、本音は、彼ら政治家にとっても「邪魔者」以外の何者でもないと見なされている。そのことに自分は「気づいた」。トランプもプーチンも、安倍晋三も「いいね」をくれるはずだ。

最初から最後まで、あの手紙にはそのような確信が漲っています。「気づいた証」が、あの手紙です。

まとめます。植松死刑囚の凄まじい殺意はどこからきているのか。それは次の三つです。

一つ目、個人的怨恨。やまゆり園の利用者たちから受けた屈辱の大きさと、それを反転させた怒りと憎悪の大きさ。被害感情が転じた攻撃感情。

二つ目、社会的転嫁。理不尽な格差によって困窮を強いられ、食い潰されていく社会的承認の欠如は誰のせいか。重度障害者に無駄な税金が使われているからに他ならない。

社会に氾濫するヘイトスピーチや、いじめ、障害者差別などの、他責と他罰の渦巻きを、自分の心にため込んでいった。そうした発信に対するネット上の共感者と同調者の存在は、彼の考えをさらに強化し、憎しみを煽り立てていった。

三つ目、使命感と確信。自分は統治者と共通の敵を戦うことを託されたという使命感が、イルミナティへの没入とともに、彼のもとに流れ込んでいった。「選ばれた戦士」であることを為政者によって認められたという確信。

この三つの道筋が想定されます。したがって「仮説7」は次のようになります。

仮説7　統治者と共通の敵を戦うことを、自分は使命として担わされた。その確信とともに彼の中の精神的空洞（空虚）に、障害者や弱者に対する悪意と憎悪が流れ込んでいった。最後の後押しのように陰謀論への没入があった。

3　三人目の植松聖――「つながりたいのにつながれなかった？」

「いのちの重さ」をどこで知るのか

私のもともとの構想では、仮説的にこうした心理過程を描き、糾弾し、植松聖（たち）を批判して終わるはずでした。しかしその他罰と攻撃に至るプロセスに関して、孤独、満たされない承認欲求、低い自己肯定感、そうした心理的要因が無視できないものであることも確認してきました。

おっちょこちょいだけど「気のいいさと君」、その裏側にある、切れやすくて暴力的な「植松聖」。この激しい二面性が彼の本質であると指摘し、そこに事件のカギを見出したつもりでした。しかし今、少しだけ修正を加えたほうがいいと感じています。

松本俊彦医師の『薬物依存症』[*3]に、次のような記述があります。

つまり、人が薬物に手を出すのもまた、多くの場合、「つながり」を得るためなのです。実際、薬物を使うことによってある集団から仲間として見なされたり、大切な人との絆が深まったり、あるいは、薬物の効果によって一時的に緊張感や不安感がやわらぎ、ずっと悩んでいた劣等感が解消された気になって、苦手な人づきあいが可能となったりします。その結果、その人は「つながり」を手に入れるわけです。

思うに、薬物使用が本人にもたらす最初の報酬とは、快感のような薬理学的効果ではなく、関係性という社会的効果です。そして、忘れてならないのは、違法な薬物を使ってでも人とつながりたいと願う人は、それほどまで強く、「自分にはどこにも居場所がない」「誰からも必要とされていない」という痛みを伴う感覚に苛(さいな)まれ、あるいは、人との「つながり」から孤立している可能性がある、ということです。（一八‐一九頁）

もし松本医師のこの指摘が、植松死刑囚にいくらかなりとも当てはまるものであるならば、ここに、「気のいいさと君」「アコギで切れやすい植松聖」に加え、もう一人、「居場所がない」「誰からも必要とされていない」と感じ、「孤立のなかで、人とのつながりを求めてやまない」三人目の「植松聖」が姿を現すことになります。言うまでもないことですが、こう書いたからといって、同情するとか、彼への批判を緩めるということではありません。

改めて公判を振り返ると、大麻精神障害であるという主張はなされました、しかし、なぜ彼が大麻などの違法薬物に手を染めるようになったか、その点はまったく問われませんでした。また、反社会性パーソナリティ障害という見立て（診断）のもと、長じてからの非行性や暴力性は述べられましたが、それ以上の説明はなされませんでした。現行の刑事裁判を舞台とした論議としては、どうしてもこういう形を取らざるを得ないのかもしれません。

しかし、この事件のもっとも根底にあるテーマは、「なぜ植松聖死刑囚は、これほどまで命を軽んじてしまうことになったのか」、その点にこそあるのではないか。仮説を積み上げながら、私は少しずつそのように考え始めています。そして、もう少し補足するならば彼が、命には優劣がある、生きている価値のない命があるという優生思想や差別思想をもったから、あれほど人命を軽んじるような事件を引き起こしたのだというだけでは、説明がつかないものがあると感じるのです。なぜなら、そのような考えをもつ人間は他にもゴマンといるからです。

ということは、そもそも植松聖という存在は、優生思想がどうしたという以前に、「人の命」をその程度のものとしか受け止めてこなかったのであり、ひいては、自分の命さえもが文字どおり「鴻毛より軽し」と感じられていたという、もう一つの条件が必要になるのではないか。

これが「仮説8」になります。

仮説8　植松聖は、「人の命」も「自分の命」も、何よりもかけがえのないものだという手ごたえをもってはいなかった。そのように感じることができずにいた。

では「命の重さ」をどこで知るのか。

難題ですが、おそらくそれは、学校の教育や道徳や何やらで、教えられて身に付くようなものではないだろうと思います。また頭のなかに宿る抽象的な観念ではなく、他者とともに生きて存在している、という実質（手ごたえ）と不可分のものではないかと私は考えるのです。

おそらくその実質の重要な一つが、松本医師が指摘する「つながり」の手ごたえです。関係から与えられる承認と、社会から与えられる承認。人と社会によって自分の存在が認められる。受け入れられる。自分も相手の「命の重さ」を受け入れているという相互承認。「いのちの重さ」を知るのは、それがあってこそではないか。

本書の冒頭で、「植松聖はなぜ自殺をしないのか」と問いました。自殺にはさまざまな理由があるでしょうから、迂闊な言説は慎まなければならないのですが、私がそこでたとえたのは、戦場で戦った兵士たちは、帰還後、なぜ死ぬほど苦しむのか。まともな社会生活を営むことができないほどのダメージを人格に受け、なぜ自ら命を絶つ帰還兵が後を絶たないのかという問いでした。こうした問いをもっていたからこそ、一見、なんのダメージも受けずにいる植松死刑囚が私には不思議に思えたのです。

帰還兵がなぜ苦しむのかといえば、それは、人の命がいかにかけがえのないものであるか、身をもって思い知ればこそでしょう。戦争マシーンとして作り上げられていくことは、「人の命の重さ」という社会的に作り上げられてきた相互承認のシステムを破壊し、命などなにほどのものでもないような人間へと変貌させられることです。「人の命など軽いものだ」と考えている人間は、人の死に苦しまない。苦しまなければ、自殺などしようとはしないでしょう。

植松聖が語らなかったこと

松本俊彦医師はさらに次のようなことも書いています。医師自身が中学生の頃、同級生の中の一人が有機溶剤（シンナー）に手を染めていた、といい、彼は過酷な養育環境に置かれており、教室でも落ち着かず、教員からも体罰や叱責がくり返されていた、と紹介した後の文章です。

海外の研究では、子どもが将来、薬物を乱用することを予測する危険因子として、以下のものが同定されています。それは、幼少期の虐待やネグレクトの体験、小学校就学前の多動傾向、学校でのいじめ被害、学校生活における達成感の乏しさ、両親の不和、親のアルコール・薬物問題などです。（略）彼らは周囲から直接的もしくは間接的な暴力を受け、大人たちの都合に振り回され、無視される体験を通じて、くりかえし自分の存在を否定される体験をしています。（六四頁）

松本医師の『薬物依存症』がなぜ私に強い印象を残したかといえば、「薬物依存は孤独がもたらす関係の病である」と、薬物依存へのイメージをまったく変えてしまったこと。そして「必要なことは刑罰ではなく、社会に居場所を見つけ、つながりを取り戻していくことである」という支援の筋道をはっきりと打ち出したことでした。いわば薬物依存症者に対するイメージにコペルニクス的転回を与え、文字どおり、排除ではなく社会的包摂をという方向を示してみせたこと、そのことによります。

とはいえ最初から、植松死刑囚と「孤立」の問題が結びついていたわけではありません。「人とつながれない人間」というイメージも、どうしても重なりませんでした。むしろ逆です。越権を承知であえてレッテルを貼れば、「あまりに社交的なＡＤＨＤ」です。

しかしまた一方で、「疲れ切った母親の表情」という発言が気になってきました。これも冒頭に書いたとおりです。事件のキーワードであり、重要なシグナルなのではないかとひそかに考えてきたのです。

ところが、松本医師が指摘しているような「否定される体験」は、一切確認されていません。本人は触れないでほしいと言っています。そうするとここに、難しい倫理問題が生じることになります。無差別殺傷の加害者といえども、本人や家族のプライバシーを暴くことは許されるのか。事件の背景に深く迫るためには、生育歴、家族関係などについての情報が必要になります。それは詳しいものであればあるほど望ましい。しかし本人が拒んでいるとき、それはどこまでなら許容されるのか。

一方では加害者家族の多くが破綻する、という現実があります。宮﨑勤の父、加藤智大の弟のように、自ら命を絶つ者も出ます。なぜ「気のいいさと君」が、高校卒業後、転げ落ちるようにして大麻に深入りし、「素行が悪く」なっていったのか。なぜ本人を一人残し、両親は離れて暮らすようになったのか。ここにも家族関係の、なんらかの要因が働いているのではないか。そんなことを考えさせるのですが、この問いも封印されました。

確認される事実はない、本人も望んでいない、それなのに推測を重ねていくのは、やはり越権行為です。したがって私の仮説は、「植松聖は、「人の命」も「自分の命」もかけがえのないものだとは思っていなかった」というところで止めておいたほうがよさそうです。

しかし、次のことだけは書いておきたいと思います。

この裁判の最大のテーマは「命の重さ」である。人の命が重いと思えなかった植松被告に、そのことをどう伝えるか。そしてそのことは、裁かれる身である植松被告の命も軽んじられるべきではない、それを伝えることに他なりません。我が身の命がどれほど重いか、それを知ることを通してしか、人の命の重さは理解できない。もし、植松被告人の命が軽んじられているような裁判であったとすれば、それは四三名の被害者の命もまた軽んじられていた裁判だった、ということになるのではないでしょうか。

注

1　「山田和夫氏インタビュー「津久井やまゆり園事件の精神医学的考察」」（『飢餓陣営47』二〇一八年七月）。また医師や心理士などの専門職を対象とする『心と社会１６８』（日本精神衛生会編集・発行、二〇一七年）にも、「時評　相模原障害者施設殺傷事件について　精神医学的考察」と題する論文が掲載されています。

2　月刊『創』編集部編『開けられたパンドラの箱　やまゆり園障害者殺傷事件』（創出版、二〇一八年）。

さらに『創』の二〇二一年八月号では、渡辺一史さんが「内部資料が明かす植松死刑囚と津久井やまゆり園の支援の実態」と題し、入浴時に、利用者の一人がてんかん発作で倒れ、その際の処置の報告書（二〇一五年三月）、さらには二〇一四年一一月、利用者がS字結腸捻転を起こして緊急入院をした際の報告書、この二つが新たに発見されたとして、かながわ共同会に一五年以上勤務したというT氏との対談記事を載せています。T氏は、この時の植松死刑囚の対応の的確さを指摘しています。

この資料は重要であり、裁判終了後も粘り強く取材を続けていた渡辺さんならではの、貴重な発見であることは疑いがありません。その上で私の感想を述べるならば、これはマニュアル対応です。新人の施設職員として職場に入ったとき、緊急事故や、発作等の病気を突然発症した場合、人命確保のためにどう対応するか、最初の研修で教え込まれるはずです。彼が事件に際してどれほど入念な準備をし、どんな計画を立てて実行に臨んだかはすでに明らかになっているように、マニュアルを忠実に実行する、周到に計画をして行動する、という彼の能力は高いものがあったことは明らかになっています。

一方、施設という共同生活の場で、複数の、しかも重度と言われる利用者への支援は、マニュアル対応だけでは通用しません。予想外の反応の連続であり、援助者の意に沿わないことも、敵対しうる状況が生じることも珍しくありません。利用者の側に立って意をくみながら、随時対応していかなくてはならないわけです。ケアの現場での臨機応変の対応と、危機時のマニュアル対応とは、まったく別物ではありませんが、やはり性質の異なる種類のものだと私は考えます。現場時代、マニュアル的実行において優秀な人間が、臨機応変を求められる生活支援の場では手も足も出なくなってしまう。そういうケースをいくつも見てきました。このことが一つです。

二つ目は、彼はこうした現場時代のことをすべて封印しています。封印し「障害者は不幸のもとだ」というストーリーに即したことだけで、自身の発言を組み立てています。この記事を読んだとき、「やはり大事なことを語っていなかったのだな」と感じました。

3
松本俊彦『薬物依存症』(ちくま新書、二〇一八年)

第九章　永山則夫と植松聖、それぞれの「母よ！殺すな」問題

1　「殺すな！」という声

植松死刑囚が見る「青い芝の会と永山則夫」

部屋の隅に、ふた山ほど新聞や資料が積まれています。それを整理していると、植松死刑囚からの、A5版一〇枚ほどの手紙のコピーが出てきました。知人がいっとき、植松死刑囚と手紙のやり取りをしていたといい、そのコピーを譲り受けたものです。読み進めていると、なんとそこに「青い芝の会と永山則夫」に触れた件があるのです。これは驚きでした。内容的には例によって独善的きわまりないものですが、おそらくは、植松死刑囚が「青い芝の会と永山則夫」に言及している唯一の資料でしょう。次に引用しておきます。

脳性マヒ者の集い「青い芝の会」が定める行動綱領には、／I．われらは自らが　脳性マヒ者で

あることを自覚する／Ⅱ．われらは強烈な自己主張を行う／Ⅲ．われらは愛と正義を否定する／Ⅳ．われらは問題解決の路を選ばない／Ⅴ．われらは健全者文明を否定する／と明記されております。彼らは社会を憎み呪うことしかできません。／私が事件を起こした動機は、「世界が戦争状態である為」「子どもと女性を守る為」「大金持ちになる為」です／（略）／平成三十年九月十九日

解説を付すのもどうかと思いますが、「青い芝の会」の彼らは世の中を憎んでいるが、自分はそうではない、世界平和を願い、子どもと女性を愛している、世界を肯定しているのだとでも言いたいようです。また永山については次のように書いています。

永山則夫も同様ですが、凶悪犯は親に捨てられたり虐待を受けたケースばかりですから、社会に心があれば死刑は無くなると考えます。しかし、殺人や強姦は再犯率も高く、一度壊れた者は社会で共生できません。／壊れた者を治すのではなく、壊れない社会をつくるべきと考えております。長文を失礼いたしました

永山のような壊れたものを作らない社会を作ることが何よりも大事だ、そう言っています。こんな文章を読まされると、よほど永山の肩をもちたくなります。永山も「いい気なもんだな」と感じさせる文章をたくさん残しています。植松死刑囚が「心失者」などと名づけてさんざん毒づいたように、永山も手記のあちこちで「プチ・ブル知識人」を罵倒しています。彼の著書である『人民をわすれた

カナリアたち』[*1]から引用します。

彼らは、私が中学もろくに出席しないで卒業したという犯罪観へ直結する事実を、それなりに認識してくれてはいるが、それがどういう事態を生むかということを、それぞれ真摯になって考察していない。……基礎のない勉学——幼児期のそれも入る——は、どういうものであるかという現実を。そしてその現実は、何によってつくられ、出現してくるのかということにも、彼ら現代日本の良識を多少とも有するインテリゲンチャは目をつぶっている！（二五二頁、傍線は原文）

最初に読んだときにはちょっとばかり腹立たしさを覚えたこの文章も、一〇数枚に及ぶ植松死刑囚の手紙を読んだ後では、ほほえましさを感じるほどです。それほど植松死刑囚の、独善性、短絡性、共感性の欠如、視野狭窄の「ぶっ飛びぶり」は、群を抜いています。

ともあれ、植松死刑囚がこれほどまでに永山則夫と「青い芝の会」を悪しざまに言うのであれば、せっかくだから引き比べてみたらどうだろうか。そんなことを思いつきました。キーワードは「母よ！殺すな」。これはもちろん、「青い芝の会」から発せられた強烈なメッセージです。文字どおりの、生存をかけた訴えです。それは、植松死刑囚と永山則夫にも、それぞれに特有のかたちでリフレインされているのではないか。そんなことを読み解いてみたいと思います。

永山則夫について

「母よ！殺すな」の発端は次のようなものでした。一九七〇（昭和四五）年五月二九日、横浜市の金沢区で「二人の障害児をもつ母親が下の女の子（当時二歳）をエプロンの紐でしめ殺した」という事件が起きました（第三章で既述）。このとき「青い芝の会」神奈川県連合会を主導する横塚晃一、横田弘の両氏を中心として、激しい抗議運動が引き起こされました。横田、横塚両氏の著書名、『障害者殺しの思想』（現代書館、二〇一五年）と『母よ！殺すな』（生活書院、二〇〇七年）は、まさに抗議の内容そのものの表明です。

子が親に殺される、こんな悲劇はない。しかしここにある悲劇は殺された子どもにとってのそれではない。親にとっての悲劇だとみなされている。だからこそ同情が集まり、減刑嘆願運動までが起きるのだ。自分たちは殺されて当然の存在なのか。至極まっとうな（はずの）こうした主張は当事者にとっても家族にとっても、そして支援者にとっても、驚きと困惑を与えました。しかも母親への判決は「懲役二年、執行猶予三年」という、驚くほど軽いものでした。

事件の二年前の一九六八年、一九歳の永山則夫によるピストル連続射殺事件が起きています。凶行は立て続けに引き起こされていくのですが、その経緯は次のようなものでした。

一九六八年一〇月八日、永山はアメリカ軍横須賀基地に侵入し、ピストルと実弾を盗みます。その銃を使い、一〇月一一日、横浜プリンスホテルでガードマンを射殺。一四日、京都八坂神社で警備員を射殺。二六日、北海道でタクシー運転手を射殺。一一月五日、名古屋市でタクシー運転手を射殺。

そして、翌六九年四月一七日に逮捕。事件は日本中を恐怖に陥れ、しかもその犯人が一九歳の少年だったということで、さらに驚愕をもたらしたといいます。

永山の母親は津軽・板柳町の生まれです。夫（永山の父）とは板柳町で知り合い、結婚するのですが、夫が博打のために作った借金から逃げるように網走に移り、そこで永山は生まれました。夫は出奔、母親は子どもたちを残して板柳町に舞い戻り、幼い永山と兄姉たちが網走に残されます。一年後、五歳のときに母親のもとに引き取られますが、幼少期から中学を卒業して上京するまでに続く、極貧と飢餓、兄たちからくり返されるリンチ、そこから逃げるために常習化する家出、食いつなぐための盗み、教員まで加わってなされるいじめ、登校拒否。これらが、自伝小説である『木橋』[*2]や『捨て子ごっこ』に克明に記録されています。

幼少期から中学時代までの記憶と、そこでの「不良行為」は、集団就職のために上京してから後の永山に、トラウマのように貼りついていました。職にありついても、津軽時代の「評判」が明るみに出ることによって、当初は順調に見えていた生活は挫折。日を経るごとに周囲の人間から疎んじられ、蔑まれ、結局、追い出されるようにして去っていく。多分に永山の被害妄想的なところもあるのですが、そんなことをくり返しているうちに、一九六八年一〇月、最初のピストル射殺事件を引き起こすことになります。

後ほど詳述しますが、最高裁の死刑確定判決まで長くて激烈な裁判闘争が続きました。確定は、逮捕から二一年後の一九九〇年五月八日。ちなみに、ベストセラーとなった『無知の涙』[*3]は逮捕勾留から半年後、間を置かずに書き始められていますが、「捨て子ごっこ」が『文藝』に発表されるのは一九八七年、逮捕から一八年後です。二〇年近い歳月を経て、やっと幼少期の体験を、自身の「心象風景」として表現することができたわけです。

注目されるのは、東京高裁による無期懲役の判決が下されたのが八一年八月であることです。生きることを許された永山は、それを機に、八二年に小説「木橋」「ヘーゲル『大論理学』批判ノート」、八三年に「なぜか、アバシリ」「螺旋」「土提」といった具合に、次々と執筆に手を染めていくようになります。無期懲役の判決があればこそ、これらの作品群が日の目を見ることになったわけです。

なぜ刑の執行を急がなくてはならなかったのか

しかし、九七年八月一日、突然、刑は執行されます。大谷恭子弁護士の『死刑事件弁護人』[*4]には死刑執行が次のように書かれていました。

八月二日午前二時すぎ、突然、刑の執行を告げる連絡が記者から届いた、まったく予期していなかったし、順番からいってももっと先になると考えていた、しかし間違いなく事実だった。驚きとともに大谷弁護士が切望したのはこんなことでした。

「私たちの手で葬式がしたい。せめて五体のまま塀の外に私たちと一緒に出てこさせてあげたかった。いつの面会のときだったか、永山君は、「闘うよ。最後の一人になっても、首に縄をかけられても暴れてみせる」と言っていた」（二三三頁）。また、「彼が暴行されていないかどうかを確かめたかった」といいます。しかし間に合いませんでした。

絶命は八月一日、午前一〇時三九分。遺体は執行後二四時間は荼毘に付してはならないはずですが、その日の一二時には火葬許可を取り、翌二日、午後三時には火葬に付しています。なぜこれほど早まったのか。大谷弁護士はプロローグの最後にこう書きます。「**少年事件だ。あの神戸の少年事件のせいだ。執行が早まったんだ**」（一五頁）。大谷弁護士のみならず、多くの人があまりに突然の執行に驚き、そしてその死を悼みました。

最後の弁護人となった遠藤誠氏は、なぜ死刑が早まったか、二つの理由を推測しています。[*5]「**まず一つは、神戸のいわゆる酒鬼薔薇事件に対する国家権力の、これからは未成年の犯罪に対し死刑を含む厳罰をもって臨むのだという、いわばデモンストレーション的意思表示のスケープゴートとして、順番を乱して永山君を殺したということ**」（一一八頁）。もう一つは、永山が遠藤弁護士に宛てて、再審請求をする上で相談したい旨の手紙を書いていたこと。手紙はすべて検閲されるので、管轄の法務省が、再審請求をされる前に「**たまらん、じゃ起こす前にぶっ殺せというふうなことで、急遽彼が選ばれたのではなかろうか**」という二点が、遠藤弁護士の推測するところでした。

また遠藤弁護士は、遺体引き取り人を選任するからと意思表明をしていました。それなのになぜそんなに火葬を急いだのか。「**もしかすると永山君が執行のときに全力を挙げて抵抗したのではないか。おそらく身体中に打撲傷やかすり傷がいっぱいあったので、痕跡を隠蔽するために拘置所側はあわてて火葬にふしたのかなという疑惑を持ちました**」。しかし拘置所側から永山の遺言を聞かされ、遠藤弁護士は修正します。

拘置所側が、遺言をでっちあげることは考えにくい、最期は腹を決め、「逍遥として執行台に臨んだ」のではないか。善意に解すれば、八月二日は真夏で遺体の腐乱が早い、身元引受人はおらず、親族も所在不明、とりあえず遺骨にしておいて誰かが現れたら渡せばよい、そう考えたのではないかといいます。しかし他の証言と突き合わせると、前者の推測があたっているのではないかと思わされます。[*6]

ともあれ死刑執行の酷さが、ここでは二重になっています。一つは死刑そのもの、「有無を言わせず殺す」ということそのものの酷たらしさです。もう一つは、永山の執行が神戸少年事件との符合で語られているように、連続幼女誘拐殺人事件の宮﨑勤の刑執行が、〇八年六月一七日。直前の六月八日には加藤死刑囚による秋葉原無差別殺傷事件が起きており、刑執行には法務省からのメッセージが含まれているのではないかと、以前から指摘されていました。平成の終わりが迫ってからの、オウム真理教事件の死刑囚たちの刑の執行には、権力者の剝き出しの権力意思を感じさせました。そして加藤死刑囚の死刑執行は七月二六日。これについては一二章で触れます。

もちろん、ほんとうのところは分かりません。しかしときには一人の人間の命を（死刑判決を受けるほどの凶悪犯とはいえ）、権力者による政治利用という側面を露骨に見せるところに、死刑制度の惨たらしい本質があるように思えます。国家はいつでも、自分たちの都合によって、人の命を奪うという力を簡単に行使できる、というそのことを露骨に誇示しています。

元刑務官・坂本敏夫氏の『死刑と無期懲役』によれば、六〇年代までは死刑囚にも集団処遇が行われ、外部との交流があったといいます。その後どんどん閉鎖的になり、密室化していく。おそらく、司法制度を近代的に整備しようとすればするほど、死刑という制度の残酷さと野蛮さゆえに、不可視化せざるを得なくなる、隠さざるを得なくなる、そういう力学が働くのだろうと思います。

植松死刑囚は、死刑判決が下りても控訴をしない、と早くから明言していました。言葉どおり、弁護団による控訴手続きをすぐに却下し、自らの手で刑を確定させました。そのことに対して控訴してもっとしっかりと語るべきだ、真実を明るみにすべきだという声は聞かれました。しかし死刑制度の是非を根本から問う声はほとんど上がりませんでした。

「殺すな！」という二つの声

この問題は、後でもう一度取り上げたいと思います。永山則夫に話を戻しましょう。小説作品についての詳しい分析は別のところに書いたので、[*7] ここではくり返しません。堀川恵子氏の力作『死刑の基準』[*8]には、地元の民生委員が目の当たりにした惨状として、「**子どもたちは、狭い小屋のような家のなかで、畳の藁までかじりながら飢えをしのいでいたという**」と書かれています。ここから推し量るに、『捨て子ごっこ』で永山が描いた飢餓体験以上の、もっと過酷で凄惨な「事実」が、そこにはあったことを窺わせます。

また堀川氏のもう一つの労作『永山則夫　封印された鑑定記録』[*9]を読むと、兄姉たちとの葛藤や憎み合い、自己保身の駆け引きといったものが、実際の関係のなかでいかに複雑で醜悪なものであったか、それぞれの証言を通して窺い知ることができます。言い換えるなら、飢餓と貧困の極致のような原体験が、永山に「無知」をもたらし、その「無知」ゆえに、あれほどの犯罪に永山を向かわせたのだという従来の理解が、若干修正を強いられることになります。あるいは奥行きを与えられる、と言ったほうがいいでしょうか。

堀川さんの『永山則夫　封印された鑑定記録』を参照しながら進めますが、その著書の刊行以前に想定されていた永山をめぐる物語は、彼は貧困のために学校に行くことができなかった、獄中で初めて書物に触れ、多くのことを学ぶことで、それまでの自分がいかに無知であったかを知り、無知こそが自分を犯行に至らしめたのだと気づき、そのことに自分は涙した。およそそのようなストーリーだったろうと思います。

しかし永山は早い時期から映画と書物に触れていました。家の中に居場所のない永山にとって映画館は数少ない「逃げ場所」の一つでした。学校をさぼって家にいるときには、妹に頼んで図書館から本を借りてもらい、それを読むことにあてていました。伝記物が多かったといい、石川啄木は、中学校時代にはほとんど読んでいたと述べています。また、上京後、行き場をなくしていった永山にとって公園や喫茶店で本を読むことは数少ない楽しみの一つであり、そのとき、ドストエフスキーを読んでいたというのです。

ここからは私の推測です。永山が自分は無知だとアピールをしていったのは誇張であり、ひそかに仕組まれた演出のようなのです。なんのためにそんなことをする必要があったのか。『無知の涙』で描かれている「無知」は、学ぶ機会を奪われたゆえの「無知・無学」である以上に、家族（母、兄や姉）への根深い怨念や復讐心、「あてこすり」という意味合いが強く込められているようなのです。彼の犯行には、彼をまったく顧みることのなかった家族への復讐、そのような色合いがあることを、永山自身が鑑定医に訴えているのです。

ちなみに永山は、網走時代に母親が自分たちを棄てたことをどうしても思い出せないといい、長いあいだ記憶の底に沈めていました。母親が自分に何をしたかを思い出したところが、永山作品にとっての重要な転回点になっていました。ここでは論証抜きで書いてしまいますが、永山の書く小説作品には、「殺すな！」「生きさせろ」という声が通奏低音のように流れています。母、兄、姉に向けて、永山は幾度となく「なぜ捨てた！」「捨てるな！」と訴えるのですが、ついに一度も聞き入れてもらうことができず、その恨みを家族への憎悪と殺意へと変え、やがて自暴自棄のように非行や犯行に走らせていく。『永山則夫　封印された鑑定記録』のなかで、そのように屈折していく心情を鑑定医に訴えています。そしてその屈折は、作品集を読み進めるごとに見えてくるのです。

「青い芝の会」のメンバーによる「母よ！殺すな」という訴えとは、正確には同じではありません。一方は文字どおり「殺される側」からの、怒りと恐怖とともに発せられた言葉です。直截で強いインパクトがあります。もう一方は「殺してしまった側」が、社会に向けられた敵意と憎悪と怨みの原点に分け入った後、長い時間を経て手にしていった言葉です。二つを同じ土俵に載せて論じるなどという所業は、「青い芝の会」のメンバーや支援者にとっては受け入れがたいものかもしれません。しかし、小説作品を通して聞こえてくる永山の声を、私はそのようなものとして受け止めるのです。

私の問題意識では、この延長上に植松死刑囚が現れます。「疲れ切った母親の表情」とは、植松死刑囚による「母よ！殺すな」というメッセージではなかったでしょうか。すでに書いたように、論証できないし、無暗な憶測は控えるべきなのですが、どうしてもここに戻ります。

ただ、第一一回公判で、両親に対してどう思っているか、被害者の代理人弁護士との間で交わされた次のようなやり取りを引きましょう。

代理人：障害者に対する自分の考えを話しましたか。
被告人：両親の前でそういう話はしませんでした。
代理人：あなたは両親に愛されて育った、大切にされたという気持ちはある？
被告人：比較的いろいろと手をかけていただいたと思っています。
代理人：具体的には？
被告人：学習塾にも行かせてもらいましたし、部活動もさせてもらいましたし、不自由なく生活させてもらいました。
代理人：愛されている？
被告人：はい。
代理人：もしあなた自身が刺し殺されたら、あなたの両親がどう思うかは考えましたか？
被告人：考えたことはありません。
代理人：想像できませんでしたか。
被告人：悲しむと思います。
代理人：事件の遺族も悲しむって言っていましたよね。
被告人：はい。

代理人：その悲しみとご両親の悲しみは同じですか。

被告人：人によっては同じです。

場が法廷なのでプライベートな感情を抑制している、という面はあるかもしれません。しかし、それにしても不思議な印象を与える応答です。他人事のようで、家族への生身の感情をほとんど感じさせません。こういうところが、植松死刑囚は何かを隠している、鵜呑みにはできないと推測させるところです。

植松死刑囚は永山について、永山のような壊れた人間を生み出さない社会を作ることが何よりも大事だと、知人に宛てた手紙に書いていました。「青い芝の会」については、必要なのは恨みではない、世界平和を願い、子どもと女性を愛することだ、と記していました。立命館大学の立岩真也さんの津久井やまゆり園事件や障害をめぐる発言は、私が信頼を寄せる数少ないものの一つなのですが、共同通信の取材に答えてこんなことを言っています。[*10]

植松被告は犯行動機を「意思疎通のできない人の安楽死」だという。「**だが本人の意思に関係なく死なせるのは、安楽死ではなく殺人です。当たり前のことであり、被告の言動には興味がありません**」。そうバッサリと切り捨てています。真に受けてはならない、という私の感覚もこれに近いものがあります。私の言い方に置き換えれば、植松死刑囚の語っている内容をあれこれと取り上げ、このロジックは破綻しているとか、間違っているとか、ここは理解不能だとか、そういう後追い的な詮索をする意図は私にもありません（本書でもそういう取り上げ方はしてこなかったつもりです）。ただ内容ではなく、そのように語る存在の在り方にはやはり興味が向かいます。

2　二人の内的風景――マルクス主義と陰謀論の世界

永山則夫の『無知の涙』と植松聖の陰謀論的世界

永山則夫もそして植松死刑囚も、事件後、マスメディアを介して大量のメッセージを発信し続けました。

永山の書き残した書物は、獄中の手記と小説作品とに大別されるのですが、手記のなかでも最初にまとめられた『無知の涙』は、脳裏に浮かんでくるさまざまなことを、浮かんでくるままに言葉にしていくというように、あたかも書くこと自体が目的であるかのようにして書かれています。

初めは「詩」とはまだ呼べない断章が多用され、その形式のなかで「死」という言葉が多く見られ、やがて、「貧困（飢餓）」と「無知」がキーワードとしての位置に収まっていく。全体が混沌としたエネルギーに満ちていて、整理して伝えるのは難しいのですが、骨組みだけを浮き上がらせれば次のようになるでしょうか。

ものを書き始めるもっとも最初の頃の、どこへ向かおうとしているのかわからない自分の中の止むに止まれぬエネルギー、うまく使いこなせない言葉、衝動。そうやって書き続けられていった言葉の集積であることがよく分かります。

ページを追っていくと、「師マルクス」と書くほどマルクス主義に傾倒し、『資本論』にのめり込んでいく様子がはっきりと表れてきます。自分を苦しめていた「貧困」の正体は何であるのか。マルクスと『資本論』がそれを教えてくれた。自分と家族の問題である以上に、経済と政治の問題、つまりは社会の問題だったのだと考えるようになっていきます。永山はこんなことを書いていました。

資本主義は、何よりも剰余価値を生み出すための仕組みである。剰余価値がどう生み出されるか理解できれば、資本主義の仕組みは理解できる。資本主義は、時代を進んでいけばいくほど、より多くの剰余価値を生み出す仕組みとして整えられていき、剰余価値はますます資本家に集まっていく。資本家は富み続け、労働者はわずかな配分に甘んじざるを得なくなる。さらには小さな富さえ手にすることができなくなる層が生み出され、それが貧困層である。このように、資本主義そのもののなかに、自分たちの家族が貧困に置かれていた原因があった。貧困を解決するためには資本主義を打ち倒すしかない。――これが永山の主張の眼目だっただろうと思います。永山にとって法廷とはその闘いの場所でした。弁護士という存在さえも、多くの富を持つ社会の超エリートだったのです。

自身の存在を、言葉を学ぶことによって意味づけることを、社会的な闘いと同等に置いていたと言えばよいでしょうか。あの六〇年代後半から七〇年代を席巻していた政治活動とゲバルトを、一人、拘置所と法廷で行おうとしていたのです。

一方の植松死刑囚は、「重度障害者は生きるに値しない」と延々と語り続けました。「人間は意思疎通ができなくなったら、自らの手で命を絶つべきだ」とも言いました。なぜ生きるに値しないと考えるのかと尋ねられると、「生きるに値しないと気がついたからだ」というトートロジーが延々と続くのでした。また、「正論を作るのは力だ」とも言い、トランプ前大統領に強いリスペクトをもっていました。両輪のように、これを支えているのが陰謀論です。以下は、植松家と家族ぐるみの付き合いのあった心理カウンセラーの陳述をもとに、まとめたものですが、こんなことを述べています。

安楽死は医師でもできない、犯罪になると伝えると、「誰かがやらなければいけない。自分には勇気がある。日本政府から許可をもらいたかったので手紙を出した。許可はもらえなかったが、お前が一人でやれということだと受け取った」（前述したように、措置入院の際に彼に訪れた自己合理化のロジックです）。どうしてお前がやる必要があるのかと尋ねられると、「スマホのイルミナティカードの画面を見ろ、ここに出ている数字を合わせると、自分の名前になる。自分は選ばれた。ヒーローになる。イルミナティカードは過去の大事件や大事故を予言している。イルミナティは裏で地球を牛耳っている。空飛ぶ円盤を見たことがあるか。自分は立て続けに二回見た。イルミナティの組織の上には高度な宇宙人が関与している。空飛ぶ円盤を見てそのことが分かった。決行すれば、イルミナティが政府に手を回して自分を解放してくれる。金もイルミナティから入る」。おおよそこんなことを話していたといいます。

確かに常軌を逸していると感じます。しかしコロナパンデミックの発生とともに、世界の人口減少を目論む一握りの勢力がどうこうという文字どおりの陰謀論や、ワクチンをめぐるさまざまな言論が、インターネット上に溢れかえりました。そしてロシアがウクライナに侵攻し始めて一〇日もたつ頃から、ネット上に偽情報が溢れていると報じられるようになりました。ニュースとして流されている映像も加工されたものだ、ということを示す動画まで存在します。

ある国の情報機関が世論形成のために、世界に訴えたいストーリーを意図的に流すものを「偽旗作戦」というそうですが、ウクライナ危機では、双方のフェイクニュースを含む情報戦が、これまでとは桁違いに比重を増し、当初私たちは、手もなく右往左往させられました。何がフェイクで何がファクトなのか、混然と溶け合っているような世界を私たちは生きているわけです。

植松聖死刑囚の荒唐無稽そのものに見える陰謀論、その陰謀論が四五人もの大量殺傷に直結していく、このことはこのような状況を端的に物語っています。

二人の死刑囚の「世界秩序」と「世界構想」

ここまで指摘してきたように、マルクスとトランプが二人の尊敬した人物であり、革命思想と陰謀論が、二人の考え方の骨格です。犯罪は時代を映す鏡だとは使い古された言葉ですが、あまりにどんぴしゃ過ぎるほどで、批評の言葉が青ざめるほどです。

加えて二人は、自分なりの「世界秩序」や「世界構想」を打ち立てようとしました。その「世界秩序」や「世界構想」が、自らの犯した犯罪を語るためには必要不可欠のものである、そのように思いなされていました。ここでも私の関心はその内容の是非ではなく、在り方のほうに向かうのですが、永山は『無知の涙』に次のように書きました。

「私の創造国家の人民は取合〔敢〕えず、地球人民と総称される人民である」と言い、民族主義も共産主義も社会主義もないとされ、「**第一章／宗教排除を徹底的に学童時代若しくはそれ以前から行う。／第二章／越境恋愛及び異人種結婚を促進し、手段を選ばない。／第三章／人種的差別者の完全抹殺**」（二〇六頁）と、続きます。「ある朝方の夢」と照れ隠しのようなタイトルを付していますが、半ば本気の「世界構想」ではなかったでしょうか。

世界の事物や事象、言葉と概念、歴史、精神といったあらゆる現象を説明し尽くそうとしたヘーゲルの『大論理学』を取り上げ、詳細な批判を加えていくノートを後年になって残しているように（一九八九年）、永山もまた、世界を説明し尽くしたい衝動に取り憑かれていたのだと推測されます。

永山は住むことが許される人間の「適／否」を、厳しく峻別していました。彼に拒否されるのは資本家であり、プチ・ブルであり、プチ・ブル文化人です。そしてマルクス主義者であるゆえに宗教者たち。何よりも国家権力と、権力の中枢を担う存在。ただし永山にあっては、『無知の涙』出版の際、「**初版から三版までの総印税の八〇パーセントを「函館事件」の遺児に対して支払う、四版以降著者存命中の印税については「一〇八号事件」の遺族を含む著作権者が指定する者に支払う等、七つの条件が出版社に対して課せられている**」（前掲書、完全年譜より）とあります。また死刑直前には、「永山子ども基金」を設立し、印税をペルーの子どもの救済に充てるよう遺言を残しているように、その「世界構想」は独善的でありながらも、社会的存在としてのバランスは失っていませんでした。

一方の植松死刑囚も、「新日本秩序」というタイトルを付けて、「**より多くの人が幸せになるための7つの秩序**」という「世界構想」をもっていました。そこには、人間にとっての守るべき七項目があげられています。「安楽死、大麻、カジノ、軍隊、セックス、美容、環境」。

なぜ「新日本秩序」なのかといえば、おそらく次のようになるでしょう。

彼の考える「生きるに値しない人間」を安楽死させた世界は「生きるに値する人間」によって構成されるようになります。大麻とカジノとセックスを楽しみ、美容整形が施され、より美的であることが求められます。その彼らを守るように軍隊が置かれ、地球環境は、人間の遺体を肥料として大量投入することによって守られる。そうやって平和と環境が維持され、そのようにして新たに作られる秩序だから「新日本秩序」だというわけです。内容の愚劣さはともかくとしても、それが彼の考える「世界構想」です。

アニメやゲーム、コミックなどのサブカルチャー。UFOや心霊現象などのオカルト文化。それらが思い切り退廃化し、幼稚化したかたちで流れています。安楽死と大麻と環境はセットであり、それは人体が資源化される世界に必須のアイテムです。「新日本秩序」から私が想像するのはそんなところです（この荒唐無稽さを笑うのは簡単なのですが、しかし今、アメリカを中心として人体を資源化し、膨大な利益をもたらすその市場が、植松的「新日本秩序」のアメリカバージョンとして実際に進行しており、第一一章でスケッチしてみます）。

マルクス主義思想から陰謀論へ。マルクスからトランプへ。ここに見られる大きな落差こそ、今、私たちが立っている場所なのですが、はっきりしていることは、二つの事件のあいだには五〇年という歳月が横たわっていることです。国家の例外状態が社会化して例外社会となり、例外社会がさらに進んで個人が例外状態化し、存在それ自体が例外化する。例外化した個人とは、世に流布する法やルール、規範には一切拘束されず、またそれをよしとはせず、自己の唯一性だけを何よりも優先する人間。言い方を変えるなら、永山則夫にとっては「貧困」や「飢餓」は身体（実存）と直結する手ごたえの明瞭なものでした。実存感覚と言ってもいいですし、それは社会とつながりを持つものでした。

植松死刑囚は、経済的貧困や飢餓には一見無縁であるように見えますが、関係の貧困、承認の貧困において、ある意味では永山以上の飢餓を抱えていました。それが前章で述べたことの概要なのですが、永山の貧困や飢餓が深く、過酷であったように、植松聖が抱え込んだ貧困や飢餓もまた、私には底なし沼のように映ります。存在が例外化し、社会よりも自己の唯一性だけを優先するとは、存在そのものが飢餓を抱えることに他ならないからです。

どこまでうまく指摘できているかは分かりませんが、これが、二人を並べて考えたときに見えてくる「五〇年」という歳月がもたらした落差です。

3 「死刑事件」の弁護、死刑という制度

死刑事件を「弁護する」という闘い

第六章の「弁護団に質問したかったこと」でも書いたのですが、この事件は死刑判決が予想される、いわゆる「死刑事件」であり、私にとって死刑事件の傍聴は津久井やまゆり園裁判が初めてでした。これだけの事件を引き起こした被告人とはいえ、弁護人は、一人の人間の命を左右することになった

わけです。死刑事件を受任し、弁護活動にあたるというそのことをどう考えているのか。死刑という制度をどう考えているのか。その点も、ぜひとも聞きたいことの一つでしたが、ついに果たせませんでした。

障害をもつ人たちの刑事裁判の、基本の「き」を教えてくれたのは故・副島洋明弁護士であり、副島弁護士は浅草レッサーパンダ事件と並行して、ある無差別殺傷事件の、控訴審の弁護人になっていました。当時、取材目的で副島事務所に頻繁に出入りさせてもらっていたのですが、その準備のために関係者を事務所に招き、聞き取り調査をしているところに出くわすことがありました。あるとき依頼があり、聞き取りに立ち会って記録を取り、それを清書する作業を手伝ったことがあります。

公開の許可はいただいていないので詳しく書くことはできないのですが、著名な事件で、被告人には精神疾患があり、病状はかなり深刻化しているようで、控訴取り下げをすべく事実の収集に奔走していたらしいのです。私が立ち会ったのは被告人の家族で、いつ頃から発症の兆しがあったのか、幼少期から事件に至るまでのエピソードを丹念に聞き取っていました。

明らかに深い病理が認められるのに、公判の執行停止をしない、急いで審理を進め死刑判決を確定させようとしている、そのような最高裁の姿勢に対して副島弁護士は強い憤りを隠しませんでした。ときに、死刑という制度をいまだ残しておくこの国の現状に対してぶつけられる、忌憚のない見解に触れることもありました。

前著で副島弁護士の弁護スタイルは「闘う情状弁護」だと書いたのですが、このときも、死刑事件というのは弁護士にとって、通常の裁判とは異なった闘いを余儀なくされる、文字どおり全身全力で国家権力に立ち向かう弁護になる、そう感じたことを、「いかにも副島さんらしいな」という印象とともに記憶しています。

「死刑宣告」は、戦争を除けば、これ以上の国家権力の行使はありません。自らの権力の誇示であると同時に、国家が殺人を犯すことの「内外への宣言」です。通常はひそかに執行されるのですが、オウムサリン事件の実行者たちの処刑は、社会に対して誇示と宣言を剥き出しにしました。この事件に対して、為政者・権力者が、今もって怖れ、警戒心を抱き、いかに強い憎悪と嫌悪感をもっているかがよく表れていました。

死刑事件の弁護は、このような「剥き出しの権力の誇示」に対抗しなければならないわけです。国家権力に対抗し、被告人が「殺される」ことをなんとしてでも押しとどめなくてはならない、闘いは、それに拮抗しうるような弁護にならなくてはならない。まずはこれが、副島弁護士から学ばせてもらった、死刑事件の弁護の最初のイメージでした。[*11]

「なんとしてでも命を救いたい」

永山則夫もまた死刑事件の被告人でした。大谷恭子弁護士はその弁護人の一人で、お名前は存じていたのですが、直接お会いできたのはずいぶん後になってからでした。私は「人間と発達を考える会」というネーミングで、さまざまな支援現場にいる仲間たちと不定期の勉強会を続けています。そこに大谷弁護士を招き、一時間半ほどのプレゼンと、メンバーによる質疑という時間を一緒に過ごさせていただいたことがあります。

内容はオフレコに、ということで残念ながら『飢餓陣営』への掲載はなりませんでしたが、テーマは、昨今の若い女性たちが抱え込まざるを得ない、さまざまな危機的な問題についてでした。なかでも性被害を受けた女性たちが、司法という場においていかに尊厳が損なわれ、二次被害そのものであるような不利益と不合理に満ちた立場に立たされているか、といった内容がメインでした。

大谷弁護士を招くにあたり、事前に著書を何冊か取り寄せ、目を通しておいたのですが、その一冊が『死刑事件弁護人』です。サブタイトルが「永山則夫とともに」とされているように、「連続射殺犯・永山則夫」の弁護と、獄中結婚しのちに離婚した元妻を始め、支援者女性との交流、永山という強烈な個性について、といった内容で、とても感銘の深い著書でした。

今度この稿を書くために再読し、そして急ぎ、津久井やまゆり園裁判の弁護団による冒頭陳述と最終弁論に目を通し直しました。死刑制度について、弁護団が何か触れていなかったか確認したかったのです。そこには一言も「死刑制度」という言葉は見当たらず、それは憲法違反ではないか、といった類の訴えも皆無でした。

もちろん弁護士という職務にあることで、全員が「死刑反対」の立場にたっているわけではないでしょう。死刑事件を受任したからといって、そのことをもって、死刑反対の見解をもつことの表明でもないでしょう。また死刑事件だからといって、死刑制度への是非を論じなければならない、という決まりはありません。弁護団の合議で、「最初から最後まで責任能力の議論一本で推し進める」という決定になった故だろうことも推測できます。

まずはその点をお断りし、ここで伝えたいのは次のようなことです。

『死刑事件弁護人』のなかで幾度かくり返されるのが、「なんとしてでも彼の命を救いたかった」という著者の言葉でした。永山は逮捕前、どうせ死刑になるのだから警察官と銃撃戦をして、撃ち殺されて華々しく死にたいと考えていました。逮捕後の取り調べでも大事なことは語らず、拘置所で自殺を試みるなど、「早く死刑にしてほしい」と訴えています。裁判でもまともな答弁を拒否し、弁護団を何度も解任するなど、「弁護人のなり手のない裁判」「荒れる法廷」という異名をもつ裁判を続けていました。早く死ぬことしか考えていなかった永山に対し、弁護団は「なんとしてでも命を救いたい」と考えて弁護を続けていたというのです。

大谷弁護士は、東京高裁での控訴審、「無期懲役」の判決が最高裁によって差し戻された後の、差し戻し控訴審の弁護を担当しています。「無期懲役」が差し戻された後、永山はどうしても受け入れられず、気持ちを頑なに閉ざしていきます。

面会に行った大谷弁護士に対し、「**生きたいと思わせてから殺すのが、お前らのやり方か**」「**なぜ生きろと言った**」「**闘いのラストチャンスだ。邪魔するな**」という言葉を投げつけたといいます。その後、精神的変調が昂じ、妻をスパイだと疑うようになり、結婚は解消。それまで支えてきた人たちすべてが攻撃の対象となります。

差し戻し控訴審をどう闘うか。ここで弁護団は、大きなジレンマに立つことになりました。永山は、自分は偉大な科学者であるという誇大妄想を膨らませ、支えてくれている人たちへの個人攻撃をさらに激しくさせていく。そんな永山を見て弁護団は、二回目に精神鑑定をした石川義博医師が永山に病的素因があることを指摘しており、[*12] 発症しているのではないかと危惧します。三度目の鑑定を勧めるのですが、永山は聞く耳をもちません。しかしついに、弁護団は永山の了解を得ないままに、一九八五年一二月、精神鑑定を申請します。

これがどういう意味をもっているかは、私たちは充分にわかっていた。永山君は決して自分が「病気」であることを認めない。にもかかわらず私たちは、あなたは「病気」かもしれないとその鑑定を申請したのである。被告人が望まず、断固反対している鑑定を申請すれば、信頼関係はその時点で破綻し、永山君は弁護人を解任するだろう。それを百も承知で、私たちは申請せざるを得なかった。（二〇七頁）

はたして弁護団は解任。大谷弁護士だけは残るのですが、結局辞任。そういう経緯が書かれ、このなかで時々の裁判長がどのような判断を見せていたか、妻となる女性はどんな人間だったか、二人はどんな関係を作ろうとしていたか、などが書かれていきます。妻となった女性が、永山の著書の印税を被害者の弁済にあてようと持参するのですが、そのとき被害者の方々がどのように応じたか、そうした人間ドラマを挟みながら、永山の人となりと裁判が記述されてます。

なぜ最後まで弁護を続けなかったのかと自身に問いかけた著者が、次のような苦渋の胸の内を明かしていることが、強く目を引きました。

私たち弁護団は、永山君の命を助けようと努力した。これがいったんは受け入れられ、そして否定される過程で、私たち弁護団も、あがいた。死の結論をまずは私が受け入れ、淡々と法廷をこなし、永山君の〝心情の安定〟のための弁護――果たしてこんなものがあるのだろうか――に徹すれば、弁護し続けることができたのかもしれない。しかし私たちは、命を助けたいと渾身の力を振り絞ってきたのである。死への儀式と化していく法廷に、私たちも耐えられなかった。本人にあきらめてくれとも言えず、さりとて、もう一度頑張ろうとも言えない。でもなんと弁解しようと、やっぱり私は死刑判決直前の永山君を捨てたのだ。〝母の気持ちで弁護してくれ〟と言われたことも忘れ、逃げたことに違いはない。（二一六頁）

国家が剝き出しにしようとしている暴力＝最大の権力との闘いが、死刑事件の弁護の一つの在り方だとすれば、ここには、もう一つの在り方が、とても率直な心情の吐露とともに語られている。強くそう感じました。人間のいのちの重さを伝える弁護です。

死刑と無期の狭間にいる被告人の命を守ろうとして、「渾身の力が振り絞られる」、だからこそ、そこには激しい葛藤、苦悩、後悔が生じる。被告人が苦しむように弁護団も苦しむ。これもまた死刑事件の弁護ならではのものではないかと思われます。

裁判が植松被告に伝えなければならなかったこと

さて、このようなことを取り出し、副島弁護士や大谷弁護士と、今回の裁判の弁護人とを比べ、あれがなかったこれがなかったと、ないものねだりの批判をしたいのではありません。仮に弁護団に尋ねたとしても、あの方たちはあの方たち、自分たちは自分たちの弁護をしただけだ、と答えるでしょう。だから比較したいのではなく、あくまでも個人的な見解であるとお断りをし、次のような感想を書いてみたいのです。

植松死刑囚は今回の事件において、一人ひとりの命を軽んじることにおいて桁外れのものがありました。あそこまで命を軽んじた植松死刑囚の裁判は、ではどのようなものであることが望ましかったのか。なぜ命を命とも思わないようなやり方で、四三名もの人が殺され、また深く傷つけられなければならなかったのか。そのことを問う裁判が、コンピュータの端末で量刑がはじき出されるような、そんな裁判であっていいはずはない、私には強くそう思われるのです。

人の命がどれほど重いものか、裁判官も検察官も、そして弁護団も、まずはそのことを示してほしかった、伝えてほしかったと感じます。人の命をあれほど軽んじる被告人だったからこそ、人の命がどれほど重いものであるか、何よりもそのことを伝えなくてはならなかったはずです。

すでにないものねだりの批判になってしまっているようですが、どうしてもそんな感想が抜きがたいのです。それは刑事裁判の目的ではない、と言われるのであれば、私は刑事裁判の原則や実務について述べているのではない、と答えたいと思います。くり返しますが、弁護団は全身全力を尽くして、「なんとしてでも命を救いたいのだ」と伝えなくてはならなかった。そうでなければ植松死刑囚のみならず被害者の命も軽んじられることになる。

死刑事件の弁護とは、人の命というものがいかに重いものであるか、そのことを伝える弁護に他ならないのではないか。『死刑事件弁護人』はそうしたことを考えさせたのでした。

「「共に生きる」に例外はない」

死刑事件であることの意味。このような論点を、マスコミはほとんど取り上げることはありませんでした。メディアにコメントを寄せていた識者たちからも、「死刑事件の裁判であることをどう考えるのか」「死刑制度をどう考えるのか」といった見解が発せられることはなく、私が目にした限りでの数少ない一人が、社会学者の市野川容孝氏でした。氏は『福音と世界』(二〇二〇年二月号、新教出版社)に「相模原事件と死刑制度」というタイトルのエッセイを寄せています。

「障害者運動」あるいは「障害者問題」において、生と死という主題が刑事裁判と接触するとき、そこでは「死刑反対」がほんとうに根底から問われているだろうか、という難易度の高い問題が考察されています。言うまでもなく市野川氏は、死刑制度には反対の立場ですが、次の事例が取り上げられています。

一つは一九五四年に、静岡県島田市で起きた幼女殺害事件です(島田事件)。知的障害をもつ青年が逮捕され、死刑判決を受けるのですが、しかしそれは冤罪であると大きな運動が起き、無罪確定を得ることになります。市野川氏はその概要を紹介しながら、そこでの運動がほんとうに「死刑制度の否定」にまで届いていたか、と疑問を投げつけます。当然ここには、冤罪でなければ死刑判決をよしとするのか、そのような障害者運動とは何か、という問いが隠れていることになります。

二つ目は一九七〇年の「青い芝の会」による、減刑嘆願運動に対する批判に対して。このとき、「障害者は殺されても仕方のない存在であると考えられている、だから、こうした減刑嘆願運動が起きる」というロジックが反対を表明する根拠とされた、だから減刑してはならないと。しかし市野川氏は、このロジックを不用意に拡大すれば、津久井やまゆり園事件の加害者には当然死刑判決が下されなければならない、それがなされないということは障害者の命が軽んじられていることであり、「**それ自体が障害者差別だ、ということになろう。／それが、障害に根差して考えるということなのか**」と、強い疑義を呈します。

もう一つ旧優生保護法の問題が取り上げられているのですが、こちらは簡単にはまとめられないので割愛します。いずれにしても氏のロジックを簡略化すれば、障害者運動や障害者問題のもっとも根本には、「生きるに値する命／生きるに値しない命」の選別を断固として拒否する、そういう思想がある、しかし死刑制度はまさに国家による「生きるに値する命／生きるに値しない命」の選別に他ならない、なぜこれを認めることができるのか。そういう問いかけになっています。

『飢餓陣営』に原稿を寄せていただいた方のなかで、死刑問題についてはっきりと触れていた執筆者が二人います。一人は生命倫理学者で思想家の小松美彦さん。小松さんは、自分には死刑は絶対に認められない、植松聖といえども同様である、遺族が死刑を認めることは人を殺してもよいと認めることで、理由こそ違うが、植松が人（障害者）を殺してもよいと考えていたことと同等になってしまう、遺族にこそ死刑反対を述べてほしかった、と小松さんらしく、批判が集中しかねない見解を、それでも毅然として述べていました。*13

もう一人は、「津久井やまゆり園事件を考え続ける会」のメンバーの、千田好夫さんです。千田さんは、自身が車椅子ユーザーの障害当事者です。「**遺族感情としては極刑**（死刑）**でも飽き足らないというのは察するにあまりある。私だって、障害ゆえに殺すことが平然と語られる時代になったかと、障害のある者として底なしの恐怖を覚えた**」（傍線引用者）と書くその千田さんが、「死刑に反対する——「共に生きる」に例外はない」という原稿を寄せてくれたのです。*14

これは驚きでした。千田さんから寄せていただいた原稿のタイトルを見たとき、私は少なからぬ動揺を覚えました。まったくそのとおりです。共生の思想に例外などありません。まして私は「共生という言葉や思想をもっと強いものにしたい」などと、これまで機会あるごとに言ってきた身です。「「共に生きる」に例外はない」、さて「おまえはどうか。共生の思想をいうお前は死刑をどう考えるのか」という問いを千田さんは突き付けてきた、と感じたのです。

千田さんからはさらに次号で、「死刑反対こそインクルーシブ社会への一里塚」という文章をいただいたのですが、そこに、二〇一八年の八月に、オウム真理教裁判の死刑囚たちが次々と処刑されていったときの村上春樹氏の発言が引かれていました。亡くなった方々の遺族や被害者へインタビューをした身としては、死刑制度には反対であるということを、この件（信者たちの死刑執行）に関しては簡単には公言できないでいる、と書いていたといいます。そしてこれに対し、辺見庸氏が「究極の退廃」と批判しているとも書き、おそらくは千田さんも、辺見氏に託して村上春樹氏への批判を伝えようとしていることを窺わせます。

正直に言って、私も村上春樹氏と同様でした。『自閉症裁判』の取材の際、被害者遺族の方々へのインタビューを通し、わずかながらもその痛苦に触れたことはすでに書きました。それがどれほど圧倒的な体験だったか。さらに今回は尾野一矢さんのご両親のお話を伺い、その心情に多少なりとも触れることができました。そして私自身、津久井やまゆり園の被害者の方々と私の弟を重ね、弟が手にかけられたような複雑な怒りと痛みがあるということを、事件の出発点としました。タイトルを「優生テロ」と名付けたのはそれゆえであり、取材に入って以降、死刑に賛成はできないが、積極的な反対もしないという態度に終始してきたわけです。

しかし千田さんがズバリと言い当てているように、共生の思想に例外はありません。そして第Ⅰ部で「非暴力の思想」こそが、植松聖（たち）に対抗できる最大の闘い方ではないか、と書き、さらには「そこにこそ活路を見出したい」などという言葉も書き付けています。どうしたところで、ここから死刑容認という考え方が出てくるわけはありません。

共生の思想にも非暴力の思想にも例外はありません。死刑は国家が行う最大の暴力であり、共生の名のもと、非暴力を言い、多様性を言い、社会的包摂を言うのであれば、死刑制度への曖昧な態度は自己矛盾となります。もはやこれ以上、曖昧な態度に終始すべきではないでしょう。

死刑制度への反対の表明は、植松死刑囚への評価を変えたからではありません。あの蛮行は間違いなく「テロリズム」です。しかしそれでも、死刑に賛成することはできません。批評的「記録」とは、書き手である私にとっての「決断」の表明である、などと書いたのですが、まさにそのような第九章の末尾となりました。ただし一言だけ添えておくならば、仮釈放の可能性が認められている「無期懲役刑」のもう一つ上に、その可能性を閉ざした「終身刑」の導入を検討すること。この点を加えておきたいと思います。

「死刑事件の弁護」についての考察がいくつかの「決断」を経て、このような、自分でもまったく思いもよらないような場所に私を連れてきたようです。

注

1　永山則夫『人民を忘れたカナリアたち』（発行・辺境社、発売・勁草書房、一九七一年）
2　永山則夫『木橋』（立風書房、一九八四年、のちに河出文庫、一九九〇年）、『捨て子ごっこ』（河出書房新社、一九八七年）
3　永山則夫『無知の涙・増補版』（河出文庫、一九九〇年。底本、合同出版社、一九七一年。合同出版社版は著者の「無知ノ涙」原ノートのすべてを収録したものではなく、文庫化にあたり未収録部分がすべて増補収録されました）
4　大谷恭子『死刑事件弁護人』（悠々社、一九九九年）
5　遠藤誠「永山君は一つの軌跡だった」（『文藝別冊増補新版　永山則夫』河出書房新社、二〇一三年八月）
6　元刑務官である坂本敏夫氏の『死刑と無期懲役』（ちくま新書、二〇一〇年）に次の記述があります。
「永山則夫の死刑の執行は凄まじいものだった。／殺されてなるものか！　と激しく抵抗する永山。数と力で押さえつけ、死刑場に担ぎ込んで首にロープをかけた刑務官たち。約一時間におよぶ格闘は、事前に予想していた状況よりもはるかに壮絶なものになった。／面会と偽って独房から連れ出し、舎房廊下にだしてからの抵抗は想像を絶していた。制圧によって永山の身体は傷ついた。本来ならば永山の遺体を身元引受人の選任などについて相談をしていた辣腕人権弁護士・遠藤誠氏に渡さなければならなかった。／しかし拘置所は撲殺されたような遺体を外部に

だすことはできないと、火葬後に遺骨で引き渡すこととし、翌日、四ツ木斎場で火葬した」（七〇頁）

遠藤弁護士のインタビュー記事には「1997.9.3」の日付が付され、坂本氏の著書の刊行は二〇一〇年二月です。引用元が明記されていませんが、記述が細部にまで及んでおり、刑務官仲間の取材から得た情報と思われます。さらに、東アジア反日武装戦線を結成し、確定死刑囚となっていた大道寺将司（二〇一七年五月二四日執行）の『死刑確定中』（太田出版、二〇一七年）には、次の記述が見られます（注5『文藝別冊』より孫引き）。

「八月一日（金）の朝、九時前ごろだったか、隣の舎棟から絶叫が聞こえました。抗議の声のようだったとしかわかりませんが、外国語ではありませんでした。そして、その声はすぐにくぐもったものになって聞こえなくなったので、まさか処刑場に引き立てられた人が上げた声ではないだろうなと案じていました。／（……）懸念を深めるばかりで、八月二日（土）を迎えました。午前中の新聞の交付がいつもより遅くなり、ぼくの分は別扱いにされて看守が持ってきました。折り畳まれたものを開くと「朝日」の八月二日付朝刊の一面左上が大きく黒く塗りつぶされていました。前日、誰かが東京拘置所内で処刑されたのでしょう」（二六三頁）

坂本氏は「撲殺」という激しい言葉を使っていますが、相当激しい抵抗と「制圧」があったことが推測されます。

7　佐藤幹夫「賢治童話と東北の飢饉・飢餓、そして永山則夫」（『飢餓陣営53』二〇二一年七月）

8　堀川惠子『死刑の基準　「永山裁判」が遺したもの』（日本評論社、二〇〇九年）

9　堀川惠子『永山則夫　封印された鑑定記録』（岩波書店、二〇一三年）

10　立岩真也「相模原殺傷事件　判決を機に〈3〉　存在に理由いらない」（『秋田魁新報』、二〇二〇年三月二三日）

11　副島弁護士同様、ある意味では副島弁護士以上に激しく闘い続けたのが安田好弘弁護士でしょう。実際にお会いしたことはなく、『死刑弁護人　生きるという権利』（講談社＋α文庫、二〇〇八年）を拝見した限りでの印象ですが、日本国民全員を敵にしてさえなお無罪を訴える気迫、とでもいうような、そんな迫力に圧倒されながら読了した本でした。

12　一回目の鑑定は逮捕から二年後の一九七一年二月、新井鑑定と呼ばれます。二回目は一九七四年一月、これは石川義博医師による詳細を極めたもので、後にこの資料をもとに、ノンフィクション作家の堀川惠子氏によって『永山則夫　封印された鑑定記録』が書かれます。

13　「小松美彦氏に聞く（ロングインタビュー第一部）相模原障害者殺傷事件を考えるために――ナチス・ドイツの思想／生命倫理学の出会い」（『飢餓陣営52』二〇二〇年一二月）。同様の趣旨は『増補決定版「自己決定権」という罠　ナチスから新型コロナ感染症まで』（現代書館、二〇二〇年）にも書かれています。

14　千田好夫「死刑に反対する――「共に生きる」に例外はない」（『飢餓陣営52』同前）、「死刑反対こそインクルーシブ社会への一里塚」（『同53』二〇二一年七月）

第Ⅳ部　その後——戦争とテロルと「植松聖」たち

戦争は、人間社会におけるすべての人間的価値を無化する。ひとたび戦争が生じると国家も個人も己の意に反して自己維持と弱肉強食の論理に従うほかはなく、人間は「戦争」の渦に巻き込まれずにいる間だけ、人間としての生を維持することができる。しかし、いかにして「戦争」を避けうるのか。人類は戦争を克服する方途を模索し続けたが、これについては、きわめて長い間、どれほど卓越した精神も明瞭な答えを出すことができなかった。

（竹田青嗣『欲望論　第Ⅰ巻「意味」の原理論』講談社、二〇一七年、傍点は原文）

第一〇章　テロ・ウイルスと「植松聖」たち

1　コロナウイルスもテロルの観念も、「うつる」ということ

シンボルとしての「植松聖」——この章で試みたいこと

第Ⅲ部の前章まで、植松聖死刑囚の人となりについて、その深層に降りるべくさまざまな角度からの検討を加えました。また犯罪はなぜ起こるのかを述べるにあたって、「人間学的犯罪論」などという聞きなれない言葉を持ち出しましたが、決して奇をてらったわけではありません。ここには私なりの意図を込めていました。

そして第Ⅳ部からは、「植松聖」という人物をめぐっての応用編になります。言い換えれば「植松聖」を時代のシンボリックな存在と見立て、津久井やまゆり園事件が私たちの生きている社会からどうして現れてきたのか、というこれまでの問いを、少し反転させてみたいということです。この社会で起きている事件や出来事が、「植松聖」をリトマス紙としたときにどんなものとして見えてくるか、ま

たこの事件が、その後の出来事とどう関連付けることができるかということを、本章の主題としてみたいと思います。津久井やまゆり園事件と、同時代としての「その後」の問題です。

公判の進行とウイルス感染の拡大

最初のキーワードは、新型コロナウイルスです。

二〇二〇年一月八日のやまゆり園裁判の開始とともに、国内における新型コロナウイルスの感染があっという間に拡大していきました。三月一六日の判決公判までの間、植松被告は法廷において、偏見と独断に満ちた自身の優生主義的な考えと陰謀論を滔々と語り続け、それは新聞、テレビ、インターネットを通じて全国の津々浦々に発信されました。

この間、コロナウイルスも日本国中に感染を拡大させます。まず、一月二〇日にはクルーズ船の乗客二名に、初の死亡が確認されます。傍聴券の抽選会場となっていた横浜みなとみらいの「象の鼻パーク」は横浜港の一画にあり、クルーズ船と思しき船舶が、離れた護岸に停泊しているのが望まれました。頭上を旋回する報道各社のヘリコプターも、日を経るにつれてその数を増やしていました。

こうしたなか、医療関係者とその家族、患者への、理不尽な感染者差別が報じられるようになっていきます。医療現場の危機的状況が深刻化するにつれ、欧米では若者の医療を優先させるトリアージ(命の選別)が始まっているとも伝えられ、間もなく自分たちの身にも起こりうることだ、という緊張や恐怖が広がりました。外出への自粛警察や、マスク着用をめぐるさまざまな同調圧力や排外的心理。

まるで法廷で吐き散らされていた植松被告の差別的言辞がウイルスとなって、日本中に感染拡大しているような、そんな妄想に襲われることがありました。偶然の出来事とは思えなくなったのです。ウイルスと差別的言辞。これらにはとても似たところがある。そんなふうに考えるようになったのです。

哲学者で批評家の村瀬学氏の誌上講演録である「風をたずねるものはもういなくなったのか――吉本隆明の発想の根源にある「風」のイメージを探る」（以下、「〈講演〉録」）を読んだのは、ちょうどそんな時期でした。「〈講演〉録」は、詩人で思想家の故・吉本隆明氏を偲ぶ会合（北海道横超忌）で予定していた講演がコロナ禍のために中止となり、講演予定の内容を村瀬さんが原稿化したものです。

細かな紹介をする余裕はありませんが、吉本さんが敗戦後間もなく書き溜めていった膨大な詩編を、村瀬さんが丹念に読み解いていくことで一つの仮説に至りつく過程を述べたもので、その一節に次のようなこと記述がありました。

「今回の災難〔コロナ禍のこと〕**をきっかけに、今後ぜひとも考えたいと思っているテーマ」が、「感染と呼ばれる」現象、「「うつる」という現象であることについてです」**。そう書いた後、中国の人権派弁護士が刑期を終えて出所したにもかかわらず、ウイルス感染の予防のためにその後も隔離されている、「コロナ感染」も「思想感染」も、**「同じからくりで防止されようとしている」**。そう指摘します。そして、観念もまた風を媒介として「うつる」ものだと考えてよいのではないか。風のイメージをさらに、このように広げ、こうした着眼を得たときに「身体にビビッと」きた、と書かれています。

村瀬さんは、吉本さんの詩の読解に託しながら、「風の思想」つまりは「思想としての気候変動」の一端に触れていくのですが、私はここを読んだとき別の意味で「ビビッと」きました。コロナ感染と津久井やまゆり園事件にある種の類似性を感じていたと書いたのは、こういうことだったのかと、はたと謎が解けたように感じたのです。

コロナウイルスが人から人へとうつるように、植松死刑囚の差別的言辞や優生テロの観念もまた感染するように広がっていく。なぜこんな当たり前のことに気がつかなかったのか、とそのとき思いましたが、要するにそういうことだったわけです。ウイルス感染が、ある一定の条件さえ整えば誰にでも起こりうるものであるように、テロリズムという観念もまた、ある条件の下に置かれたときにどんな人間にでも起こりうるものだということです。例外はありません。ロシアや中国の例が示すように、どれだけ強力な思想弾圧や情報統制を敷いても、必ずそれに反対する思想が生じてきます。おそらくはテロルの観念もまた防ぎようもなく、ある条件下に置かれたときに染(うつ)っていくものだろうと思います。

2　テロルの心理学

暴力とテロリズムをめぐって

二つ目のキーワードは「テロリズム」です。

私はこの事件を「優生テロ」＝「優生思想によるテロリズム」と名指しているわけですが、事件後すぐに連想したのは、一九九五年の「オウム真理教地下鉄サリン」事件でした。この事件がサリンを用いた「宗教テロ」だったことから、津久井やまゆり園事件を、当初は「福祉テロ」と呼んでいたのですが、間もなく「優生思想テロ」と変え、それから「優生テロ」と変更しました。優生思想が引き金となったテロリズム、というほどの意味です。

この節では、「テロリズム」をどう考えるか、なぜ私が津久井やまゆり園事件をあえて「テロリズム」と呼ぶのか。ここで再び笠井潔さんにご登場いただきますが、公判の終了から八カ月を経て、私は笠井さんにインタビューをする機会を得ました。[*1] テロについて、笠井さんは次のように、とても興味深いことを述べていたのです。

当初、私は、テロリズムとは、なんらかの政治的、思想的目標を成し遂げるために実行される、市民・為政者に対する無差別の意図的暴力、と考えていました。そしてインタビューの際、「戦後日本のテロリズムの流れ」として、一つのまとめを作成し、その上でインタビューに臨んだのですが、「テロリズム」をめぐる笠井さんの答えは、私の予想とはまったく異なるものでした。

「普通、言葉には指示する対象がある。しかし「テロ」という言葉が意味するのは、この言葉を向けられた対象ではなく、この言葉を発した者の立場、立ち位置です。ある政治的行為を「テロ」として名指すとき、人は、それを最大限に否定しようとしている。だから「テロ」という言葉が意味するのは、その行為を認めない、絶対的に否定するという発話者の立場です。同じ行為を指して、「テロ」だという者もいれば、英雄的な行為だ、正義の行為だという者もいる。当然のことです。テロという客観的な実体があるわけではない。あれはテロだと言いたい人間がいる、それだけのことです」

そして笠井さんは、9・11は「世界同時テロ」と呼ばれているが、それはアメリカと西側諸国からの「名づけ（まなざし）」であり、イスラム諸国にとってはテロではなく「聖戦」であり、テロとは言わない。

自分は中立の立場に立ちたいから、単に「9・11」あるいは「9・11アタック」と呼んでいる。そう述べたのです。

テロに対する笠井さんのこの見解は、私を強く説得しました。本書に事件への断罪の意を込めて「優生テロ」というタイトルを付したのですが、そのことで自分がどこに立っているか、おのずと示すことになっていた、改めてそう気づかされたのです。植松聖の行為に対し、「容認できない」という私の感情がどれほど強いか、その表現になっていたのでした。

もう一つ尋ねたいことがありました。笠井さんは大作『例外社会』のなかで、池田小事件の宅間守と秋葉原事件の加藤智大の行為を、「テロリズム」と断じていますが、そのことについてです。笠井さんは、両者の暴力には、自分は承認されていないという不遇感や抑圧感が前提にあって、それを埋めるためのものであり、そこにはルサンチマンがある、ルサンチマンによる暴力は腐敗したものであり、そのような暴力は認められない、それ故に「テロリズム」と断じるのだと言います。

ではテロリストの心理とはどのようなものか。笠井潔さんの『テロルの現象学』[*2]から引きます。

全的に世界を喪失してしまった人間は、既に破滅を強いられた存在である。ただ彼には、ゆるやかな、窒息するような破滅か、急激で劇的な破滅かの選択しか残されてはいない。完全に世界を喪った者にとって、生の一瞬一瞬が世界喪失の追体験であり、間断のない苦痛であり、受苦である。彼は世界をリアルなものと感じることができず、苦痛を分厚い生の存在実感のなかで現実的に受容することもできない。世界はいつも、他者たちのよそよそしい世界であり、彼はそこから永遠に追放

> されている。(略)彼は世界の掟を内面化することができない。掟は彼と世界を、彼と人々を結びつける絆ではなく、処罰の恐怖をいわれなく煽りたてるだけの不可解な圧迫である。(二九頁)

『テロルの現象学』の冒頭からすぐのところに置かれた文章です。これを読んだとき真っ先に、植松聖死刑囚の心象世界が描かれている、と直感しました。「世界を喪失してしまった」彼にとっては、生の一瞬一瞬が「間断のない苦痛であり、受苦で」あり、「世界はいつも、他者たちのよそよそしい世界」に変貌していたという指摘。これは、ここまで取り上げてきた、「つながりたいのにつながれなかった」(第八章)「友だちがいるのになぜ孤独だったのか」(第七章)という心情の、見事な洞察になっています。

そして掟(世界のルール)は「処罰の恐怖をいわれなく煽りたてるだけの不可解な圧迫」であると感じられていた。そのようなルールは排除してよいと「気づいた」(この「気づいた」という言葉を、彼は公判で何度となく口にしていました)。そして陰謀論的思考への傾斜。心の奥底に潜在する不安と恐怖。この引用から、そんな心理構造もとり出すことができるようなのです。

さらにもう一点、注目すべき指摘がされています。『テロルの現象学』の「第一章　観念の発生」は、「**テロリズムとは観念的暴力に他ならないのだが、それではなぜ、人間は観念過程に入るのだろうか。観念というこの奇怪な憑きものは、いったいどこからやってくるのだろうか**」と書き出されています。「観念という奇怪な憑きものはどこからやってくるか」という一文。ウイルスに感染するように、テロルの観念に感染していく。笠井さんもまた、村瀬さん同様、優生思想やらテロルの観念やらは、ウイルスのように感染し、広がっていくのだと言っているわけです。

第八章で、植松死刑囚の精神の心情をたどってみました。彼自身が、あるところで「生きている価値のない障害者」という差別の観念に感染し、「殺害を自分が決行する」というテロルの観念へと上昇させていく、というプロセスを追いかけてみたわけです。

彼の観念は、メディアやインターネットを通じて拡散され、不特定多数の人たちに感染していきました。過半は賛同をそれぞれに応じて表明するにとどまっていましたが、やがてその中から、「よそよそしい世界」、「自分を永遠に追放した世界」に対し叛逆を試みる男性たちが現れます。植松死刑囚の直接の影響を裏付ける根拠はないのですが、「死刑になりたくて人を殺す」男性たちは、彼のテロ・ウイルスの感染者だったのではないか。津久井やまゆり園事件の後に続いた無差別殺傷事件の報道(次項参照)を見ながら、そんなことを考えずにはいられませんでした。

繰り返しますが、この関連性（感染性）に実証的な根拠はありません。しかし傍証として、次のような類推を持っています。

昨今、著名人の自死報道が一時のようなセンセーショナルなものではなく、大変抑制的なものになっていることに気付いている方は少なくないだろうと思います（いま私は「自死」と書いたのですが、そもそもメディアもまた、「自殺」という言葉自体に対して敏感に反応し、禁欲的になっています）。自死に対してある脆弱性を抱える人にとっては、報道の在り方が有力なトリガーになることを、自死予防の専門機関が各メディアに対し、粘り強く啓蒙してきた結果です。

ジャーナリストを対象としたメディアカンファレンスが例年開かれていて、かつては私も出席していたのですが、このとき、無差別大量殺傷事件の報道も、また重要なトリガーになりうることを学んできました。くり返し報じられることで、大量の情報が溢れ返ります。刺激的でキャッチーな語彙がくり返されながら通俗的な「物語」に落とし込まれていき、自死報道同様、ある人にとっては実行のハードルを下げてしまう。そこからの類推です。

くり返してきたように、テロルの観念や「無差別大量殺傷」の観念も、また「染る」のです。

3　「死刑になりたい」と言うテロリストたち

「感染・うつる」無差別テロの観念

したがってここでの仮説一は、植松死刑囚が実行した大量殺傷が（厳密には無差別ではないのでこう書きますが、無差別殺傷の類型に近いものがあります）、その後の無差別殺傷事件に影響を与えるように連動していったのではないか、ということになります。

二〇一六年の津久井やまゆり園事件以降の主だった事件をあげてみます。

（1）二〇一八年六月九日、東海道新幹線車内で男性（当時二二歳）が、隣り合わせた女性に突然襲いかかり、負傷させ、止めようとした男性が死亡。加害者は、無期懲役になって一生を刑務所で過ごしたかった、と言ったとされる。

（2）二〇一九年五月二八日、川崎市登戸で、小学校のスクールバスを待つ児童と保護者が、突然男性に次々と刺され、二名が死亡、一八名が負傷。加害男性（当時五一歳）は直後、自分の首を刺して死亡。事件当時は職に就いておらず、外部との接触がほとんどない状態が続いていたという。
（3）二〇一九年七月一八日、京都アニメーションに男性（当時四一歳）がガソリンをまき、放火。死亡者三六名、負傷者三五名。WEB上の関連情報には、一家離散、犯罪の前歴が複数、障害者手帳の取得、生活保護の受給などの文言が見られる。
（4）二〇二一年八月六日、小田急線車内で男性（当時三六歳）による刺傷事件が発生、乗客九名が刺される。勝ち組女性を狙った、サラダオイルを持参し、火をつけようとしたが、うまく着火しなかったため大事を免れたと報道。「クソみたいな人生」「人生がうまくいかない」などと発言したとされる。
（5）二〇二一年一〇月末のハロウィンの日に、京王線車内で無差別の刺傷事件が起こり、一七人が重軽傷を負う。加害男性（二四歳）は「仕事を失って嫌になった。二人以上殺して死刑になりたかった」「ハロウィンなので人がたくさん乗っていると思い、電車を狙った」と発言したとされる。
（6）二〇二一年一二月一七日、大阪市北区の雑居ビル内にあるクリニックに男性（当時六一歳）がガソリンをまいて放火、二五人が死亡。加害男性は生活保護申請をしたが、それが受け入れられなかったことが後になって報じられる。

論じるためには、一つ一つの事件の丁寧な事実確認が必要ですが、詳細に触れる余裕はなく、インターネット上で集めた情報から概略を示すにとどめました。ごく控えめに述べることになりますが、これほどの頻度を見せていますから、これはもはや「立て続け」と言ってよいのではないでしょうか。

大量殺傷事件の後、「死刑になりたかった」と初めて語ったのは、〇八年の茨城県土浦市での、二四歳男性による連続大量殺傷事件だといわれていますが、その先駆形は、〇一年の池田小学校事件の加害者、宅間守元死刑囚だったと私は見ています。

大量殺傷事件については、犯罪精神病理学者の影山任佐氏が『犯罪学と精神医学史研究』[*3]で、その基本的なところを次のようにまとめており、まずはそのポイントを押さえておきましょう。

我が国の大量殺人は昭和60年（1985）頃には、一般殺人の1%程度であった。筆者の鑑定統計等からは、我が国では同時型が圧倒的に多い。単独犯が多く、男性が圧倒的多数を占めている。犯行手段は多彩で、年齢は単独殺人犯に比較して若干高く、20歳代に対して30歳代が多かった。（三七頁）

氏の分類によれば、精神病類型の迫害妄想者による反撃、復讐による攻撃行為が稀にあるとし、また一方で、「非精神病性大量殺人を「自己確認型」「間接自殺型」「自暴自棄型」に分類している」といいます。これを踏まえながら、一連の事件から私が強く感じることは、自分の人生を終了させる間際において、社会や他者に対しての「リベンジ」を果たそうとする心理があり、その点は通底しているのではないかということです。

先にあげた事件の背景や経緯などの詳細は不明ですが、かつて影山氏が、精神病理との関係で迫害妄想者の反撃、復讐としていた攻撃行為が、非精神病者とされる加害者たちにも及ぶようになってきた、「精神病者／非精神病者」の明らかな区別は見えなくなっている。そう推測させます。つまり、無差別殺傷事件一般において、「自己確認型」「間接自殺型」「自暴自棄型」に加え、迫害妄想者による反撃、復讐による攻撃行為が広がっている。

植松死刑囚が実行を決断するまでに至る心理的経緯を思い起こしていただきたいのですが、彼の殺意の強さは、迫害妄想（自分こそが彼らの役に立っていない、不要な人間だと排斥されかねないという、深層の被害妄想）を、あるところをきっかけに反転させていった結果ではないかと考えました。私の見立てでは、植松死刑囚もこの心理類型に該当します。

そして昨今の「死刑になりたかった」ことを名目として実行に及ぶ事件のキーワードを、人生に対する半ば自暴自棄の「リベンジ」、反撃、復讐、そこに見てよいのではないか。これが影山氏の指摘を参照しながら導かれた二つ目の仮説です。

「無差別殺傷事犯に関する研究」

しかしそれにしても、なぜ、「死刑になりたい」と言って、簡単により多くの人命を奪うことのできる方法を選ぶのか。それを解く手掛かりはないかとネット検索を続けていくと、法務総合研究所による報告書「無差別殺傷事犯に関する研究」に行きつきました。

二〇一三年に発表されたもので一〇年ほど前のデータですが、ざっと一読し、骨格の部分に大きな変化はないと感じました。いくつかのネットメディアでも取り上げられたようですので、この報告書を参考にしながら一般的な概況を紹介してみます。

調査対象者は五二名で女性が一人います。年齢層は二〇代、三〇代が合わせて三一名（五九・六％）。一〇代も七名（一三・五％）。目につくのはなんといっても人間関係の希薄さです。単身者が五〇％、配偶者と子どもがいるのは一名だけ、婚姻歴のない者が八二・七％、あっても離婚、別居というケースが過半。さらに犯行時に異性の交際相手がいた者は一名のみ、交際経験の有無はありが五三・八％。親密な友人がいた者は三名、普通の友人がいた者は一〇名。学校、職場の在籍時に友人がいなかった者が一九名、険悪または希薄であった者が八名、「適切な交友関係を構築する力が不十分な者が多い」とまとめています。（イ）

次は就労状況と経済状態です。就労経験者は四七名ですが、犯行一年前には二五名に、犯行時には一〇名に、と下がっていきます。就労形態も、犯行時においては非正規雇用が多く、正規雇用者は四名にとどまり、収入は二〇万円以上が三名、一〇万円以下が九名、無収入者が三一名となっています。就労形態と収入がきわめて不安定で経済活動も不活発だとされています。（ロ）

絵に描いたように、人間関係が希薄で収入も乏しく、生活基盤が脆弱であることが分かります。この基本的な在り方は、一〇年を経た今でも変わらないだろうと思います。いや、一〇年を経てさらに過酷になっているだろうことは、ここまで「承認」や「つながり」というキーワードとともに見てきたとおりです。

犯行歴・非行歴のある者は三四名。そのなかで前科のある者二四名。このうち懲役刑五回以上の者八名、二～四回の者九名、一回の者七名。「犯罪を繰り返す中で、無差別殺傷事犯に至った群の存在を見ることができる」としています。三四名の初犯時の年齢は、少年時が二一名、その中で一四歳未満が七名で、「少年時に非行性に関する問題性が大きかった者が相当程度に及ぶ」としています。くり返される非行や犯罪。（ハ）

「動機」についての分析もなされています。

1　「自己の境遇への不満」、憂さ晴らしとして事件に及んだり、自己が正当に評価されていない、と社会に不満を抱き、一般市民を殺害しようとするもの（二二名）。（ニ）

2　「特定の者への不満」、これもやはり当の相手に向かうのではなく、他の者へ転嫁しての鬱憤晴らしに及ぶもの（一〇名）。（ホ）

3　「自殺・死刑願望」（六名）。（へ）

ここは次のように書かれています。「**自殺願望がありながら、それを実行・完遂できないため、自殺の代わりに死刑になろうと考え、又は、自殺の実行に踏ん切りをつけるために、無差別殺傷事件に及ぶものであり、例えば、恐怖感から自殺することができないため、通り魔殺人をすれば死刑になると考えたものなどをいう**」。

比較できるデータを持っていないのですが、（ニ）～（へ）の動機とされるものがここ一〇年で裾野を広げ、数を上昇させている、そう考えても間違いではないと思います。さらにいえば、他者の命を奪うことに対するハードルが下がっている、そんなことも推測したくなるところです。

4　「刑務所への逃避」（九名）。（ト）

二〇一八年六月に、二二歳の男性が、走行する新幹線車内で両脇に座っていた女性二名に鉈で切り付け、助けようと止めに入った男性を滅多突きにして殺害したという事件は、まさにこれに該当します。彼は死刑ではなく無期懲役を望んでおり、希望どおりの判決が下されたとき、法廷内でバンザイを叫んだといいます。

5　「殺人への・興味・欲求」（五名）。（チ）

次は被害者について。五二名の加害者にあって、被害者は一二六名です。男性六五名、女性六一名。年齢別に見ると、九歳以下がもっとも多く三二名。「**一般殺人と比べると、女性と子供の比率が高い**」としています。「被害者の選定理由」という分析の記載もあり、これも興味深い結果になっています。「自分より弱者である」（一八名）、「怨恨相手等の投影・代替」（一二名）、そしてこの一二名の内訳は「怨恨相手」（八名）、「幸福な者」（四名）となっています。「自分より弱者でないから」（四名）、その他（三名）、「理由なし・不明」（一五名）。

以上が、無差別殺傷の実行犯についての分析結果です。

ここに「考察」を加えてみる――テロリズムの心理学

このように示された現状の分析をもとに、津久井やまゆり園の事件や、先に取り上げた無差別殺傷事件をにらみながら、今この日本で何が起きているのか、私なりの考察を加えてみます。

まず、影山氏の分類に拠りながら、無差別殺傷事件一般において、「自己確認型」「間接自殺型」「自暴自棄型」に加え、迫害妄想者による反撃、復讐による攻撃行為が広がっている、とその犯行の心理を類型づけました。そして、「無差別殺傷事犯に関する研究」における分析から引き出した「適切な交友関係を構築する力が不十分（配偶者や子どもがいない）」「就労が不安定で経済状態が厳しい」「少年時の非行性の問題」は、犯行のリスク要因だと考えることができます。もちろんこのリスク要因が、犯罪行為の直接の原因となるわけではありません。いくつかのリスクが相乗され、最後のトリガーとなるもう一つの要因がそこに現れる。そして犯罪が引き起こされてしまう。そのトリガーとして私が重要視したのが、「リベンジ」というもう一つの心理要因です。

先ほどの「動機」の分析において、「自己の境遇への不満」や「憂さ晴らし」として事件に及んだり、「自己が正当に評価されていないために社会に不満」をもち、「特定の者への不満を他の者へ転嫁しての鬱憤晴らしに及ぶもの」とされていました。これらの心理がまさにリベンジです。そしてリベンジを言い換えるならば、「新しい貧困と社会的承認への飢餓」によって生じた強烈な被害感情と、それが反転した攻撃感情です。

これは、先ほどの無差別殺傷の加害者をはじめ、植松死刑囚にも当てはまります。ただしくり返しますが、こうした指摘は、あくまでも犯罪類型と心理的要因によって示される概略です。重要なことは、一つ一つの犯罪それ自体の個別性であり、それをどこまで深く掘り下げることができるか。この津久井やまゆり園事件は、私にとって、その重要な試金石だったわけです。

以上のように考えると、法廷に座り、「オレはここにいるぞ」とばかり傍聴人を見渡してみせたり、滔々と自説を述べていく植松被告が、なぜあれほど晴れがましい姿をしていたのか、改めて理解できるような気がします。

あの事件は、彼にとっては知人や友人、職場の同僚たちをも含む、社会全体に対する最後のリベンジでした。したがって、接見を望んで引も切らずに拘置所に訪れてくる多くの人々の存在は、自分の行動が支持されているという実感を彼に与えたはずです。法廷で、自分の話すことを聞き漏らすまいと耳を傾ける傍聴人たちの姿は、自分の目論見であるリベンジが、失敗していなかったことを彼に確信させたのではなかったでしょうか。そんなふうに多くの人の関心が自分に向けられることなど、彼のこれまでの人生のなかで一度もなかったはずですから。

笠井潔さんは、テロリストの心理を次のように書いていました。「**全的に世界を喪失してしまった人間は、既に破滅を強いられた存在である。ただ彼には、ゆるやかな、窒息するような破滅か、急激で劇的な破滅かの選択しか残されていない**」。植松死刑囚を含めたリベンジテロの実行者たちは、ゆるやかな破滅ではなく、「急激で劇的な破滅」の道を選んだわけです。あたかもそれが最後の晴れ舞台ででもあるかのように。

政治的、思想的、感情的目標

もう一つ、次のことも指摘しておかなくてはならないでしょう。

私はここまで、無差別殺傷とテロリズムとを、はっきりとした区別を設けずに書き進めてきました。毎日新聞の記者である大治朋子氏は、国際的に共有されているテロの定義はないが、「**テロリズムとは、何らかの政治的、思想的、感情的**（emotive）**目標を成し遂げるために実行される、無辜の市民に対する意図的暴力**」（二二頁）という定義を用いています。[*4] 本章2節では、テロについての笠井さんの指摘に強く説得されたと書いたのですが、さらにここで、この定義も加えたいと思います。

なぜ加えたいのか。その要諦が何かというと、「政治的、思想的」目標を成し遂げるための市民への暴力だけではなく、そこに「感情的」目標という一語が加えられていることに、私は注目したのです。自分の全存在や全人生を賭した「自己承認欲求の最後の奪回」、言い換えればリベンジという感情的目標、このことを目的としてなされる「無辜の市民に対する意図的暴力」、「死刑になりたい」と言って無差別の殺傷を行う彼らの行為も、ここに含めてよい。そう判断されたからです。これが「テロリズム」を、旧来の政治目的のための暴力という概念よりも広くとらえた一つ目の理由です。

もう一つあります。テロリズムといえば（私もそうだったのですが）、昭和前期の右翼民族派による政府要人の暗殺といった一連の行動がすぐに思い出されます。戦後でも、一九六〇年の、一七歳の山口二矢少年による、浅沼社会党委員長刺殺事件が想起されるでしょうし、近年も、政治家を対象としたいくつかの襲撃事件が起きています。[*5] こうした事実を踏まえながらなお述べれば、近年の「自己の境遇への不満」や「自己が正当に評価されていない」といった強い不満が、あくまでも個人的感情にとどまり、社会問題や政治問題へと通じていく通路をもっていない、作ることができない、そういう傾向がはっきりと見られることに拠ります。そのことが、従来のような明確な「政治テロ」としての像を結びにくい、そういう事実として表れているのではないか。

このことはちょうど、永山則夫元死刑囚と植松死刑囚が見せていた大きな時代的落差に通じます。永山則夫は獄中で『資本論』とマルクス主義に出会うことによって、自らの幼少期の極度の貧困という個人的体験を「社会悪」というかたちに転換させ、法廷闘争として彼は実践しました。個人的な体験を、社会問題へと転換させていく通路を作り得たわけです。

一方の植松聖死刑囚は、おそらくは彼が感じていただろう社会的な矛盾や不遇感を、あまりにもベタな優生思想にリンクさせせました。優生思想自体は社会思想として転化していく通路をもっているのですが、しかし彼はそれを、陰謀論的思考の中に内閉させてしまいました。陰謀論とは、社会と他者の遮断によって成り立つ思考です。そこではダイアローグが発生する余地は皆無であり、どこまで行っても自己完結する他ないモノローグの世界です。

この両者の大きな差こそが、現代のテロリズムを狭義の「政治目的のための暴力」という概念にとどめずに、広い網をかぶせて考えたいとしてきた理由の二つ目です。社会に通じていく通路をつくり得ず、犯行行為が、個人的怨念の発露でしかないこと。そのことを表す典型が、「人を殺して死刑になりたい」という捨てゼリフです。

二〇二二年四月二九日、「植松死刑囚、突然の再審請求」と報じられました。続報はありません。私には、とくに驚きはありませんでした。

裁判の後、コロナパンデミックが起こり、さらに引き続いてロシア－ウクライナ戦争が勃発するなど、世界史的な事件が続きました。拘置所でそうした状況を察知し、自分の存在が忘れられることを怖れた植松死刑囚が、もう一度世間にアピールしたかった、その程度の理由ではなかったかと私は推測しています。

しかし、彼にはもはや晴れ舞台の場などどこにもありません。これまで以上の事実を何か語ってくれるだろう、などという期待も、一切もっていません。自分が手にかけた方々のことに、わずかでも思いを凝らしてほしい。願うのはそれだけです。

＊追記　二〇二二年八月二一日、渋谷区神泉で、一五歳、中三の少女が、二人の女性（母と娘）に背後から襲いかかり、刃物で複数回切りつけたという報道が流れました。この少女もまた「人を殺して死刑になりたかった」と供述したといいます。詳細は不明ですが、中三の少女にまでこのような言葉が浸透していることがいかに深刻な事態であるか、死刑制度についてきちんとした議論を始めなくてはならないと、痛感した事件報道でした。

注

1 「ロングインタビュー（第一部）「笠井潔氏に聞く■「例外社会」とは何か――「世界戦争」から二一世紀の「世界内戦」の時代へ」「ロングインタビュー（第二部）戦後社会をどうとらえるか――戦後社会の「欺瞞」と本土決戦／「没落する中流」と暴力化の問題」（『飢餓陣営52』二〇二〇年一二月）

2 笠井潔『テロルの現象学』（作品社、一九八四年）

3 影山任佐『犯罪学と精神医学史研究』（金剛出版、二〇一五年）

4 大治氏は、『歪んだ正義―「普通の人」がなぜ過激化するのか』（毎日新聞出版、二〇二〇年）において、「テロリズムの定義はない」、国際社会はテロの定義において合意できていないという事実を紹介し、米国は独自に、合衆国法典第22編2656f（d）条で規定した定義**「テロリズムという言葉は、通常、一般大衆（audience）に影響を与えることを目的とし、準国家的集団（subnational group）又は秘密の代理人による、非戦闘員を標的とし、事前に計画された政治的な動機を持つ暴力をいう」**を採用しているとした後、本文で引用したテロリズムの定義を採用しています。

　一般的理解としては、こちらが用いられることが多いだろうと思いますが本書ではこれに、笠井さんの指摘も加え、テロあるいはテロリズムという言葉を用いています。

　また大治氏は、組織に属さない「ローンウルフ（一匹狼）」がテロリズムを起こすまでの過激化プロセス」という図式を引用しています（出典はマーク・ハム（犯罪学）とラモン・スパイジ（社会学）、『テロリズムの時代』二〇一七年。訳書はないようで、和訳は大治氏）。次のようになっています。

①個人的・政治的な苦悩　↓　②オンライン上の仲間や過激派グループへの親近感　↓　③支えるもの　↓　④意図の流布　↓　⑤きっかけとなる出来事　↓　⑥テロリズム

5 九〇年以降に限っても、「90年1月18日、本島等長崎市長が右翼の男に撃たれて重傷を負う」「92年3月20日、金丸信自民党副総裁が栃木県足利市で右翼の男に撃たれたが無事」「94年5月30日、細川護熙元首相が東京のホテルで右翼団体の元幹部に撃たれたが無事」「02年10月25日、石井紘基民主党衆議院議員が自宅前で右翼の男に刺されて死亡」「06年8月15日、山形県鶴岡市にある自民党元幹事長、加藤紘一衆議院議員の実家と事務所を右翼団体構成員の男に全焼させられる」という襲撃事件が見られます。（西日本新聞ＷＥＢ版、二〇二二年七月八日より）

第一一章　植松死刑囚の手紙への遠くからの返信
――戦争と福祉と優生思想・再論

1　戦争――最大の弱さを最強の武器として

プロローグの三つの問いとサブタイトル

本書のプロローグを、「植松被告人の短い手紙から読み解く三つのこと」と題し、次の三点を問いかけながら本書を始めました。

「1　なぜ「疲れ切った母親の表情」なのか」
「2　「障害者の家族とは話ができない」のはどうしてか」
「3　「帰還兵はなぜ自殺するのか」、「植松聖」はなぜ自殺しないのか」

そしてサブタイトルを「戦争と福祉と優生思想」としました。すでにお気づきのことと思いますが、「1」をケアの問題と読み替えるならば、福祉の問題に接続することができます。「2」は障害学と優生思想の対立という図式が描けることを、すでにプロローグで指摘しています。「3」は戦争に、とそれぞれ対応していますから、サブタイトルは、この三つの問いを表していることになります。そして本文では直接間接を問わず、なんらかのかたちで三つの問いに関連する記述となるように心がけてきました。もちろん接点をもたないテーマやそれ以外の重要な主題も取り上げてきたのですが、この三点は、いわば本書の通奏低音とでも言ってよいものでした。そして膨大な分量の記述を費やして、やっとここまでたどり着いたわけです

本章ではその問いを引き継ぎながらも、植松死刑囚の手紙への再返信という意図を込めた記述を試みてみたいと思います。くり返しますが、直接の応答という意図ではありません。「戦争と福祉と優生思想」という執筆の始まりに置かれていた問いが、ここに至ってどのような問題意識として、私の中で変容されたのか。答えを出すことよりも、こんなふうに新たな問いとして深められてきた、あるいはこんなことがこれからの宿題となっている、というそのことを示してみたいと思います。

戦争と「非暴力の思想」

福祉の思想は、通常の思考に倣えば平和の思想であり、一見すると戦争とは対極の考え方であるかのように受け取られていますが、それは表層の理解であり、戦争と福祉は補い合っているのではないだろうか。戦争の遂行を補完するようにして、福祉は生まれてきたという経緯があるのではないだろうか。そのようなことを第二章に書きました。

また、植松死刑囚のテロリズムにどう対抗するかと考え、「非暴力の思想」について私なりの見解

をまとめつつあったときに、ロシアによるウクライナへの侵攻が始まりました。戦争のニュース映像を見ながら、殺し合いや拷問やレイプが日常のように行われる戦時にあって、「非暴力の思想」などがなんの役に立つのかという、そんな無力感に襲われていました。戦争が、いつ自分の身の回りで起こるか分からない、世界の状況は明らかに激変し、私の「非暴力の思想」は、いきなり厳しい問いの前に立たされることになった。

　そして笠井潔さんへのインタビューの際、ガンジーの「非暴力の思想」についての質問をしたところ、笠井さんは、容認されてしかるべき暴力はある、それはガンジーの「非暴力の思想」と矛盾しない、不服従を相手に突きつけることによって相手の暴力を引き出す、そういう意味ではガンジーの「非暴力の思想」もまた暴力なのだ、そう述べていたとも書きました。

　そしてロシア－ウクライナ戦争が始まった後、笠井さんに二度目のインタビューをする機会があり[*1]、ウクライナ戦争をどう考えたらよいか、一通りこちらが用意した質問に答えていただいた後、私は再び「非暴力の思想」について尋ねました。笠井さんがそこでどんな答えを示してくれたかは、ぜひ掲載誌のほうをお読みいただきたいのですが、そのさわりだけを述べれば、おおむね、次のようなものでした。この世界には「非暴力」は存在しない、世界はさまざまな力の交錯する場であり、暴力とはその力のことだ、したがって暴力を根絶することは不可能であり、できるだけ破壊的ではない形にどうコントロールできるか、それが基本的な考え方になる。いわゆる「非暴力」は暴力の反対概念ではなく、暴力の一つの形態である。非暴力による不服従が有効な局面もあるが、そうではない場面もある。たとえば戦争。プーチンの前で「非暴力」などと言ったら、たちどころに殺されてしまうだろう……私は説得されました。しかし説得されつつも、まだこだわりが残っていました。

「戦うことも、逃げることも、自分を守ることもできない」という非戦と非暴力のアピール

私は、笠井さんの答えに説得されつつも、「非暴力の思想」へのこだわりが抜けきれなかったのですが、しかし一方では、何にこだわっているのか、自分でもよく分からない状態が続いていました。それから、地政学なる学問を、少しずつかじり始めました。読み進めていくと、笠井さんが二度のインタビューで示してくれたとおり、世界史というものがいかに連綿と続いてきた戦争の歴史であるかが痛感されました。まさに「**人類は戦争を克服する方途を模索し続けたが、これについては、きわめて長い間、どれほど卓越した精神も明瞭な答えを出すことができなかった**」（竹田青嗣『欲望論』第Ⅰ巻）のであり、そして地政学とは、いつでも、どこでも引き起こされうる戦争に、いかに準備し、いかにして闘うか、そのことを突き詰めて考えようとしている学問であることが理解されました。

自分の目の前で戦争が勃発してしまったとき、そこで私たちにできることはといえば、武器を持って戦い敵を倒すか、自分で自分の身を守るか、戦場を離れて逃げるか、この三つのどれかです。しかしこの本の主題は、「重度の障害」をもつ人たちのさまざまな困難なありようをめぐるものであり、彼らは、武器を持って戦うことも、自分で自分の身を守ることも、自分の力で安全な場所に逃げることも、いずれもかなわない人たちです。つまり「死＝殺される」という以外の選択肢を、自分の力で

はもつことが難しい、そういう人たちです。いずれもかなわない人たちにとって、戦争とは何か。ただ「死」という自分の宿命を受け入れる以外の選択肢はないのか。

戦うことも、自分の身を守ることも、逃げることもできない、つまり何もできないということは、存在そのものがまるごと「非暴力」であるということです。武器という言葉をあえて使うならば、存在そのものが「非暴力」であることが、彼らにとっての唯一の武器です。その武器を持って戦う以外にない。そして「不服従」の意思を示すことはできるはずだ。どうもこのことが、「非暴力と不服従の思想」という言葉で、私がこだわり続けてきたことの根っこにある問題のようなのです。

ともあれ、この後をどう続けるか、その方向をまだ見出していません。その一つのきっかけを、スヴェトラーナ・アレクシエーヴィチの『戦争は女の顔をしていない』（岩波現代文庫、二〇一六年）をはじめとする一連の仕事の中に見いだそうとしていたのですが、そんな最中、私は『飢餓陣営』誌上で「往復メール」を続けていた村瀬学さんに次のようなメールを送りました。

「『戦争は女の顔をしていない』というフレーズは、あっという間に平和についてのシンボリックで強烈な表現になりました。しかし『戦争は障害者の顔をしていない』と言ったとしても、おそらく、当たり前だろうと一蹴されて簡単に終わるか、障害者も戦争に参加しろとでも言うのか、何をタチの悪い冗談を、と叱られて終わりになるだろうと思います。村瀬さんは、佐藤はまた何をおかしなことを言っているのだ？　と困惑されているかもしれません。こんなことも、今回のウクライナ戦争をきっかけとして、考えることになったのでした。『戦争は障害者の顔をしていない』」

するを村瀬さんから、次のような返信が寄せられました。

「佐藤さんの取り上げておられる「戦争は障害者の顔をしていない」というフレーズも、現実には「戦争は障害者の顔ばかり」という側面があって、戦争というと、加藤典洋さんがずっと追求してこられたような「戦死者」の数が有名なんですが、実際には戦場で「障害者」になった人たちの数もとっても多いんですよね。今回のロシア－ウクライナ戦争でも、重傷の負傷兵のニュースが、ごく簡単に流されていましたが、そんな簡単に流すだけではすまされない数の人たちが「障害者（精神を病む人たちも含めて）」になっているんだと思います。アレクシエーヴィチさんの『亜鉛の少年たち：アフガン帰還兵の証言』（岩波書店、二〇二二年）もそのテーマでした」

まったくその通りです。そしてこれは、第二章で、福祉と戦争は相補っていると書いた主題に、まっすぐに通じていきます。性懲りもなく戦禍がくり返され、そのたびに膨大な数の心と身体を損なわれる人が生み出され、親や家族を失う子どもたちが生み出され、福祉が後追いをしていく。愚行以外の何物でもない戦争が、こうして止むことなくくり返されて行く。

「戦争は障害者の顔ばかり」という村瀬さんの言葉から、私は、「青い芝の会」の人たちならば、どのような非戦と非暴力のアピールを示してくれただろうか、とそんなことを連想し始めたのです。「お前たちの出る幕じゃない！」と周りから言われるのを蹴散らすようにして、車いすで大挙して街頭に出て行き、彼らを阻止しようとする屈強な機動隊と相まみえる。排除されても排除されても、車いすの新しいスクラムが生まれていく。そのような光景を思い浮かべ、ひょっとしたら、「青い芝の会」のパワーがいくつか集まれば、もっとも強力な反戦・非暴力団体の一つになるのではないか。「何もできない」ことが、不服従を貫く最強の武器になる。「戦争は障害者の顔をしていない」という言葉からあれこれと思いをめぐらすうちに、そんなことにまで考えが及んだのでした。

さらに私の「連想」は続きました。彼らの残した著書を、「非戦と非暴力と不服従の思想」として読み替えることはできないだろうか。横田弘さんの『障害者殺しの思想』から、抜粋しながら行動綱領を引きます。

一、われらは自らがCP者であることを自覚する。
われらは現代社会にあって「本来あってはならない存在」とされつつある自らの位置を認識し、そこに一切の運動の原点を置かなければならないと信じ、且つ行動する。

一、われらは強烈な自己主張を行う。
われらがCP者であることを自覚した時、そこに起こるのは自らを守ろうとする意志である。／われらは強烈な自己主張こそそれを成しうる唯一の路であると信じ、且つ行動する。

一、われらは愛と正義を否定する。
われらは愛と正義のもつエゴイズムを鋭く告発し、それを否定する事によって生じる人間凝視に伴う相互理解こそ真の福祉であると信じ、且つ行動する。

一、われらは問題解決の路を選ばない。
われらは安易に問題の解決を図ろうとすることがいかに危険な妥協への出発であるか、身をもって知ってきた。／われらは、次々と問題提起を行なうことのみがわれらのおこないうる運動であると信じ、且つ行動する。（一一二－一一三頁）

浅学にして目にした記憶はありませんが、「青い芝の会」の思想を「非戦と非暴力、不服従の思想」として読み替えるという試みには、すでに先行研究があるのかもしれません。ここで書かれているアピールを、次のように読み替えることはできないでしょうか。

「CP者であることの自覚」とは、私がここまで書いてきた、戦時にあって「武器を持って戦うことも、逃げることも、自分を守ることもできない」、そのような存在であることの強い自覚です。「本来あってはならない存在」であることがひときわ強く意識されるときとは、まさに戦争の最中においてでした。しかしそのときこそが、「自らを守ろうとする」「強烈な自己主張」をなしうるときです。

「愛と正義の否定」。戦争はいつも「愛と正義」の名のもとに始まり、遂行されます。家族愛、同胞愛、国家への愛。強烈なナショナリズムを支えるのは、まさに強烈な「愛と正義」です。

そして「われらは問題解決の路を選ばない」というこの一文に、私は強い不服従の思想を見ます。「次々と問題提起を行うこと」とは、「不服従」の言い換え、安易に服従の意を示さずに、NOを訴え続ける意志、そのようなものだと私には思われます。『障害者殺しの思想』の解説で立岩真也さんは、「横田たちは――私は普通の意味の障害者に限らないと思うが――障害者が主張し文句を言うことの水準・地平を変えた」と重要な指摘をしていますが、五〇年を経た今、横田さんたちが変えた主張の水準・地平を、今度は私たちが変えていく番ではないか。

ロシア－ウクライナ戦争をきっかけとして始まった、私の中での「戦争、非戦、非暴力、不服従」という思想への傾斜は、こんなところまで連れてきたのでした。

2　福祉――捻じ曲げられた共生

津久井やまゆり園での「採火」になぜ反対だったのか

二〇二一年三月下旬、津久井やまゆり園が東京パラリンピックの採火場所に選ばれたという報道が流れました。その理由を相模原市は「共生社会の実現を目指すパラリンピックの理念に沿って、あらゆる差別をなくしていくとの思いを発信する。事件の風化も防ぎたい」としていました。そのときの経緯をひとまず記しておきます。

強い違和感を覚えた私は、即座に「あり得ない」とSNSで発信しました。すると、旧知だった共同通信の記者が目にとめてくれたようで、すぐに取材依頼がありました。その談話が「やまゆり園での採火、「ありえない」と考える6つの理由」として、WEB上に掲載されたのですが、私が指摘した「6つの理由」とは、次のようなものでした。

・「アンダーコントロール」発言をはじめとして、金銭問題他、オリンピックの開催にいたる経緯そのものへ強い疑義があること。
・市と市長が述べる「共生社会」の考え方へ疑念があること。
・多くの人の命が奪われた事件の現場を、祭典の場所とすることへの違和感。

・五輪・パラはあくまでも祭典であり、「死者への哀悼をこめた厳かな聖火リレー」とは語義矛盾である。「オリンピックの開催ありき」の論理が（新型コロナウイルスへの政府対応が示すように）、人命以上に最優先されているのではないかという疑義。
・事件以降、園もかながわ共同会も、市も県も、事件についての発信や対応には「当事者性」を欠いている、という批判。
・事件以降、被害者と被害者遺族は発言を封じられて（封じて）きたが、ここでも事前相談がまったくなかったし、発言の機会ももたされなかったという。事実ならば、遺族や家族に対して非礼である。

この六点が「ありえない」と考える理由でした。

津久井やまゆり園での採火立案に至るプロセスにあって、「被害者遺族・家族」が、まったく蚊帳の外に置かれていたことが、間もなく分かりました。被害者遺族の意向を無視するとは、言うまでもなく「死者」をこの上なく軽んじることです。哀悼というのは表向きの理由にすぎず、死者・被害者を政治利用しようとしているという疑いが消せませんでした。

その後四月二〇日付けの書面が、尾野剛志さんのもとに届けられます。事前になんの相談もなく記者発表となったことについてのお詫びと、津久井やまゆり園を採火場所にすることについての意見を伝えてほしい。そのようなことが書かれていたといいます。案が浮上してから一年以上を経て、マスコミにすっぱ抜かれてからも二〇日ほどを経て、やっとお詫びを伝える書面が届く。地元の相模原市の市長や福祉行政にあってさえ、やまゆり園の死者・被害者とその家族はこの程度の存在としか認識されていなかったわけです。

死者が損なわれている、遺棄されている、と感じるのは私だけではないでしょう。おそらく私たち生きている者にとってなすべき重要な仕事の一つが、死者をどのように悼むか、死者との間にどのようなかかわりを取り結ぶか、そこに求められるのではないかと考えます。死者を弔うのは、残された者にとっての責務です。もちろんそこでの死者との距離はさまざまですが、なぜ事件や災害を風化させてはならないと感じるのかといえば、死者の記憶を失ってはならない、記憶されることで死者は生き続ける、そう感じていればこそです。

津久井やまゆり園採火問題の「結末」

津久井やまゆり園の採火問題は、次のような結末になりました。

平岡祐二さん、佐々木信行さんなど、「津久井やまゆり園事件を考え続ける会」のメンバー三名が、相模原市の担当の部署に出向き、市長や担当者と直接会って要望書を手渡すことになりました。滝川一廣さんよりいただいたメールの一文を参考にしながら原案を作り、会の皆さんの検討を経て、次のような文章として提出することになりました（提出日は四月二一日）。

【津久井やまゆり園でのパラリンピック採火は、撤回、中止を】

津久井やまゆり園という鎮魂の場を祭典に利用することには、激しい違和感があります。「聖火リレー」は、ナチス・ドイツがベルリンオリンピック（1963）の演出効果のために、発案実行したものです。ナチス・ドイツは、植松死刑囚と同じ思想に基づいて「T4作戦」を実行し、公式資料で七万人以上（「安楽死」はT4作戦以後も継続されたので、一説では一五万から二〇万ともいわれます）の障害者を殺戮しました。このことは、やまゆり園事件でだれもが想起させられた歴史事実です。その場所で「ナチス発案の聖火」の採火とは、身が震えるほどおぞましいことです。是非、撤回してくださるようお願いいたします。

津久井やまゆり園事件を考え続ける会一同

これに対して五月一七日、市長名で、会に参加したメンバーの一人に「回答」が書面で寄せられました。おおむね、次のようなことが書かれていました。前段はやまゆり園を採火場所とした理由。「共にささえあい生きる社会」の理念等を踏まえたものであること、八月には再建工事が完成し、新しい施設での生活が始まること、などが書かれた後、次のように結ばれていました。「ご遺族、ご家族合わせて、52件のご意見が寄せられました。お寄せいただいたご意見については、採火の趣旨にご賛同いただき、津久井やまゆり園での採火に前向きなご意見をお寄せいただいた一方で、実施場所等に対する反対のご意見や、事前にご説明しなかったことへのお叱りのお言葉もいただいたところです。こうした皆様からのご意見の一つひとつを真摯に受け止め、熟慮を重ねました結果、皆様からの幅広いご理解を得て実施することは難しいと判断いたしました。このため、津久井やまゆり園での採火を取り止め、採火場所を変更することといたしましたので、何とぞご理解くださいますようお願い申し上げます」。

「共生社会」という人権思想を作るはずの重要な理念が、政治的な意図をもってひそかに捻じ曲げられていく。そのことに気づかないまま、その理念が語られていく。そういう光景があちこちに伺われるようになっていますが、津久井やまゆり園採火問題はまさにその一つでした。

「共生」の理念が捻じ曲げられていく

この問題を見事に突いたのが、著述家・児玉真美さんの『殺す親　殺させられる親』[*2]でした。児玉さんは、「似て非なる二つの「地域移行」「共生社会」」と見出しが打たれた件で、次のように書きます。

やまゆり園事件以降、「地域移行」「共生社会」という言葉が区別なく不用意に使いまわされている。「**「ノーマライゼーション」「地域移行」「自助・互助・共助」「地域包括支援」「共生社会」という美名のもとに、家族の自助と資源なき地域での互助共助の中へと高齢者と障害者の棄民はとっくに始まり、粛々と進行している**」（二九〇頁）。その「地域移行」は「棄民」とどう異なっているのか。そういう批判です。まったく我が意を得たりでした。さらに次のような強烈な文言が続きます。

一方、相模原での事件後の議論では、優生思想や命の線引きと抗い闘ってきたはずの人たちが、しきりに政治と同じ「地域移行」「共生社会」という言葉を使って「脱施設」を説く。障害者運動が説くのは、むろん目指すべき社会のあり方としての「地域移行」であり「共生社会」だ。しかし、政治主導、社会保障縮減策のアリバイとしての「地域移行」や「共生社会」との乖離は一体どこまで意識されていたのだろう。政治と同じ「地域移行」「共生社会」という言葉によって誤った対立関係が描かれて、「地域移行」「共生社会」によって進行している地域と家庭への棄民の実態は議論の射程から外れていく。（二九〇－二九一頁）

この先に、重い障害のある人たちからじわじわと医療が奪われ、さらに追いつめられた時には、「死ぬ／死なせる」というところに「自己決定権」の選択肢が与えられることになる。要するに「死なせる医療」と「殺す社会」が到来しつつあるのだ。そういう主張が、ここでの児玉さんの趣旨になります。これは鋭くて、とても重要な指摘です。

福祉支援者（のような人たち）が事件後によく口にしていた、「すべての命は平等だ」も、「内なる差別」も、その気軽さに対して私にはちょっとした違和感があったのですが、要するにこういうことだったのです。自分が使う言葉がどこまで実質を伴っているか、自己検証を経ているのか。口にすれば、それだけで安全な立ち位置を確保できたようなアリバイとして使われていないか。もちろんこれは、私自身に向けている批判でもありますが、頻繁に使われている流行りの福祉の言葉を、右から左に拾い上げてくれれば何事かを述べたかのような風潮に、いささか苛立っていたのだと言ってよいかもしれません。

そのことを含んで、次のことを指摘しておきたいのです。植松死刑囚のような暴力と差別が剝き出しにされた考えであれば、どこに対立があるのか、そのかたちははっきりしています。ところが、児玉さんが指摘する敵は、どこにいるのか、どこがどうだから批判しなくてはならないのか、まずは目に見えるようにする作業から始めなくてはならない。敵は、敵陣営にではなく、自陣営にいる。一見、同じ陣営であるかのような言葉を用いているメンバーのなかにいる。言葉を吟味し、それは私が使っている言葉とは違うと指摘しながら、批判を進めていかなくてはならない。

共生の名のもとで死者が棄て去られる。「地域移行」の名のもとで地域のなかに棄民される。合理的配慮の名のもとに巧みに排除されていく。さらに巧妙に、絶妙なかたちで共生社会の理念が捻じ曲げられていく。これは津久井やまゆり園事件以降、とくに顕著になっている傾向ではないかと私は危惧しています。生命倫理学者の小松美彦さんが、脳死問題や臓器移植の文脈で、そこで使われる「自己決定権」や「人間の尊厳」概念に激しく反発しているのも、ここに通じるものがあるはずだ。

時節を鑑みてあえて加えれば、言葉を巧みに用いて異なる意味を付与し、ある一つの方向に導こうとするのが「戦争プロパガンダ」です。そこでは、「安全の脅威」も「我々は戦争を望んではいない、平和を愛している」も、「だからこそ敵の脅威を排除するのだ」という戦意を鼓舞するために、徹底的に利用されることになります。同様に、「共生社会の実現」も「死者・被害者への哀悼」も、それが政治利用され、捻じ曲げられていったとき、「戦争プロパガンダ」としての役割を担わされているかもしれない。私たちが「津久井やまゆり園をパラリンピックの採火の場に」という報道を聞いたとき、「それはヤバイ」と直感したのは、やがて戦意高揚のための「共生社会の実現」として利用されかねない、このことを危惧したからではなかったでしょうか。植松死刑囚が口にしていた「世界平和」も同様です。

3　優生思想――パーソン論と資源化される人体

植松死刑囚の「死と遺体」をモノ化する考え

最後の主題は優生思想です。ここでの問題の道筋は次のようになっていました。植松死刑囚からの返信に、「障害児の家族と話し合いはできない」という一文があり、ここにある問題の構図は、障害学者と生命倫理学者の対立に相当していると指摘しました。この生命倫理学者とは、ピーター・シンガーに代表される、「パーソン論」と呼ばれるある極端な思想傾向を持つ学者たちを指しています。パーソン論については後ほど詳述します。

その前に、第九回公判の弁護人による被告人質問で、植松死刑囚が環境問題について次のようなことを述べており、そちらを先に紹介します。

被告人：人類は、遺体を肥料にすることが根付いていないため、それが環境破壊を止めることができない理由だと考えています。
弁護人：環境破壊を止めるにはどうしたらいいですか。
被告人：人間の遺体を肥料として再利用すべきです。
弁護人：遺体というのはどんな人でもいいのですか。

被告人：はい。
弁護人：現在の法律ではそういったことは行われていません。
被告人：安楽死を受け入れれば可能になります。たとえば死んだ後の臓器提供なども考えられると思います。
弁護人：環境問題についてもう少し述べてください。
被告人：深刻な地球温暖化や環境破壊を防ぐため、遺体を肥料とする森林再生計画に賛同します。
弁護人：遺体とはなんですか。
被告人：人間の死体です。
弁護人：人間の死体を肥料に森林を作るということですか。
被告人：はい。
弁護人：いつ頃から考えるようになったのですか。
被告人：捕まってから考えるようになりました。

これが、植松死刑囚が考える「人間と人間の死」です。拘置所にあって、接見に訪れた人々の差し入れる書物によって、彼の安楽死観や、人体の資源化に対する考えが事後的に補強されていった一端がここに示されています。そしてそのことを、彼自身は「考えが深まった」と称しているわけですが、ともあれ、温暖化と環境破壊を防ぐためにこそ、人間の遺体（死）が積極的に活用するべきだと提唱されています。

親しい人間の「死」が私たちの「生」にとってどれほど深い影響を与えるか。小松美彦さんふうに言えば、死（死者）は、残された人間との間で「共鳴」する、共鳴が深ければ深いほど、死者は死後も、残された人間との交流を深めていく、といったような、生が死の弁証法を含む死生観に私は惹かれるのですが、植松被告はそれとは対極です。

死とは、人体がモノ化すること以外の何物でもなく、モノとなったからにはどのように活用しても構わない、いや、積極的に有効活用すべきだ、という考え方になります。その考えを引き延ばせば、死してなお、「役に立つモノ（死体）／役に立たないモノ（死体）」という市場原理の思考が強く表れてくるはずです。

犯行時二六歳。若くて未熟である故の稚拙な死生観、というだけでは済まないものがあります。厄介なのは次の点であり、以降は、小松美彦さんの議論を参照しながら進めます。植松死刑囚にあっては、人体を資源化する思想は安楽死思想とセットになっているわけですが、それは人体市場の拡大をねらう新自由主義と親和性が高いと小松さんは指摘します。まさにそのとおりの議論が、先の公判でくり広げられたわけです。

さらに別の公判では、小学校低学年時代のエピソードとして、戦争になったら障害者に爆弾を背負わせて敵の陣地に突っ込ませればいい、そんな作文を書いたことがあったという証言が友人より出されました。本人は、たいした考えもなく思いつきで書いたと言い、友人も「ウケをねらったもので、大した意味はない」と証言しています。この作文だけでは、彼は早い時期から「障害者差別」の考えをもっていた、と指摘することはできないでしょう。はっきりしていることは、「役に立たない人間」

をモノ化して徹底的に有効活用する、という新自由主義の典型のような発想が、すでに見られることです。

一九九〇年生まれの植松死刑囚は、二〇〇〇年前後の、まさに「小泉－竹中構造改革」の真っただ中の時代に学校教育を受けています。あの時代、学校が競争と成果主義と市場原理にさらされ、教員はあっという間に疲弊していきました。成果の出ない授業スタイルは否定され、効率の悪いやり方が次々に捨てられていった時代です。そんな新自由主義の時代に教育を受けた人間が「思いつきで書いた作文」の延長に、人間の遺体を肥料に森林の再生を図り、地球の温暖化や環境破壊を防ぐ、そのために安楽死を推奨すべきだという主張があるわけです。環境思想（めいたもの）が新自由主義と結託したときにいかにグロテスクなことになるか、その悪しき例です。

パーソン論とは何か

「遺体を肥料に」などという主張は、荒唐無稽そのものと感じられるかもしれません。しかしアメリカやオーストラリアの哲学者や生命倫理学者のなかの、「パーソン論」の提唱者が同趣旨の考えを主張しています。

「パーソン論」とは簡単に言えば、生命には「人間的生命」と「生物学的生命」の二つがあり、脳死者、無脳児、植物状態の患者、重度の知的障害者などは生物学的生命しかもっておらず、こうした人間に生存権はない、したがって生命の保護も延命のための治療も必要ない、「人間的生命」をもつ人間のために積極的に臓器移植などにその身体を活用すべきだ、とする考え方です。アメリカでは臓器ビジネスが拡大の一途をたどっており、それを根底で支える思想です。生産性と効率をめぐる新自由主義的な考えそのもの、その極地と呼んでよいものです。

植松死刑囚が公判で述べている内容の荒唐無稽さを笑い、「いのちを選別する差別思想だ」と批判するのは簡単ですが、その背後には、きわめて根深くて厄介な難題が控えているわけです。ちなみに「パーソン論」を唱える哲学者・生命倫理学者の一人ピーター・シンガーは、こんなことを書いています。[*3]

人間の幼児や知能的に正常値に達しない人々を殺すことはそれ自体として間違ったことではなく、おそらく自分の時間を通じて存在しているという感覚をもつ高等な哺乳類を殺すことに比べれば重大なことではないと考えなければならないだろう。

シンガーの『生と死の倫理』[*4]には「伝統的倫理の崩壊」というサブタイトルが付されていますが、伝統的倫理が何かといえば、これまでの、人間をあらゆる動物の中で至高の存在とし、人命を他の何よりも優先させなくてはならないとする「倫理」のことです。そして「**もし今死ぬことが引き延ばされた痛みに満ちた過程で苦しむよりも患者の最善の利益になるならば、殺人はもはや悪ではない**」、と安楽死を推進しようとする新たな「倫理」を提唱しています。『生と死の倫理』では、このような新しい倫理を認めるべきだというメッセージが、随所にちりばめられています。判例を引き、医師の苦悩を示し、家族の絶望的な心境を紹介しながら進めていくシンガーのロジックは、なかなか巧妙です。うっかり読み進めていくと、いつの間にか「新しい倫理」とやらに一票投じたくなるところに連れ出されています。

小松美彦さんは、パーソン論と人体の資源化・再生利用の動向は、アメリカでは一定の支持層をもっており、その市場は拡大の一途をたどっているといいます。そして「新たな野蛮」という言葉で、このような動向を強烈に批判しています。[*5]

しかしながら、煎じ詰めてみるなら、現今の生命倫理問題の核心は、「生きるに値する者」と「生きるに値しない者」との裁断問題、すなわち、「生権力／生政治」の問題にほかならないのではないか。しかも、これまで先端医療の推進は「優生思想につながる」と指摘されることはあったが、もはやその現状は「事実上の優生政策の真っ直中にある」といっても過言ではあるまい。とりわけ、二〇〇九年七月一三日に日本の国会で可決成立した「改定臓器移植法」は、優生法そのものであり、それを基盤に据えた脳死・臓器移植は、ナチスや七三一部隊の蛮行に比肩するものに思われてならないのである。（一〇四‐一〇五頁）

批判哲学としての小松生命倫理学の核心を、ここに見てよいのではないか、私がそう感じる件です。現今の先端医療をめぐる思想と政策は、「ナチスや七三一部隊の蛮行に比肩する」ほどの野蛮なものであり、それを生命倫理学は議論してこなかったという現状への極めて厳しい批判が、小松さんの哲学の根本にあるものです。

近著『〈反延命〉主義の時代』[*6]では、「〈反延命〉主義」という言葉で、「無益な治療」を忌避する傾向に対し、それは「死なせる医療」だと楔を打ち込んでいるのですが、これは、私には意表を突く議論でした。「死なせる医療」は安楽死をよしとし、ひいては「いのちの選別」に対して歯止めをなくしかねず、要するに別のかたちをした優生思想ではないか、それが昨今の「〈反延命〉主義」である。そう批判されます。共生社会や地域移行が、あるところでは捻じ曲げられてしまうように、尊厳ある死も、ここでは捻じ曲げられているわけです。

安楽死とは、「命がある・生きている」ということ以上に、どんなふうに生きているのかという「生の質」が優先される思想と、「無益な生」という生きるに値しないとされ、したがって治療は必要としないという判断とによってもたらされる死のことである。こうして『〈反延命〉主義の時代』にあって、〈反延命〉主義と安楽死と優生思想が、まっすぐにつながることになります。

ナチスの優生思想や安楽死思想は、一つは生命工学や遺伝子工学などを含む先端医療をめぐる倫理問題のなかに、もう一つは、いわゆる「終末期医療」と呼ばれていた領域の「無益な治療」をめぐる問題の中に、現代風に更新されながら累々と続いています。これが、植松死刑囚が公判で述べていた安楽死や、「死体を肥料に環境の再生を」という発言の背後にある問題です。

人体の資源化・商品化とその巨大市場

小松さんの主張は、さらに次のように進んでいきます。安楽死思想や優生思想がどのようにして市場原理と結びつくか。『飢餓陣営』のインタビューで次のような問題を指摘していました。[*7] 物々交換から始まる人類の経済活動は、自然を商品として加工し、貨幣交換の市場を作り出し、世界的な規模として拡大の一途を遂げてきた。重商主義・資本主義・国家独占資本主義と進んできて、グローバリゼーションの時代に入った。それが現代である。そして言います。

「以上のような展開史の中で、人間は地球上の事物を次々と商品化してきましたが、しかし、いよいよ経済が立ち行かなくなってきたわけです。（略）／そのような世界にあって、従来は体系的に商品化されてこなかったものが二つあります。「人体」と「宇宙」です」。「自然を商品として加工する」「地球上の事物の商品化」、これらを現代風に言い直せば「地球環境の破壊」です。

「人体の商品化」の現状がどのようなもので、その進み具合がいかに加速的か。小松さんは次のように述べます。**「他方**〔宇宙に比べて〕**、当該の人体は無尽蔵の金脈に他なりません。しかし、「倫理」がその採掘の桎梏となっていました。そこで桎梏を打開したのが、アメリカの個人主義的・自由主義的な生命倫理、とりわけ「自己決定権」だといえます。先ほど例示した人体組織の商品化も、遺族の自己決定権を端緒とするのですから**（略）**以上、さまざま申してきたように、日本国家は経済を守るために、脳死や出生前診断や延命治療中止を推奨しています。また、経済を発展させるために、人体の資源化・商品化・市場化に邁進しています」**。（三八頁）

これが、先端医療やバイオテクノロジーを推進させる経済効率主義に他ならない、と小松さんは指摘します。アメリカでの実情はどうか。米本昌平氏の『バイオポリティックス』[*8]によれば、人が死ぬと、病院は「臓器調達事務所」に連絡をすることが義務付けられている、その情報を得たＮＰＯ「組織バンク」はすぐに遺族のもとを訪れ、人体のさまざまな組織の無料提供を持ちかける。そして入手した人体の組織は「加工会社」に売却され、そこで「加工製品」となって医療現場に売却される。二〇〇六年の時点では、年間二万以上の遺体が「製品化サイクル」に組み込まれていて、心臓弁のトップ企業の「クリオライフ社」の純益は、年間一八七五万ドル（約二一億円）に達しているといいます。米本氏の著書によれば、問題は、各国間の経済格差によるひずみがはっきりと表れることだと指摘されます。

こうして世界がいっせいに、バイオエシックスが定式化した諸課題に直面することになったとたん、バイオエシックスの原則がその社会で認知され実際に守られる程度と、経済の発展段階とが、ほぼ相関関係にある現実が見える状況になってきた。乱暴に言えば、一人当たりのＧＤＰ（国内総生産）が高い社会であればあるほど、倫理規制が精緻になっていく。（五頁）

こうして臓器売買の対象が、貧しい国のさらにその貧困層に集中するようになっていくわけです。小松さんはさらに、新自由主義的思考とは、経済至上主義を大前提とし「**個人の自由を強く押し出し、それを自己責任とセットにして、事にあたろうとする考え方**」であり、「**つまり新自由主義には、優勝劣敗をよしとするという意味での優生主義が、はなから織り込まれています。それを経済至上主義と合わせて分かりやすくいえば、優生政策の経済政策版が新自由主義に他ならないのでしょう**」と言います。

私はこの件を読んだとき、多くのことが腑に落ちました。共生、社会的包摂、合理的配慮といった昨今の人権思想が、なぜ最後のところで頭打ちになってしまうのか。捻じ曲げられ、形骸化するのか。あるいは、人種差別やヘイト思想が、どうして再生産されてくるのか。その理由は、資本主義の原理そのものに内在しているようなのです。

そこでは成長と効率と成果主義が、深く内面化されています。資本主義が新自由主義としてバージョンアップされることによって、内面化はさらに更新され、格差が格差を生む運動が熾烈になっていく。そこでは共生や社会的包摂といった理念はどんどん呼吸困難になっていき、形骸化が進みます。

優生思想や安楽死思想が「人体の資源化と商品化」と結びつき、それを強く促進し、グローバル資本主義となって「市場化」を拡大させていく。資本主義という際限のないシステムは新自由主義となって、さらに押しとどめようのないものになり、「生きるに値するいのち／値しないいのち」が政策としても巧妙に推し進められていく。

「戦争と福祉と優生思想」という主題が本書の始まりだったのですが、これが、その一つである「優生思想」をめぐる考察の、私のたどり着いたところです。この先には脱成長の問題、言い換えれば脱資本主義・脱新自由主義の問題があり、環境思想をめぐる主題があります。

第三章で、ジョアン・C・トロントの『ケアをするのは誰か？』を引きながら、介護・介助などのケアへの理解は、ケアをどう再編するかという平等をめぐる議論と、民主主義の再定義の問題にかかわるのだという斬新かつラディカルな主張を紹介しました。私のこれからの宿題になっていくだろうとも。同様に優生思想やケアをめぐる考察は、脱成長や環境問題に対しても触手が伸びていきそうなのです。そしておそらくこの考察は、戦争に向かう動向に対する徹底した不服従の思想、暴力に対する非暴力の思想とも、いずれどこかでリンクするはずだという直感を私にもたらしています。

植松聖死刑囚と、彼が引き起こした津久井やまゆり園事件についての私なりの解明、という六年にわたる長い道行きはこれで終わりになりますが、事件が投げかけてきた課題はまだ残されています。私の試行錯誤も、もう少し続くはずです。

注

1　笠井潔氏に聞く「世界内戦としてのロシア-ウクライナ戦争」(『飢餓陣営55』二〇二二年八月)。本インタビューは、『新・戦争論――世界内戦の時代』として言視舎より刊行。

2　児玉真美『殺す親　殺させられる親　重い障害のある人の親の立場で考える尊厳死・意思決定・地域移行』(生活書院、二〇一九年)。他に『アシュリー事件――メディカル・コントロールと新・優生思想の時代』(生活書院、二〇一一年)、『死の自己決定権のゆくえ――尊厳死・「無益な治療」論・臓器移植』(大月書店、二〇一三年)も重要。

3　ピーター・シンガー著、浅井篤志・村上弥生・山内友三郎監訳『人命の脱神聖化』(晃洋書房、二〇〇七年)

4　ピーター・シンガー著、樫則章訳『生と死の倫理　伝統的倫理の崩壊』(昭和堂、一九九八年)

5　小松美彦『生権力の歴史　脳死・尊厳死・人間の尊厳をめぐって』(青土社、二〇一二年)。他に『死は共鳴する　脳死・臓器移植の深みへ』(勁草書房、一九九六年)

6　小松美彦、市野川容孝、堀江宗正編著『〈反延命主義〉の時代』(現代書館、二〇二一年)

7　ロングインタビュー小松美彦氏に聞く(第二部)「共鳴する死、人体を資源化する新自由主義」、(第三部)「コロナ・「不作為という作為」・生権力」(『飢餓陣営53』二〇二一年七月)

8　米本昌平『バイオポリティックス――人体を管理するとはどういうことか』(中公新書、二〇〇六年)

第一二章　二〇二二年八月、緊急の追記
――二人のテロリストと安倍晋三元総理

1　事件の第一報を聞いて

二〇二二年七月八日、安倍晋三元総理、銃撃される

本書は六月の早い段階で第一一章まで書き上げられており、ゲラの出稿を待つばかりでした。ところが七月八日、とんでもない事件が、突然、勃発したのです。言うまでもなく、「元総理の、街頭演説中の銃による暗殺」です。加害者の青年は現行犯逮捕されていますが、「推定無罪の原則」を忘れるわけにはいきませんから、今この段階（八月一五日）では、やはりそれなりに節度をもった記述を心掛けなくてはならないでしょう。以降、新聞、週刊誌、インターネットに溢れ返ったさまざまな情報に依拠して記述していくことになりますが、必ずしも確定情報ばかりではありません。信頼度の高いものを厳選するつもりですが、情報の吟味にも留意が必要でしょう。

さらには、事件は思いもよらない方向へと一気に広がりを見せるようになりました。加害者の母親

が、旧統一教会に億単位での献金をしており、そのことによって家庭崩壊に立ち至った。安倍元総理は旧統一教会とのつながりが深いため、その安倍元総理を狙うことで、旧統一教会への恨みを晴らそうとした、と述べました。そのことをきっかけにして、安倍晋三元総理をはじめとする自民党議員たちと旧統一教会との深い関係が、次々と明らかになりました。政治の屋台骨が、旧統一教会によっていかに深く侵食されてきたか、というとんでもない事実が次々と明らかになっているのです。

この緊急の章では、事件の全容を取り出し、一つ一つの論点について掘り下げていくことはできません。あくまでも植松聖死刑囚や「津久井やまゆり園「優生テロ」事件」という本書のテーマに関連する点についてのみ絞り込んで、安倍元総理銃撃事件と加害者・山上徹也について触れていきたいと思います。ちなみに、私はこの事件も「テロル」と名付けます。理由はすでに述べてきたとおりです。

事件の第一報と直後の感想

「安倍晋三元総理銃撃される」の第一報を聞いたとき、私は「困る」と思いました。「今、こんなところで簡単に死なれたら、困る」。それが、とっさに出た反応でした。何が「困る」のか、なぜ「死なれたら困る」のか、最初は私自身にもよく分からなかったのですが、その後、次のようなことを考えるようになりました。

お前の言うことはシロウトの「床屋政談」にすぎないと、一笑に付されるかもしれません。また、凶弾に斃れた非業の政治家に、なぜ今鞭打つようなことを言うのか、と非難されるかもしれません。

言うまでもなく、揶揄したり、貶めようというつもりはありませんし、不要な人格攻撃にならないように注意しながら書き進めていきます。

回りくどい書き方をしていては進められませんから、端的に書きます。「簡単に死なれたら、なぜ困るのか」。ことは津久井やまゆり園事件にかかわります。何度も書いているように、「植松聖」はこの国が戦争の「顔」をはっきりと見せ始めた時、そうした国造りを先頭に立って推し進めていた政治家に宛てた手紙を持って、政治の中枢に乗り込んでいきました。自分は闘う用意ができている、いつでも声をかけてほしい、実行後は闘いを全うした戦士としてしかるべき扱いをしてほしい。それが彼の持参した手紙から読み取るべき主題なのではないか。何度かそのようなことを書きました。そして当初、その手紙は「安倍晋三総理」に宛てられたものでした。

私の津久井やまゆり園事件論のかたちは、すでに六月段階ででき上がっていたことはすでに書いています。しかし書き終えた後も、この事件が、安倍総理に宛てた手紙から始まったという事実のもつ意味を、もっと掘り下げて考えるべきではないか。そんな問いがしこりのように残り続けていました。

もちろん、津久井やまゆり園の事件を引き起こした最大の原因が安倍元総理にある、などと言いたいのではありません。責任を追及したいのでもありません。被害者を心から慮る発言がついに聞かれなかったではないか、事件現場に一度も足を運ぶことがなかったではないか、と事後対応に非難を向けたいのでもありません。

ではまったく無関係のままに引き起こされたのかといえば、どうしてもそうとは思えません。事件を考えるときの、重要なファクターになっていることは疑いがないのですが、しかし、ではそのことをより掘り下げてどう記述するのか。何をどう筆を加えれば、うまく伝えることができるのか。原稿を仕上げた後も、そういう問いが頭の隅に貼りついていました。八年もの長きにわたって続いた「安倍一強政治」が、この事件にどのようにかかわっているのか、「植松聖」はなぜ手紙の宛先を安倍晋三元総理としたのか。なぜ、彼が尊敬する人物の一人としてその名前をあげたのか、という問いとこの事件との関連を解くことが、まだ果たし切れていないのではないかと感じてきたのです。

そしてここからが「なぜ困る」のか、その具体的な内容になるのですが、私の津久井やまゆり園事件論は、植松死刑囚や彼の賛同者を宛先とするのみならず、どうも、安倍元総理に宛てても書かれていたようなのです。植松死刑囚の手紙の宛先が「安倍晋三様」だったように、私の津久井やまゆり園事件論の宛先も同様に、安倍元総理だった。それは言うまでもなく「存命する安倍元総理」です。ところが、それが突然宛先を失ってしまった。その困惑が「困る」という言葉となった。

私の書く本が安倍元総理の目に留まるなど、およそあり得ないことであり、現実離れした空想であることはもちろん承知していますが、宛先をなくした困惑が、「こんなところで簡単に死なれたら、困る」という言葉となって表れた、そんなふうに自己分析し、なるほどそういうことだったのかと、我ながら合点したのでした。

2　合わせ鏡、その1——戦後七五年の集大成として

戦後七五年の集大成としての事件

少しずつ本論に入っていきますが、ここでの私の視点は、二つの事件を「合わせ鏡」としたときに何が見えてくるか、というところに定めています。つまり、津久井やまゆり園「優生テロ」事件と安倍晋三元総理銃撃事件とは、合わせ鏡になっている。これが最初の仮説であり、合わせ鏡、言い換えれば比較対照することで、それぞれの事件の特性がより鮮明に浮かび上がるのではないか。それが出発点です。

一点目。私の津久井やまゆり園事件論の特徴の一つは、この事件が戦後福祉七五年の、負の「集大成」として表れたものであり、それがどういうことであるか、私なりに解き明かすことを主題としていました。そのことを「戦後福祉の宿痾」という言葉に託したわけです。簡単に述べれば、これだけ地域移行が言われながら、いっこうに施設依存が改まらない現状の深層にある課題。一部の施設ケアが、いまだ虐待や暴力の温床となっているという事実。酷（むご）いやり方で命を奪われた被害者を、名前のみならず生きてきた足跡さえも押し隠し、「匿名存在」として社会的に遇しなければならなかった現実。そこにある、いまだ克服できずにいる根深い「障害者差別」。重い障害ゆえに、ときには親によって奪われてしまう命（本書ではこれを「母よ！殺すな」問題と称しました）。

こうした諸々の、戦後福祉がいまだ解決できずにいる負の課題が、事件をきっかけに噴出しました。それが本書第Ⅰ部の中心的なテーマでした。

同じように、「安倍晋三」という政治家の、突然の銃弾による死は、それが突然の予期せぬものであったがゆえに、一九五五年の結党以来、戦後七〇年に及んだ自民党政治の何であるかを、きわめてシンボリックなかたちで露出させることになりました。安倍元総理が常套としてきた政治手法は、戦後七〇年連綿と続いてきた自民党政治をまさに純粋培養し、「結晶化」させたものではなかったか。なぜ彼があれほどの批判を受けながらも、長期政権を実現し（多少のさざ波はあっても圧倒的多数の自民党議員を従え、影響力を行使し）、彼を支持する超右派の論客からは、なぜ強い賛辞がいまだ止むことなく続くのか。反対に、反安倍・反自民の人々からは、なぜ死して後もなお痛烈な批判を浴び続けているのか。このあまりに極端な両極からの「評価」は、いったい何に由来するのだろうか。

以下の議論では、「集大成」と二極化の何であるかを少しばかりシンボリックに描き出してみます。

安倍元総理の発言や振る舞い、政治手法とは、歴代の自民党の権力者や実力者たちの言動を忠実になぞったものではないか。岸信介元総理から始まる、飛び切りの「三代目」として純粋培養された超権力エリートだったからこそ、浮薄に、過剰に、そして稚拙に、あまりにも無防備になぞることになった。安倍元総理の在任中、利権、談合、票の割り振り、既得権益、ポスト、癒着、賄賂、虚偽答弁、恣意的で強引な国会運営、といった話題が幾度となく取り上げられました。そのたびに誰かが責任を取らされ、事実とは異なる答弁が、そのつどの「新たな事実」となって流布していく、そうした事態を私たちは幾度となく目にしてきました。

改めて気がつくことは、戦後七〇年の自民党政治を振り返ってみれば、これらのさまざまな不祥事は、ときに事件として、ときにスキャンダルとして、たびたび浮上しては消えていったということです。自民党政権は、そのたびに世間の批判とマスコミの糾弾を受けたのですが、党の内部に自己変革しようとする力を作ろうとはせず、そうした政治手法をかたちを変えながら延命させてきました。安倍元総理が自民党政治の純粋培養であり、結晶であるというとき、政治とはきれいごとではない、権力闘争を生き延びるためにも、選挙を勝ち抜くためにも、あらゆる手段を駆使してよいというリアリズム、立憲主義などはおよそ受け付けない、前近代的ともいうべき自民党的リアリズムが、安倍元総理にとっての幼少の頃から身体化させてきた宰相学ではなかっただろうか。彼の周辺にいる人たちは、そこに、特有のオーラを感じ続けてきた。権力を上り詰めたい野心や欲望を持つ人々にとっては、代えがたい魅力だった。これが「純粋培養」という言葉に込めた意味です。その、戦後七〇年の自民党政治を純粋培養させた政治家が、一瞬にして銃弾に斃れた。

さらにもう一つ、その死とともに、自民党政治家たちと旧統一教会との凄まじい癒着が急浮上しました。安倍元総理を中心とした票の配分という事実が暴露され、金銭の授受が強く疑われ、多くの議員がさまざまな会合に顔を出し、結果的に広告塔としての役割を果たしてきた、と指摘されています。旧統一教会のもつ反社会的危険性を早い時期から訴えてきた弁護団は、過剰な献金被害にあった多くの信徒たちがおり、いまだ被害者を生み出している教団である、政治家は関与すべきではない、そのように再三改善を求めてきたのに、ことごとく無視されてきたと言います。

しかも、一九六〇年代に当時の岸元総理などは、反共の砦となるよう旧統一教会と手を組んだはずが、北朝鮮とつながっていると報じられたり、日米合同委員会（前泊博盛氏の『本当は憲法より大切な日米地位協定入門』（創元社、二〇一三年）によれば、日米地位協定に基づく、日本とアメリカの安全保障等に関する議決運営の最高機関で、そこで取り決められたことは、日本国憲法よりも上位にあるといわれています）にまでも、旧統一教会の人間が中心メンバーとなって入りこんでいるという事実も報じられました。

こういった背景のもと、莫大な金銭が半島の教会本部に流れている、それはすべて日本の信者からの献金である、日本には、韓国を植民地化した歴史があり、それを償うためにも旧統一教会に多額の献金をしなくてはならない、という理屈（教義？）によって、日本は最大のターゲットとなっている、長いこと政府はその事実を容認してきた。しかも、旧統一教会は北朝鮮とも密接なかかわりがあり、資金援助さえ行われている。報道によって、これらのことが一気に明らかになってきました。

どこまで調査され事実として認められていくか、すべてこれからの課題となっているわけですが、自民党のもっともダークな部分が、そしてアメリカと東アジアをめぐる戦後史の最大にして最高のシークレットな暗部が、一発の銃弾によって明るみに出されつつあります。これは本来ならば、自民党そのものが解党に追い込まれかねないほどの大スキャンダルですが、党内には、こうした現状を根本から正そうとするような動きは、今のところまったくありません。即刻解散総選挙をして、国民に信を問おうという気概も見えません。

いわば「津久井やまゆり園事件」が「戦後福祉七五年の宿痾」を凝縮していたように、「安倍晋三元総理銃撃事件」は「戦後七〇年の自民党政治の宿痾」の凝縮として表れた。これが、二つの事件を比較対照したときに指摘できる、一つ目のことです。

3　合わせ鏡、その2――狙撃兵とコマンド

狙撃手とコマンドという特性

二つ目。植松聖と山上徹也という二人の加害青年を見ていると、戦場の兵士が大きなボタンの掛け違いによって、この平成・令和の日常に突如として現れてしまった、そんな妄想めいた思いが湧いてくるのを禁じ得ません。一人は安倍元総理に仕える忠実なコマンド（特別奇襲隊員。ゲリラ隊員）として、もう一人は元総理を執拗に狙い続けたスナイパー（狙撃手）として。対極の存在ながら、二人は安倍元総理を挟んで立っている。私の中には、いつの間にかそんな光景ができあがっているのでした。思い付きのような指摘に聞こえるかもしれませんが、ここから、この事件のもつ特質に迫ることはできないでしょうか。

なぜ植松死刑囚からコマンド（奇襲の歩兵）という印象を受けたか。すでに書いているように、夜勤職員による、やまゆり園の利用者に襲い掛かるときの供述からの印象が理由の一つでした。短時間のうちに、敵か味方かをとっさに判断し、脇目も振らずに次々と手にかけていく恐ろしいばかりの集中力と、無慈悲なまでもの冷酷な意思。そしてもう一つは、彼が衆議院議長（最初は安倍総理）に宛てた手紙です。先兵としていつでも行動に移す用意があると、強くアピールしていました。

私はプロローグで、グロスマンの『戦争における「人殺し」の心理学』から、第二次大戦時には、個々

の兵士の発砲率は五〜二〇パーセントにすぎなかったが、その後オペラント条件付けという訓練を徹底させることによって、朝鮮戦争で五五パーセントに、ヴェトナム戦争では九〇〜九五パーセントに向上させたこと、しかしその代償が深刻なトラウマだったことを紹介しました。このような事実がありながら、しかし、植松死刑囚にはトラウマに苦しむ様子がまったく見られない、これはなぜだろうかというのが、プロローグでの主題でした。

ここでも、グロスマンの著書を参照します。このときに用いられた訓練は、条件付けの他に、脱感作、否認防衛機制と呼ばれる三つの方法が組み合わされたものだったといいます。条件付けとは、「敵」を見たらとにかく発砲する、襲いかかる、そのように即座に体を反応させること。脱感作は「軽蔑の製造」とも言われ、犠牲者の社会的役割の徹底した否認及び軽蔑を作り上げること。否認防衛機制とは、犠牲者の人間性に対する心理的な否認と軽蔑、とされています。詳細は省きますが、第Ⅲ部第八章で、植松死刑囚のなかで、やまゆり園の利用者が「かわいい障害者」から絶対的に否定されるべき「心失者」へと変貌していくプロセスを詳述しました。まさにあの過程こそが、植松死刑囚が自らの力で条件付けを行い、脱感作と否認防衛機制を作り上げていった過程であったことが、改めて分かります。大麻による精神の高揚が助けになっていただろうことも推測されますが、彼は自身を、自らの手でコマンドとして作り上げていったわけです。

以上がグロスマンを参照することで類推できる、植松死刑囚の、コマンドとしての心理です。

山上徹也容疑者についいては、逢坂冬馬氏のベストセラー小説『同志少女よ、敵を撃て』（早川書房、二〇二一）を参照してみます。この作品について簡単に紹介するならば、舞台は、史上最悪の民族殲滅戦となった独ソ戦。第二次世界大戦のもっとも重要な戦争であり、この勝敗が連合国と枢軸国の明暗を決したと言われるほどです。主人公は女性狙撃手。

感想を簡単に述べると、「戦争と兵士とジェンダー」という、これまでまったく取り上げられることのなかった主題が描かれているのですが、主人公が兵士でありかつ女性であるという視点から描かれ、戦争に対する新しい視点の達成を示しています。戦場での心理も、戦争についての洞察も、スナイパーという役割がどのようなものであるかについても、きわめてリアルな描写になっています。その達成度の高さは、一九八五年生まれの若い作家がなぜここまで、と驚かされるほどでした。おそらく、女性兵士をスナイパーとして設定したことが、成功の最大の要因だろうと感じました。陸戦で敵兵と直接相まみえるときの身体的ハンディを回避できますし、スナイパーとはまずは観察者であり、敵兵の状況や兵士を凝視し、引き金を引く一瞬のタイミングに集中していく存在です。いわば観察者としての能力が、スナイパーとしての能力に直結していくところがあり、ここが小説作品を優れたものにしている理由ではないか。そんなことを感じさせた作品でした。

始まって間もなくの第二章、狙撃兵となるべく集められ、訓練を始めた少女たちに向かって、教官の女性（彼女も腕利きのスナイパーです）が、次のように述べるところがあります。「一度しか言わないからよく聞け。**狙撃兵の特異性はその明瞭な意思により敵を狙い、撃つことにある。現代の戦争では、機銃兵も砲兵も爆撃手も軍艦乗りも、あらゆる兵科は集団性とそれによる匿名性の陰に隠れることができる。しかし、お前たち狙撃兵にはそれはできない。常に自分は何のために敵を撃つのかを見**

失うな。それは根本の目標を見失うことだ。そこで死を迎える」（七五頁）。

指導する教官が少女たちに深い内省を促している件であり、非常に示唆の多い指摘です。そして何よりも、なんのために敵を撃つのかを見失うな、それは根本の目標を見失うことであり、そこで死を迎える、という指摘は、まさに山上容疑者の心理に当てはまるのではないかと思えたのです。いや、心理という以上に、ある時期から彼の生き方そのものになっていた。後ほど詳述しますが、山上容疑者は当初、旧統一教会のトップ、韓鶴子総裁をターゲットとしていました。それが不可能だと察したところで、安倍元総理に切り替えます。ビデオメッセージに映っていた安倍元総理の映像を見て、旧統一教会の最高の広告塔になっていると判断したゆえだといいますが、あくまでも彼にとって撃ち倒すべき敵は旧統一教会でした。敵はどこにいて、なんのために撃つかを、彼は見失なうことはなかったわけです。

一方の植松死刑囚にとっての「敵」は、不特定多数でした。「心失者」と名付け、それがどのような人たちを指すのか説明を試みてはいるものの、必ずしも明瞭ではありませんでした。本書では亡くなった方々の詳細には触れませんでしたが、いわゆる「障害の程度」にはばらつきが見られます。法廷での供述を聞いていても、最後のほうでは、時間がなかったので誰でもよかった、というようなことを述べています。その発言からは、「心失者は自分にとって邪魔な存在である」「世界からいなくなってほしい」という心情は確認できても、「心失者」という存在そのものは、恣意的で、漠然としたものにとどまっていました。

『同志少女よ、敵を撃て』の後半に入ったところで、次のような記述が見られます。

「狙撃兵に好意的な歩兵は少ない」と書き、次のように続けます。「それは職能の差によるものでもある。歩兵は前線で敵弾を掻い潜って敵に迫り、市街戦ともなれば数メートルの距離で敵を殺すのが仕事だ。そのために必要な精神性は、死の恐怖を忘れて高揚の中で自らを鼓舞し、熱狂的祝祭に命を捧げる剣闘士のものだ。／一方で、潜伏と偽装を徹底し、忍耐と集中によって己を研鑽し、物理の下に一撃必殺を信奉する狙撃兵は、冷静さを重んじる職人であり、目立つことを嫌う狩人である」（三四三頁）「故に、生き残った歩兵は大胆で粗野に、狙撃兵は冷静で陰気になっていく」（同）

自らを安全地帯に置いていた植松死刑囚は、厳密に言えば、死の恐怖に直面する歩兵とは異なるのですが、ここでの洞察は、いくらかは当てはまるでしょう。一方、狙撃兵の人となりの描写は、山上徹也容疑者を彷彿とさせます。このように、二つの事件はその色合いも加害者のあり方も、はっきりと異にしています。

植松死刑囚は、自分の計画を仲間に吹聴し、一緒に決行しないかと声をかけ、最後の晩餐に招いた女性には「遠いところに行ってくる」と意味ありげなことを語っていました。このあたりは「高揚の中で自らを鼓舞するさと君」そのものです。それに対して山上容疑者は誰にも語らず、一人黙々と銃の製造に時間を費やし、試射をくり返し、実行までのプランを練り込んでいました。まさに「冷静さを重んじる職人」でした。さらに言えば、植松死刑囚は、何かを託されたと感じていました。「世界は今、困窮し、戦争が絶えず、多くの人々が不幸に陥っている。その原因をお前の手で排除せよ」という声を受け取り、自分には「後ろ盾」があるとも感じていました（もちろん彼の勝手な思い込みなのですが）。それが彼の高揚と精神の凝集力を作ったのかもしれません。山上容疑者には、そうした高揚はありません。誰かから託されたと感じているわけでもありません。自分のなかの復讐心を、忍耐と集中によって、自身の意思だけで、強く、深いものにしてきました。

改めて言うまでもないことですが、どちらも卑劣な犯行です。なんのためにこんな比較などをしているのか、と感じられるかもしれません。私にとっては明瞭です。事件をさまざまな観点から考え、知ることは、犯罪抑止にとっての第一歩である、という確信ゆえです。

4　合わせ鏡、その3――「母よ!殺すな」問題

山上容疑者にとっての「母よ!殺すな」問題

三つ目に指摘したいことは、山上容疑者による事件には、まさに「母よ!殺すな」問題と呼んできた母と子の激烈な葛藤、憎しみや恨み、しかし憎むことに徹し切れないアンビバレンツな愛情、そうしたもつれた感情の果てについに決行されてしまったという事実が見られることです。この点は、徹底して「母との関係」や家族問題を封印し、沈黙を続けた植松死刑囚の場合とはまったくの好対照です。

この問題に触れていく前に、少しばかり回り道をします。

新興宗教（諸般議論があるものの、一九七〇年代以降に生まれた宗教を新新宗教と呼んで、それ以前の新興宗教とは区別していますが、ここでは煩雑な議論を避けるためにあえて一括します）の勧誘が、重度の病者や障害者のいる家庭、一人親家庭など、深刻な難題を抱える家庭を格好のターゲット

としてなされ続けてきたことは、つとに知られるところです。取り上げたいのは「病者・障害者家族における宗教被害」という問題ですが、手持ちの『障害者白書』や『犯罪白書』、インターネット情報を調べる限り、これをしめす信頼すべきデータは見つけられませんでした。

病者・障害者家族が勧誘の標的とされてきたことは、はるか以前から行われていたことでした。六〇年以上も昔のことになりますが、私の家にも、休日や夏休みになると、集中的に四、五人の勧誘者たちが居座っていることがありました。いずれも中高年女性で、上がり框にどっかりと腰を下ろし、聞かれもしないことを話し続けていました。両親ともに教員であることを知り、休みのこの時期を選んで訪れていたのだろうと思います。私の父親はアルコールが入ると元気になりますが、普段は内弁慶な人で、こういう時にはまるで役に立ちません。「また来たか」とすぐに寝たふりを決め込み、時々「早く帰れ」と怒鳴るのですが、女性たちはどこ吹く風でした。母親は勤務先が近隣の小学校でしたから、余計なことを話すとどんな陰口をまき散らされるか分からないと、努めて冷静に対応しているように見えました。

私は、小学校一年生か二年生だったはずです。子どもながらとても屈辱的で、その分、鮮明な記憶として焼き付いています。自分が無力そのもので、目の前で、弟を遠回しながらも侮辱し続ける相手に対し（ご先祖を大事にしない因縁がこの子の病気になって現れたのだ、この子が家族の不幸のもとだと、延々とくり返しているのです）、何一つ反撃できずにいる悔しさに激しく身を震わせていました。いまだに新興宗教アレルギーが抜けないのは、この体験に起因します。もちろん宗教に帰依することで安心を得た、救われたという家族も少なくないことは理解しています。教員時代、何人かの子どもたちの家庭が新興宗教の信者だったことは知っていますし、そのことまで否定するつもりはありません。しかし私と私の家族にとっては違っていました。いったん「弱み」を見つけたら、そこを狙って執拗に、巧妙に付け入って、自分たちの信仰に従わせようとする、そういう人間がいるのだということを思い知る体験でした。

山上容疑者の家族にも、これに類した経験があったのではないか。彼に関する情報をいろいろと探っているうちに、そう考えるようになったのです。ここまでが前段です。

安倍元総理の襲撃事件から一〇日ほどすぎた頃、インターネット上に、「山上容疑者が犯行前に投函した」とされる手紙が全文公開されたといいます。この事実を私が知ったときには、すでに削除された後だったのですが、そこには次のように書かれていたといいます。

「私と統一教会の因縁は約30年前に遡ります。／母の入信から億を超える金銭の浪費、家庭崩壊、破産……／この経過と共に私の10代は過ぎ去りました。／その間の経験は私の一生を歪ませ続けたと言って過言ではありません。／個人が自分の人格と人生を形作っていくその過程、／私にとってそれは、／親が子を、家族を、何とも思わない故に吐ける嘘、／止める術のない悪行、／故に終わることのない衝突、その先にある破壊」

母親への激しい呪詛が綴られています。母親がなぜ旧統一教会に入信していったのか、確定的に書かれた情報は見つけられずにいるのですが、七月二〇日配信の「デイリー新潮」には、山上容疑者の伯父による「母親は夫の自殺と、息子（山上容疑者の兄）が六歳のときに小児がんになったことを機に、旧統一教会に入信」という談話が掲載されています。兄は二〇一五年に自殺しているのですが、病状がどの程度重篤なもので、日常の暮らしはどんな様子だったかなど、詳しい情報は今のところありません。伯父は山上容疑者の兄や妹の面倒を見ていたといいますが、兄はその伯父に「食べるものがなくなった」と窮乏を訴えることがあり、伯父はその都度、生活費や食料を送っていたといいます。

母親の入信の経緯については、今のところこれ以上のことは分かりません。いずれにしても兄の病は、入信理由の一つだったと考えてよいだろうと思います。そのことが山上容疑者の一家を破綻させ、容疑者自身の人生も激変させます。両親ともに高学歴、自身も奈良県有数の進学校に入学。しかし早い時期に、大学への進学をあきらめています（九月に入って伯父の長めのインタビューが掲載され、そこで夫の死の三年前の母（容疑者の祖母）の急死など、不幸が続いていたと語られています）。

山上容疑者の生活の困窮がどのようなものだったか、『日刊ＳＰＡ！』（二〇二二年七月一九日）の記事から、彼が書いたというツイッターを拾ってみます。（　）内は投稿日です。

「（コロナ禍でうつ状態になった大学生の記事に対して）「言っちゃ何だがオレの10代後半から20代初期なんかこれ以下だよ。社会問題として支援が呼び掛けられる様は羨ましいとすら思う」「正直に言うと震災の時すらそう思った。肉親を失い生活基盤を失い病むのは同じでもこれだけ報道され共有され多くを語らずとも理解され支援される可能性がある。何て恵まれているのだろう、そう思った」
（二〇二一年二月二八日）

生活基盤を失った困窮者でも、理解され、支援を受けているならば、自分よりもはるかに恵まれている。「宗教二世」という言葉を、私も今回の報道で初めて知ったのですが、ここにも、新しいかたちで連鎖していく社会的課題があったわけです。

次に、インターネット上の記事からその生活歴まとめてみます。

簡単な生育史と、そこから見えること

「一九八〇年九月、山上容疑者が生まれる／八四年一二月、父親が自殺（ある記事には、「母親が宗教に傾倒し、父親がノイローゼで自殺」とありますが、時間的経緯が整合せず、これは正しくないようです）／八〇年代後半、兄が小児がんとなり手術を受ける／九一年、母親が旧統一教会の活動を始める、五〇〇〇万円を献金／九四年頃、母親が一〇〇〇万円を献金／九八年頃、母親が入信（教会側の説明）、祖父が死去／九九年、母親が祖父から相続した土地を売却し、そこで入手した四〇〇〇万円を献金／二〇〇二年、実家を離れて自活するために、山上容疑者が自衛隊に入隊／〇五年一月、自衛隊勤務中の山上容疑者が自殺未遂（死去によって入手できるはずの保険金の受取人を母から兄と妹に変更し、二人に残そうとした故だったという。またこの時母親は韓国を訪れており、伯父がこの件を連絡をしたが、母親は戻らなかった）。八月、自衛隊を退職／一五年頃、兄が自殺（理由など一切の経緯は不明）／二二年七月八日、安倍元総理を銃撃」

母親は、山上容疑者の事件によって教会を辞めるつもりはないといい、ますます信仰を深めているようだとも言われています。このように、億単位での献金を続けているという、極めて特殊な心理状

態に陥ってしまった母親に対し（ここには、信仰か洗脳かというきわめて厄介な問題があるのですが、この稿では触れる余裕はありません）、山上容疑者は呪詛一辺倒かというと必ずしもそうではありません。先ほどの『日刊SPA！』の記事に次のようなことが書かれていて、複雑な心の揺れを示しています。

・「三人兄妹の内、兄は生後間もなく頭を開く手術を受けた。10歳ごろには手術で片目を失明した。障碍者かと言えば違うが、常に母の心は兄にあった。妹は父親を知らない。オレは努力した。母の為に」（二〇一九年一二月七日）

・「最も救いがないのは、母を殺そうとした祖父が正しい事だ。オレは母を信じたかった。それ故に兄と妹とオレ自身を地獄に落としたと言われても仕方がない」（二〇一九年一二月七日）

・「これで自分が札付きの不良でもあったなら自分が悪かったと思いようもあるが、健気にも母親を支えようとするよく言えば優等生的、悪く言えば自我の希薄な子供だった自分からすれば悪夢としか言いようがない」（二〇二〇年一二月一一日）

・「母を信じたかった」「何故に母は兄のため、オレを生贄(いけにえ)にしようとするのか」（二〇二二年七月十九日『朝日新聞』記事内より引用。日付記載ナシ）

ここで、兄が生後間もなく「頭を開く手術を受けた」「片目を失明」とある件が、ひときわ注目されるのですが、これ以上の記述はありません。母の心は常に兄にある、兄のために自分をなぜ犠牲にしようとするのか、とも漏らしています。障害をもつ子どもの兄弟姉妹であれば、誰でも一度くらいはつい心の中に思い浮かべ、あわてて打ち消したことのある感情でしょう。「言葉では心配している、涙も見せる、だが現実にはどこまでも無関心。こんな人間に愛情を期待しても惨めになるだけ」という記事も見られます。たんに自分の人生を滅茶苦茶にされたことへの恨みだけではなく、どうしても断ち切れずにいる母親への思慕が、率直に吐露されています。これは山上容疑者にとっての「母よ！殺すな」であり、命こそ奪われなかったものの、彼の人生は、それ以外の一切が母親によって奪われてしまったと言っていいほどです。

つまり彼の犯行は、安倍元総理（と旧統一教会）への銃撃というかたちを取りつつも、その内面に降り立っていくと、「母よ！殺すな」と言い続けていた心情が、言い換えるならば、何よりも願っていた心情が、「家族の再生」ではなかったでしょうか。植松死刑囚がしきりと口にしていた「疲れ切った母親の表情」を、山上容疑者の母親も見せていた。つまり、「疲れ切った母親」を救うために、植松死刑囚は安倍元総理の後ろ盾を得て実行しようとし、山上容疑者は「疲れ切った母親」を救うために、旧統一教会の最大の広告塔だと受け止めた安倍元総理に銃口を向けた。こういう図式が浮かび上がってきます。

「今こそ革命を行い、全人類のために必要不可欠である辛い決断をする時だと考えます。日本国が大きな第一歩を踏み出すのです。／世界を担う大島理森様のお力で世界を良い方向に進めて頂けないでしょうか。是非、安倍晋三様のお耳に伝えて頂ければと思います」

植松聖死刑囚はこのような手紙を書いて、未明の津久井やまゆり園に乗り込みました。

「苦々しくは思っていましたが、安倍は本来の敵ではないのです。あくまでも現実世界で最も影響力のある統一教会のシンパの一人に過ぎません。／安倍の死のもたらす政治的意味、結果、最早それ銃撃を決意したのち、あるライターにこのような文章を残し、山上徹也容疑者は決行に向かいました。これが、戦場の兵士が何かの手違いで平成・令和の日常に現れ、安倍元総理を挟んで向かい合っている、その光景です。そしておそらくこの二人は、死後もなお安倍元総理に向けられている賛辞と、激しい批判という二つの動向の極北を体現しています。

＊

インターネット上では、山上容疑者が新自由主義的な自己責任の原理を深く内面化していることなども、残されたツイッターの文面から分析されています。この点は植松死刑囚に通じるところがあるのですが、ここでは割愛しました。

ともあれ、テロリズムの連鎖の後には戦争が続くことを、昭和の歴史が教えています。暴力は暴力を呼び、やがて大きな暴力へと至りついてしまう。そのようなことにならないよう心より願っています。

＊

安倍元総理暗殺の衝撃の収まらない七月二六日、秋葉原殺傷事件（二〇〇八年六月八日）の加藤智大死刑囚に刑が執行されたと報じられました。言うまでもなく、津久井やまゆり園が襲撃された日です。津久井やまゆり園の被害者の方々は、パラリンピック採火問題に続き、またしても政治利用されました。法務警察権力は、彼らは追悼する存在である以上に、自分たちの権力誇示の目的のために徹底利用する、そのような存在なのだということを、内外に知らしめたわけです。

そして同日の毎日新聞では、弁護団は、加藤死刑囚の再審請求中だったとも報じられました。記者会見の際に、この点について問われた法務大臣は何一つとして答えなかったとも。

元総理暗殺の衝撃の最中に、やまゆり園の亡くなった方々の命日を選んで、再審請求中であることを隠して死刑を断行する。これが、今の日本国の権力の現状です。

強い抗議とともに、このことを最後に書き留めておきたいと思います。

エピローグ　植松死刑囚に送った父親の「手記」

この本の最後になって、このようなとても個人的な内容の「手記」を公開することが、はたして適切な振る舞いかどうか、今、ここに至っても迷い続けています。「なんだ、最後は家族の感動物語で終わるのか」、と鼻白む方もおられるかもしれません。

私の、あれやこれやの能書きは後回しにします。プロローグに記した父親の「手記」のほぼ全文は以下のとおりです。

「哲夫、おまえの掲げた愛の灯はけっして消えない！
　脳性マヒで死んだわが子となき妻への手紙
　　　　　　　　　　　　　　　　　　　　佐藤　要吉

□おそいくる病魔

――哲夫(てつお)、とうさんは、これから一字一句(いちじいっく)に精魂(せいこん)をこめて、静(しず)かにおまえに語(かた)り続(つづ)けよう。

人々の心に愛の灯をともし、短い一生を終えたおまえと、おまえのしあわせに、文字どおり命をかけたかあさんのために――。

そして、全国で三万人といわれる重症心身障害児と、その家族のために――。

昭和31年2月7日、寒さのきびしい大雪の夜8時、おまえは、わしたちの次男として、この世に生をうけた。

おまえを生んでくれたかあさんは、昼間は精いっぱい、元気な教え子たちを相手に、勤めを守りながら(略)、無事におまえを生んだのだった。

だが翌日、学校(略)から帰ったとうさんを待っていたのは、思いもかけぬ知らせだった。

おまえは、お昼ごろ、うす黒い血を吐いたという。あわてて医師に往診してもらうと、病名は『新生児メレナ』、死亡率は50パーセントとか。

二、三日して、吐血がおさまった、おまえの小さなからだは、こんどは『新生児黄だん』におかされていた。

お乳も飲まず、二昼夜も続く高熱と激しいひきつけ――。

「どうせ死なせるなら、あたしがダッコしています。」

と、必死で、おまえをだきしめるかあさんを残して、とうさんは、のきまでうずめた雪の中を、医師を呼びに走った。

ようやく来てもらった医師の手あてのかいがあってか、おまえはやがて、雪にうずもれた家の中で、ほのかに意識をとりもどした。

「あとに、障害は残りませんか？」

「だいじょうぶ、じきに元気になりますよ。」

医師のことばどおり、命をとりとめたおまえは、まもなく、かあさんの乳房にすいつき順調に生育しはじめた。

だが、次の試練はすぐにやってきた。おむつをとりかえるとき、どうも腰の骨が自由に開かないのだ。湯沢の医師の診断は脱臼だという。

小さなももにはめられたギブスと、レントゲンのフィルムが痛々しくて、とうさんは親の無力さに、くちびるをかむばかりだった。

ゆきどけの4月、とうさんは、汽車で2時間の秋田市にある秋田中央病院におまえを連れていった。診察の結果は「異常なし、脱臼ではありません」とのこと。

とうさんは、やっと肩の荷がおりた思いだった。

その年の夏休みのことだった。突然、体温計が割れそうな高熱が四、五日続き、緑色で、いやなにおいのする便が出て、おまえは、夜も昼も、ひきつけたように泣き叫ぶばかり。

湯沢のO病院に入院して40日間、とうさんとかあさんの必死の看護は続いた。

医師は病名を、はっきり言わなかった。

あのとき、おまえのからだの中で、少しずつ、だが確実に、〝なにか〟が、進行していたのだ。

やがておまえは、丸々と太ってはきたものの、どうも首のすわりが悪かった。それに、おもちゃをつかむ手の力が弱い。カゼをひきやすく、夜の寝つきがよくない。気にしだすと、次から次へと不安がつのる。

□不治の病い

――哲夫、秋田中央病院に行ったときのことを、覚えているかい？

あくる年の夏のことだった。

あの日、物心のついたおまえは、都会の大きな病院を見て目を丸くし、白衣のお医者さんを見ると、おびえて泣いてしまったね。

外科、小児科、神経科――と回ったあと、とうさんは、医師の最後のことばを聞かなければならなかった。

「脳性小児マヒです。現在の医学では、どうにもなりません。マッサージをすれば幾分、機能が回復します。それから、薬で手足のつっぱりをやわらげることはできますが……。」

脳性マヒ！！　現代医学では直らない！！　耳なれない病名を聞きながら、とうさんは、一瞬両手をふりまわし、大声で叫びながら、走りだしたい衝動に襲われた。

生まれて一年、罪もないおまえのやわらかい膚に押された残酷な焼き印！

一家をあげて、おまえの療育にあけくれる日々が始まった。
おまえはすぐカゼをひき、熱を出した。カゼはすぐ肺炎になる。脳に欠陥のある脳性マヒ児は、体温の調節がきかず、すぐ生命の危険につながる。

（略）

ぐあいのいいときは、機能の訓練のため、手でものをつかむ練習も、よくやった。おまえの指先に、おもちゃをあてがってやる。おまえの指は懸命にそれをつかもうとする。

立つことはもちろん、寝がえりもうてない。ことばもダメ、物をにぎることもできない。わずかに泣くことで悲しみや要求を、顔をゆがめて笑うことで、喜びを伝えることができるだけ――。しかも一生の間。

とうさんと、かあさんは、それからも、学校の暇をみては、あらゆる治療の方法をつくした。

週刊Yにのっていた東京の順天堂大学病院に、奈良林博士をたずねた。秋田魁新報の片すみにあった記事を頼りに、田沢湖に近い玉川温泉で温泉療法も試みた。

東京の中目黒にある神経学クリニックで手術もした。秋田県肢体不自由協会の主催する短期療育訓練にも参加した。

とうさんとかあさんの給料を合わせても、ため息の出るほど高価な薬も買った。

だが、手術とさまざまな療法も、ほとんど効果はなかった。

四、五年が夢中のうちに過ぎた。

そのころ、よく、かあさんと話し合ったものだ。

「ねえ、とうさん、全国には、たくさん、哲夫みたいな子がいるのに、国や役所は、何の手助けもしてくれないのね。」

「うん、政治家が無関心だからな。たとえ関心があっても、重症児問題では、選挙のときに票にならないからなあ……。」

□力つきた母

昭和37年4月。おまえは満6歳。おまえのところへも学齢期の身体検査の通知が来た。

健康な子どもなら、入学の年がきたのだ。夫婦とも教壇に立ちながら、わが子を入学させられない悲しみ――。

だが、とうさんも、かあさんも、くじけはしなかった。それどころか、翌年かあさんは、進んで知恵おくれの子どもたちを集めた特殊学級を担任した。

「この子たちを、いちばんよく理解できるのは、わたしですもの。」

かあさんは、そう言って、担任の子どもたちを家につれてきて、世話をした。

「かあさん、そこまで、やらなくちゃ、いかんのかなあ……。」

とうさんのことばに、かあさんは答えた。

「そうよ。教師はそこまで、やらなくちゃ。」

だが昭和39年4月。

おまえが生まれた直後から、献身的に看護してくれた、お手つだいのクニちゃんが、やむをえない事情で、家に帰らなければならなくなったとき、かあさんはついに、18年ばかりなじんだ教壇をおりなければならなかった。

おまえの枕もとで、おまえの世話をやきながら、編み物をするかあさんの姿には、すべての時間を、わが子のためにささげられるようになった、母の安らぎがあった。

これまでの分を、とり返そうとでもするかのように、かあさんは夜明けまで、おまえの枕もとで編み物を続けていたね。

昭和40年1月20日の夕がた、冬休みの最後の日、とうさんは、こたつの中でうたたねをしていた。

そのとき、異様なかあさんの声。

「とうさん、とうさん、とうさん」

隣のへやにかけこんだ、とうさんは見た、おまえの枕もとに、くずれるように倒れたかあさんと、転がった毛糸の玉を――。

すでに意識はなかった。

それから一週間、かあさんは死のふちをさまよった。意識はなかったが、「かあさん」と呼ぶと、わずかに動く左手を口もとへ寄せ、とじた目じりから、とめどもなく涙を流した。

1月27日午前9時15分、かあさんの心臓は止まった。死因は心臓弁膜症。

教壇に立ちながら、おまえの看病を続けた8年の歳月、そして、教壇を去ってから、つかれたように、おまえの世話をした疲労が、前から悪かったかあさんの心臓に、とどめをさしたのだ。

――哲夫、おまえは、ただならぬ空気を感じとったのか、急におとなしくなったね。

かあさんの死を、おまえに理解させようと涙をこらえて、とうさんは聞いた。

「かあさん、どこさ行った？」

おまえは、必死に不自由な頭をずらそうとしながら、仏壇に飾られたかあさんの写真に視線を向けたね。

かあさんの遺品を整理していて、とうさんは、ザラ紙に書いた、かあさんの短歌を見つけた。

「貧しさを悲しみとせず
　夫と子の支えのなかできょうも終えなん」
「うつぶせになりて顔あげてテレビ見る
　その努力をばだれが認めん」

――哲夫、わかるかい？　おまえのことだよ。それから、学校をやめるとき、校長先生にあてた手紙の下書き。

「家を思い、子を思いながら、教壇に立つ勇気が、もうわたしにはないのです……。」

かあさんは、誠実で努力の人だった。自分のしあわせの前に、他人のしあわせを願った。けっしてメソメソしたり、嘆かなかった。

「やる気があれば、なんでもできる。」

かあさんが学校を去る日、全校生の前で、お別れのあいさつのとき、生徒たちに贈ったことばだ。

かあさんは、そのことばどおり、命の火をかきたて、そして、燃えつきたのだ。

クニちゃんが去り、かあさんが死に、おまえの世話をできるのは、この世でとうさんだけになった。学校を休んで、とうさんは、おまえの世話をした。食事、用便、入浴、床ずれの手あて……。

一週間たち二週間たった。とうさんは、これから、どうすればいい？

学校を休んでいれば、たちまち生活に困る。にいさんはどうなる？　担任の生徒たちは？　これ以上、学校や近所の人たちの好意にすがってはいられない。

思いあまって、とうさんは、民生委員や福祉司に相談した。

おまえを抱いて秋田市の中央児童相談所にも行った。東京の重症心身障害児施設・島田療育園にも手紙を書いた。

だが、道はすべてとざされていた。県内で500人も重障児がいるのに、秋田県には、その施設はない。島田療育園も、ベッドはあいていたが、看病する人手がなかった。

絶望のふちで、とうさんにできることは、死を思うことと、おまえを抱きしめることだけだった。

——哲夫、おまえは覚えているかい？　13人の〈おばこ天使〉のおねえさんたちと、東京へたった日、去年の1月31日のことを。

思いあまったとうさんの訴えは、意外な反響を呼んだのだ。中央児童相談所の佐々木所長、柿崎主事らの努力で、まず秋田魁新報がキャンペーンを始めたのだ。

『重症児の看護をする娘さんを求む！　同じ秋田の崩壊しようとする家庭を救え！』

反響はすさまじかった。

そして今、島田療育園に看護助手として就職する13人の秋田出身のおねえさんたちが、おまえと同じ列車で、ふるさとをたつのだ。

おまえが最優先で島田に収容してもらえたのは、秋田の善意に対する、島田療育園の小林提樹園長のあたたかい心づくしだった。

ふぶきをついて走る上野行きの急行列車の中で、おまえを抱きしめ、とうさんはつぶやいた。

〈かあさん。かあさんは、自分の命とひきかえに、哲夫を、りっぱな施設に入れてくれたね——。でも、もし秋田にも重症児施設があったら、哲夫を東京へ手ばなさなくてもすんだね。いや、かあさんも、死なないですんだかもしれないね。〉

□小さな灯は消えた

——哲夫、島田療育園で、おまえは園内の人気者になった。おまえは、13人の〈おばこ天使〉の善意や、そのころ大きく新聞、雑誌にとりあげられ始めた重症児問題の象徴として、みなさんのあたたかい看護を受けた。

とうさんと別れ、環境が変わったため、おまえはまた高熱と、つっぱりに襲われはじめた。そんなとき、医局や看護の人たちばかりではなく、給食や事務の人たちまで、息をひそめて、おまえの回復を祈ってくれた。

だから、おまえが初めて笑ったとき、島田療育園は、いっせいに灯がともったように、喜びにわいたという。

ベッドのさくをかたくにぎりしめ、時には発作のため指をちぎれるほどかんで、血だらけになったおまえに、秋田出身の看護助手の武田晴子さんが秋田弁で話しかけた。

「哲ちゃん、十文字は、雪いっぺえ降ってべやなあ。」

すると、おまえは入園して初めて目を大きく見開き、ニコリと笑ったそうだね。

おまえは、そのとき、武田さんの顔に、かあさんのおもかげを見ていたのではないか？

おまえは、島田でも、おふろと散髪とテレビが大好きだった。すもう、プロレス、そして特に、俳優の伴淳三郎さんの出演している番組が好きだった。

障害児や恵まれない子たちに、深い理解と関心を寄せてくださったバンジュンさんは、よく療育園を訪れては、おまえたちと遊んでくれたものだ。

だが、おまえの病状は、はかばかしくなかった。高熱とつっぱりが次第にひんぱんになった。とうさんは休暇や出張のひまを見てはおまえを見舞った。そうすると、ふしぎにおまえの熱は下がり、おまえは、とうさんにしがみついて、いつまでも離さなかった。

療育園のみなさんの手厚い看護のかいもなく、去年の暮れごろから、おまえの容体は急に悪化していった。

とうさんがおまえを手離したときから、おまえは、天国のかあさんのほうへ歩きはじめたのだろうか。電話が何度か、雪深い秋田と、東京の郊外・多摩丘陵の間でかわされた。

ことしの1月10日、容態の急変を告げる電話を受けて、とうさんは、急行〝丹沢〟で、おまえのもとへ急いだ。

終電でやっと島田療育園にたどりつき、主治医の大坪先生の顔を見たとき、とうさんはすべてをさとった。

「お気の毒です……。」

とうさんは、やっとの思いで答えた。

「みなさん、ほんとうに、ありがとうございました。」

おまえは、第一病棟から移されて、別室のベッドの上にいた。

今はからだの硬直もとれ、おまえの顔には、安らかなほほえみさえ浮かんでいた。

おまえと、ふたりだけにしてもらって、とうさんは、おまえを力の限りだきしめた。おまえのにおいを胸いっぱい吸いこんだ。

すると、とうさんの胸の底から、いや、おなかの底から、熱い熱いかたまりが、いくつもこみあげてきて、気がつくと、とうさんは、声をあげて泣いていた。

翌朝、慶応病院で解剖のため、とうさんはおまえのなきがらを抱いて、療育園のマイクロバスに乗った。寒い朝だった。

バスが多摩丘陵の雑木林をぬって走りだすと、バスの窓ガラスに白いものがとんできた。

東京には珍しい雪だった。

雪はガラスにつくと、すぐ消えた。

——哲夫、雪の日に生まれたおまえは、雪の日に、とうさんの腕から去っていくのか。

解剖を待つ間、とうさんは、看護婦さんたちから、おまえの死の前後のことを聞いた。

9日、危とく状態におちいったおまえを見舞ってくださった小林園長は、高熱にあえぐおまえに声をかけてくださった。

「哲ちゃん、安心して目をつむりなさい。心配することは、なにもないんだよ……。」

おまえは、すでに黒いクマでふちどられた両眼を、すなおにとじた。

中沢婦長はじめ、秋田出身の看護婦さんたちが、その夜は寝ずに、おまえを見守っていてくださった。

翌10日、10時35分、最後の発作がおまえを襲い、おまえの十一年の命の灯は消えた。

看護婦さんたちが、泣きながら、おまえをベッドから運び出すと、ベッドの上には、お正月にとうさんが持ってきた、白いいぬのぬいぐるみだけが残ったという。

解剖の結果、直接死因は気管支炎。高熱で心臓が衰弱したとのこと、脳性マヒ児によくある症状だった。

幡ケ谷の火葬場で、棺をとじるとき、看護婦さんのひとりが、一冊の絵本を、おまえの胸の上に置いてくれた。『ピーターパン』だった。

療育園に帰ると、とうさんは、看護婦さんから一通の電報を手渡された。

『「テッチャン　ド　コヘイッタノ　オジ　サンハ　テッチャンノ　ゲ　ンキナカオガ　ミラレナクナッタノガ　サビ　シイヨ」バンジュンザブロウ』

発信地は、仕事先の京都だった。

――哲夫、おまえの命の灯は消えた。

だが哲夫、おまえには見えるだろう。お前がともした小さな愛の灯が、ほら、あんなに、あかあかと燃えているのを。そして、人人の手から手へと移されて、燃え広がっていくのを――。

厚生省は秋田県の本庄愛育園はじめ、全国十一か所に、重症病棟を設けることに決定した。島田療育園や秋津療育所には、ことしも、〈おばこ天使〉に続く二十四人の秋田出身のおねえさんが看護を申しでている。

それから、かあさん――。とうさんも、かあさんがはいっていた、秋田県下の重症児の親の会『願い親の会』に入会したよ。（略）

――哲夫、生まれて、自分の手では何一つできなかったおまえだが、おまえは、とうさんにもできないことを、やったじゃないか！」


（『女学生の友』小学館、昭和四二年・発売月不詳）


これが、植松聖死刑囚が読んだ（はずの）「手記」のほぼ全文です。私の知る「事実」とは異なるところもありますし、あきらかに誇張だと思うところもあるのですが、ともあれこれが、父親にとっての「障害をもつ我が子」とのライフヒストリーでした。

第三章でも書いていますが、弟の施設入所は、私にとっては決して「立派な医者のいる立派な施設に入れて、よかったよかった」というストーリーで、終わるものではありませんでした。長いあいだ言葉にはできなかったのですが、自分が何をしたのか、どれほど取り返しのつかないことをしてしまったのか、その事実がずっしりとのしかかっていました。

父親によってここに書かれた出来事のほぼすべてを、断片的ながらも、私は記憶しています。もちろん厳重に蓋をし、簡単に外には現れないようにしてきたのですが、なぜか人生の節目節目になると「障害」の問題が私の目の前にやってきて、「いろいろあったけど昔のことだから」といった類の言葉を使うことを、簡単には許してくれませんでした。

弟の他界の後、一〇年間ほど障害や福祉とは縁のない生活をしていたのですが（だから、「青い芝の会」の活動については、リアルタイムでの体験を共有していません）、なんのめぐりあわせか、一九七九年、教員として採用されたのが特別支援学校（当時は養護学校）でした。二一年間勤務し、そろそろ好きなことをやらせてもらおうと教職を辞したのが二〇〇一年。その四月に東京浅草で事件が起こり、その取材をきっかけに「障害と犯罪」という問題に深入りし、二〇一二年に大阪で起きた事件の執筆を最後に、もうこのテーマからは手を引かせてもらおうと思っていたら、二〇一六年、津久井やまゆり園での事件が起きます。

こんなふうにして、ことあるごとに、「障害」の問題のほうへ、弟の存在のほうへと引き寄せられるのでした。

すでに書いていますが、やまゆり園の事件に本気になって取り組むのであれば、蓋をしていた記憶をこじ開けなくてはなりません。事件や植松聖という人間について書くことは、蓋をしていた私の過去を引っ張り出し、もう一度向き合い直すことを意味していました。この「手記」に書かれた出来事が、良くも悪くも私の記憶の（あるいは人生の）原点になっていますから、ここから始めなくてはなりません。それが、このようなきわめて私的な「手記」を公開しようと決断するに至った一つ目の理由です。

もう一つあります。父親の「手記」の中に、長いこと気にかけながらも、今回も、ついに触れることのできなかった宿題があります。「東京（とうきょう）の中目黒（なかめぐろ）にある神経学（しんけいがく）クリニックで手術（しゅじゅつ）もした」という一節です。この「手術」とは、開頭手術でした。手術のために上京した時の光景は鮮明です。古ぼけたアパートのような小さな病院の、狭い一室にベッドが一つあるだけのとても殺風景な病室でした。頭の手術をするのだということはそれとなく聞かされていましたから、この病院のどこでそんな大手術をするんだろう、と不思議に思ったことを記憶しています。小学二年生か三年生の頃だったはずです。牛乳瓶を平たくしたような容器で、生まれて初めてヨーグルトというものを口にし、東京にはこんなにうまいものがあるのかとしみじみと思ったことも。

弟が手術を終えて家に帰ってきたときの記憶は、もっと鮮やかです。丸刈りになった頭頂部に四つ、小さな点があり、ドリルで穴をあけた痕跡であることがすぐに分かりました。そこから結ばれた四本の線が、やはり毛の生えそろっていない痕になって残っています。間違いなく開頭の痕であり、「こんな小さな体に、こんなひどいことをしたのか」と思ったのですが、口にすることはできませんでした。それから両親は、この話題を一度も口にはしませんでした。

今回、重度の脳性麻痺児の「治療」のために開頭手術をする、というケースが他にもあったのかどうか、インターネット検索をして調べてみました。一つもヒットしませんでした。山上容疑者の兄のように脳疾患治療のための開頭外科手術の例は、通常の治療ケースとしていくらでも出てきます。また、かつて精神科治療で行われていたロボトミーといわれる手術の資料も散見します。けれども、「脳性麻痺治療のための開頭手術」について残された資料は、どう探しても皆無なのです。

人道的にも倫理的にも問題が大きいし、実効性も認められないとして、脳外科医学の歴史から抹消されてしまったのでしょうか。あるいは二例とか三例とか数が極少だったがために、資料として残らなかったのでしょうか。探せばあるのに、私の調査不足だったのでしょうか。また、ロボトミー手術の一つとして、脳性麻痺児にどのような効果がもたらされるか実験的に行われたのでしょうか。詳細は分かりませんでした。

ただ、私のなかに、なんとしてでも明らかにしたいという強い意志が欠けていた点は、否めないだろうと思います。この問題に深入りして事実を明らかにしていくことは、おのずと両親への、「なぜあなたたちはこんなひどいことをしたのですか」という強い異議申し立てを含むことになります。さすがにそれはできなかった。

両親は、この手術の存在をどこで知ったのでしょうか。他にも同じケースがあったのか、弟が初めてだったのか。医師たちからどんな説明を受け、どんな気持ちで手術を決断したのか。失敗したら命を落とすだろう危険な手術に、なぜ踏み切ったのか。知りたいことはたくさんあります。父親が存命なうちに、詳細をしっかりと聞いておくべきだったと思う一方、私と父親との間に、修復のできないしこりをもたらしかねなかった、だから、聞かないままでよかったのだとも思います。

考え始めるとさまざまな感情が湧いてくるのですが、いずれにしても、このような事実が存在していたということもまた、六〇年代福祉の一面です。そして私の力はここまでです。私は手掛かりを得ることはできなかったけれども、今後、戦後の福祉史や脳医学史の研究においてなんらかの進展があるかもしれず、その捨て石にでもなればと考え、ここに記した次第です。

それにしても、医師たちは「医学技術の進展のため」という名分のために、このような開頭手術に手を染めたのでしょうが、『ナチスドイツと障害者「安楽死」計画』に書かれた医師たちの、患者の死を手中にしたという全能感へとまっすぐにつながります。そしてここには、言うまでもなく「安楽死」を説く植松死刑囚が立っています。

事件から脱稿まで、一言では言えないほど長い道のりでしたが、ここで筆を擱くことにします。「津久井やまゆり園事件を考え続ける会」の皆さんをはじめ、これまでさまざまなかたちでご協力をいただいたすべての方々に、心よりお礼を申し上げます。

またこの事件について最初に原稿を書く機会を与えてくれたのみならず、この間の私の書くものに関心を寄せ続けてくれ、また原稿に的確な助言を入れてくれた現代書館の向山夏奈さんにも感謝申し上げます。

本書を、事件で被害に遭われたすべての方へ捧げます。

二〇二二年十月七日

佐藤幹夫

参考文献一覧

＊年月昇順

■津久井やまゆり園事件について

立岩真也、杉田俊介『相模原障害者殺傷事件　優生思想とヘイトクライム』（青土社、二〇一七年一月）

朝日新聞取材班『妄信　相模原障害者殺傷事件』（朝日新聞出版、二〇一七年六月）

堀利和編著『私たちの津久井やまゆり園事件　障害者とともに〈共生社会〉の明日へ』（社会評論社、二〇一七年九月）

月刊『創』編集部編『開けられたパンドラの箱　やまゆり園障害者殺傷事件』（創出版、二〇一八年七月）

井原裕『相模原事件はなぜ起きたのか　保安処分としての措置入院』（批評社、二〇一八年七月）

堀利和編著『私たちは津久井やまゆり園事件の「何」を裁くべきか　美帆さん智子さんと、甲乙さんを世の光に』（社会評論社、二〇二〇年三月）

月刊『創』編集部編『パンドラの箱は閉じられたのか　相模原障害者殺傷事件は終わっていない』（創出版、二〇二〇年六月）

神奈川新聞取材班『やまゆり園事件』（幻冬舎、二〇二〇年七月）

朝日新聞取材班『相模原障害者殺傷事件』（朝日文庫、二〇二〇年七月）

責任編集：太田順一郎＋中島直『精神医療86　相模原事件が私たちに問うもの』（批評社、二〇一七年七月）

■障害福祉と重度心身障害児（者）問題

平澤正夫『あざらしっ子　薬禍はこうしてあなたを襲う』（三一書房、一九六五年一一月）
藤原陽子『おばこ天使　ある青春　重症児と共に生きる』（文芸市場社、一九六七年三月）
糸賀一雄『福祉の思想』（NHKブックス、一九六八年二月）
小林提樹『いわゆる自閉症児の人生記録—AT君の場合（上）』（三菱厚生事業団発行、一九八七年三月）
小林提樹『同（中）』（同、一九八九年七月）
高谷清『はだかのいのち　障害児のこころ、人間のこころ』（大月書店、一九九七年四月）
西定春『さくらと空を翔け心を紡ぐ』（千書房、二〇〇六年六月）
高谷清『こどもの心・おとなの眼　人間・障害・思想』（クリエイツかもがわ、二〇〇八年五月）
高谷清『重い障害を生きるということ』（岩波新書、二〇一一年六月）
小沢浩『愛することからはじめよう　小林提樹と島田療育園』（大月書店、二〇一一年四月）
明神もと子『どんなに障害が重くとも　1960年代・島田療育園の挑戦』（大月書店、二〇一五年一月）

■社会福祉について

池田敬正『日本における社会福祉の歩み』（法律文化社、一九九五年五月）
右田紀久恵・高澤武司・古川孝順編『新版　社会福祉の歴史　政策と運動の展開』（有斐閣選書、二〇〇一年三月）
監修　津曲裕次・編集　財団法人日本知的障害者福祉協会『天地を拓く——知的障害福祉を築いた人物伝』（発行　財団法人日本知的障害者福祉協会、二〇一三年三月）

■「青い芝の会」神奈川県連合会

横塚晃一『母よ！殺すな』（生活書院、二〇〇七年九月）

横田弘『【増補新版】障害者殺しの思想』（現代書館、二〇一五年六月）

横田弘、立岩真也、臼井正樹『われらは愛と正義を否定する——脳性マヒ者　横田弘と「青い芝」』（生活書院、二〇一六年三月）

荒井裕樹『差別されてる自覚はあるか　横田弘と青い芝の会「行動綱領」』（現代書館、二〇一七年一月）

■施設問題について

E・ゴッフマン著、石黒毅訳『アサイラム　施設収容者の日常世界』（誠信書房、一九八四年三月）

『季刊福祉労働』一五五号「特集　入所施設の現在」（現代書館、二〇一七年六月）

麦倉泰子『施設とは何か　ライフストーリーから読み解く障害とケア』（生活書院、二〇一九年二月）

■優生思想と生命倫理学

小松美彦『死は共鳴する　脳死・臓器移植の深みへ』（勁草書房、一九九六年六月）

ピーター・シンガー著、樫則章訳『生と死の倫理　伝統的倫理の崩壊』（昭和堂、一九九八年二月）

米本昌平、松原洋子、橳島次郎、市野川容孝『優生学と人間社会　生命科学の世紀はどこに向かうのか』（講談社現代新書、二〇〇〇年七月）

米本昌平『バイオポリティクス』（中公新書、二〇〇六年六月）

ピーター・シンガー著、浅井篤志・村上弥生・山内友三郎監訳『人命の脱神聖化』（向洋書房、二〇〇七年七月）

W・ラフルーア、G・ベーメ、島薗進編著、中村圭志、秋山淑子訳『悪夢の医療史　人体実験・軍事技術・先端生命科学』（勁草書房、二〇〇八年一〇月）
児玉真美『アシュリー事件　メディカル・コントロールと新・優生思想の時代』（生活書院、二〇一一年九月）
小松美彦『生権力の歴史　脳死・尊厳死・人間の尊厳をめぐって』（青土社、二〇一二年一一月）
児玉真美『死の自己決定権のゆくえ　尊厳死・「無益な治療」論・臓器移植』（大月書店、二〇一三年八月）
アリシア・ウーレット著、安藤泰至・児玉真美訳『生命倫理学と障害学の対話――障害者を排除しない生命倫理へ』（生活書院、二〇一四年一〇月）
児玉真美『殺す親　殺させられる親　重い障害のある人の親の立場で考える尊厳死・意思決定・地域移行』（生活書院、二〇一九年八月）
小松美彦『増補決定版　『「自己決定権」という罠』（現代書館、二〇二〇年一二月）
小松美彦氏に聞く「（第一部）相模原殺傷事件を考えるために――ナチス・ドイツの優生思想／生命倫理学との出会い」（『飢餓陣営52』二〇二〇年一二月）、「（第二部）共鳴する死、人体を資源化する新自由主義」（『飢餓陣営53』二〇二一年七月）、「（第三部）コロナ・「不作為という作為」・生権力」（同前）
小松美彦・市野川容孝・堀江宗正編『〈反延命〉主義の時代』（現代書館、二〇二一年七月）

■障害学

立岩真也『唯の生』（筑摩書房、二〇〇九年三月）
立岩真也『私的所有論　第2版』（生活書院、二〇一三年五月）
立岩真也『不如意の身体　病障害とある社会』（青土社、二〇一八年一一月）

立岩真也『病者障害者の戦後　生政治史点描』（青土社、二〇一八年一二月）

■精神鑑定について

内村佑之・吉益脩監修『日本の精神鑑定』（みすず書房、一九七三年一月）
福島章『犯罪心理学研究Ⅰ』（金剛出版、一九七七年一一月）
福島章『犯罪心理学研究Ⅱ』（金剛出版、一九八四年二月）
福島章『精神鑑定　犯罪心理と責任能力』（有斐閣選書R、一九八五年四月）
林幸司『精神鑑定実践マニュアル　臨床から法廷まで』（金剛出版、二〇〇一年一月）
林幸司編著『司法精神医学研究　精神鑑定と矯正医療』（新興医学出版、二〇〇一年六月）
呉智英・佐藤幹夫共編著『刑法三九条は削除せよ！　是か非か』洋泉社新書y、二〇〇四年一〇月）
中谷陽二『司法精神医学と犯罪病理』（金剛出版、二〇〇五年五月）
林幸司『ドキュメント精神鑑定』（洋泉社新書y、二〇〇六年三月）
岡江晃『宅間守精神鑑定書』（亜紀書房、二〇一三年六月）
岡江晃『統合失調症の責任能力　なぜ罪が軽くなるのか』（dZERO、二〇一三年一一月）
飢餓陣営・佐藤幹夫編『「宅間守精神鑑定書」を読む』（飢餓陣営せれくしょん2、言視舎、二〇一四年一二月）

■犯罪心理学と犯罪病理学

影山任佐『犯罪学と精神医学史研究』（金剛出版、二〇一五年一月）
原田隆之『入門　犯罪心理学』（ちくま新書、二〇一五年三月）

■精神医学と精神病理学

滝川一廣・佐藤幹夫（聞き手）『「こころ」はどこで壊れるか　精神医療の虚像と実像』（洋泉社新書y、二〇〇一年四月）
滝川一廣・佐藤幹夫（聞き手）『「こころ」はだれが壊すのか』（洋泉社新書y、二〇〇三年二月）
松本俊彦『薬物依存症』（ちくま新書、二〇一八年九月）

■戦争心理学

デーヴ・グロスマン著、安原和見訳『戦争における「人殺し」の心理学』（ちくま学芸文庫、二〇〇四年五月）
デヴィッド・フィンケル著、古屋美登里訳『帰還兵はなぜ自殺するのか』（亜紀書房、二〇一五年二月）

■刑法について

前田雅英『刑法総論〔第三版〕』（東大出版会、一九九八年三月）
大谷實＋前田雅英『エキサイティング刑法　総論』（有斐閣、一九九九年四月）
前田雅英『刑法入門講義――新しい刑法の世界』（成文堂、二〇〇〇年一二月）

■刑事裁判と責任能力問題

浜田寿美男『証言台の子どもたち〔甲山事件〕園児供述の構造』（一九八六年三月）
浜田寿美男『ほんとうは　僕　殺したんじゃねえもの』（筑
佐藤幹夫『裁かれた罪　裁けなかった「こころ」　一七歳の自閉症裁判』（岩波書店、二〇〇七年七月、『一七歳の自閉

症裁判　寝屋川事件の遺したもの』と改題されて岩波現代文庫）
小坂井敏晶『責任という虚構』（東京大学出版会、二〇〇八年八月）
佐藤幹夫『自閉症裁判　レッサーパンダ帽男の「罪と罰」』（洋泉社、二〇〇五年三月。朝日文庫、二〇〇八年一一月）
東京弁護士会期成会明るい刑事弁護研究会編『責任能力を争う刑事弁護』（現代人文社、二〇一三年八月）
佐藤幹夫『知的障害と裁き　ドキュメント千葉東金事件』（岩波書店、二〇一三年一〇月）
日本弁護士連合会刑事弁護センター編『責任能力弁護の手引き』（現代人文社、二〇一五年五月）
佐藤幹夫『ルポ　闘う情状弁護へ「知的・発達障害と更生支援」、その新しい潮流へ』（論創社、二〇二〇年三月）

■犯罪被害者問題

福田ますみ『されど我、処刑を望まず　死刑廃止を訴える被害者の兄』（現代書館、一九九八年九月）
酒井肇・酒井智恵・池埜聡・倉石哲也『犯罪被害者支援とは何か　附属池田小学校事件の遺族と支援者による共同発信』（ミネルヴァ書房、二〇〇四年七月）
原田正治『弟を殺した彼と、僕』（ポプラ社・二〇〇四年八月）
（＊本書は『されど我、処刑を望まず』の主人公が実名で書いた著書。内容に重複が多い）
入江杏『悲しみを生きる力に――被害者遺族からあなたへ』（岩波ジュニア新書、二〇一三年一月）

■匿名問題と報道

神戸金史『障害を持つ息子へ～息子よ。そのままでいい。～』（ブックマン社、二〇一六年一〇月）
『Journalism』no.362、「特集　実名と被害者報道」（朝日新聞出版、二〇二〇年七月）

■テロリズム、戦争、哲学

笠井潔『テロルの現象学　観念批判論序説』（作品社、一九八四年五月）
竹田青嗣「〈欲望〉存在の構造　欲望の現象学1」（小浜逸郎、橋爪大三郎、竹田青嗣、村瀬学、瀬尾育生『試される言葉1』所収、JICC出版局、一九九一年八月）
笠井潔『例外社会　神的暴力と階級』（朝日新聞出版、二〇〇九年）
笠井潔『8・15と3・11　戦後史の死角』（NHK出版新書、二〇一二年）
竹田青嗣『欲望論　第1巻「意味」の原理論』（講談社、二〇一七年一〇月）
笠井潔『例外社会の道化師（ジョーカー）　ポスト3・11文化論』（南雲堂、二〇二〇年一一月）
笠井潔『新・戦争論　「世界内戦」の時代』（言視舎、二〇二二年九月）
笠井潔氏に聞く「ロングインタビュー（第一部）例外社会とは何か――「世界戦争」から二一世紀の「世界内戦」の時代へ」（『飢餓陣営52』二〇二〇年一二月）、「同（第二部）戦後社会をどうとらえるか――戦後社会の欺瞞と「本土決戦」／「没落する中流」と暴力化の問題」（同）
大治朋子『歪んだ正義――「普通の人」がなぜか激化するのか』（毎日新聞出版、二〇二〇年八月）

■非暴力思想と「抵抗」

阿波根昌鴻『米軍と農民　沖縄県伊江島』（岩波新書、一九七三年八月）
阿波根昌鴻『命こそ宝　沖縄反戦の心』（岩波新書、一九九二年一〇月）
阿木幸男『非暴力トレーニングの思想――共生社会へ向けての手法』（論創社、二〇〇〇年一月）

ガンディー著、森本達雄訳『わが非暴力の闘い』（第三文明社レグルス文庫、二〇〇一年三月）
ガンディー著、森本達雄訳『獄中からの手紙』（岩波文庫、二〇一〇年七月）

■永山則夫と死刑について

永山則夫『人民を忘れたカナリアたち』（発行・辺境社、発売・勁草書房、一九七一年一二月）
永山則夫『捨て子ごっこ』（河出書房新社、一九八七年七月）
永山則夫『木橋』（立風書房・一九八四年、のちに河出文庫・一九九〇年七月）
永山則夫『無知の涙・増補版』（河出文庫・一九九〇年七月。〔初版〕合同出版社、一九七一年）
大谷恭子『死刑事件弁護人　永山則夫とともに』（悠々社、一九九九年六月）
安田好弘『死刑弁護人　生きるという権利』（講談社＋α文庫、二〇〇八年四月）
堀川惠子『死刑の基準　「永山裁判」が遺したもの』（岩波書店、二〇〇九年一一月）
坂本敏夫『死刑と無期懲役』（ちくま新書、二〇一〇年二月）
堀川惠子『永山則夫　封印された鑑定記録』（岩波書店、二〇一三年二月）
『文藝別冊増補新版　永山則夫』（河出書房新社、二〇一三年八月）
萱野稔人『死刑　その哲学的考察』（ちくま新書、二〇一七年一〇月）
平野啓一郎『死刑について』（岩波書店、二〇二二年六月）

■宮崎勤事件と秋葉原事件

佐木隆三『宮崎勤裁判（上）』（朝日新聞社、一九九一年八月）

佐木隆三『同（中）』（同、一九九七年一〇月）
佐木隆三『同（下）』（同、一九九七年一〇月）
中島岳志『秋葉原事件　加藤智大の軌跡』（朝日新聞出版、二〇一一年三月）
加藤智大『解』（批評社、二〇一二年七月）
加藤智大『解＋』（批評社、二〇一三年四月）
加藤智大『東拘永夜抄』（批評社、二〇一四年一月）
加藤智大『殺人予防』（批評社、二〇一四年八月）

■生政治・生権力

ミシェル・フーコー著、神谷美恵子訳『臨床医学の誕生　医学的まなざしの考古学』（みすず書房、一九六九年一二月）
ミシェル・フーコー著、田村俶訳『狂気の歴史―古典主義時代における』（新潮社、一九七五年二月）
ミシェル・フーコー著、田村俶訳『監獄の誕生―監視と処罰』（新潮社、一九七七年九月）
ミシェル・フーコー著、小林康夫／石田英敬／松浦寿輝編『フーコー・コレクションI　狂気・理性』（ちくま学芸文庫、二〇〇六年五月）
ミシェル・フーコー著、小林康夫／石田英敬／松浦寿輝編『フーコー・コレクション6　生政治・統治』（ちくま学芸文庫、二〇〇六年一〇月）

■ナチスとアウシュヴィッツ

V・E・フランクル著、霜山徳爾訳『夜と霧　ドイツ強制収容所の体験記録』（みすず書房、一九六一年三月）

ハンナ・アーレント著、大久保和郎訳『イェルサレムのアイヒマン　悪の凡庸さについての報告』（みすず書房、一九六九年九月）
ジョルジョ・アガンベン著、上村忠男・廣石正和訳『アウシュヴィッツののこりのもの――アルシーヴと証人』（月曜社、二〇〇一年九月）
ロバート・N・フロクター著、宮崎尊訳『健康帝国ナチス』（草思社文庫、二〇一五年八月）
ヒューG.ギャラファー著、長瀬修一訳『【新装版】ナチスドイツと障害者「安楽死」計画』（現代書館、二〇一七年一月）
ブルンヒルデ・ポムゼル＋トーレ・D・ハンゼン著、監修＝石田勇治、翻訳＝森内薫＋赤坂桃子『ゲッペルスと私――ナチ宣伝相秘書の独白』（紀伊國屋書店、二〇一八年六月）

■総力戦体制と福祉

鐘家新『日本型福祉国家の形成と「十五年戦争」』（ミネルヴァ書房、一九九八年十月）
藤野豊『強制された健康　日本型ファシズム下の生命と身体』（吉川弘文館、二〇〇〇年八月）
ポール・ヴィリリオ著、市田良彦訳『速度と政治　地政学から時政学へ』（平凡社ライブラリー、二〇〇一年七月）
高岡裕之『総力戦体制と「福祉国家」』（岩波書店、二〇一一年一月）

■環境問題

斎藤幸平『人新世の「資本論」』（集英社新書、二〇二〇年九月）
村瀬学・佐藤幹夫『コロナ、優生、貧困格差、そして温暖化現象「世界史的課題」に挑むための、私たちの小さな試み』（論創社、二〇二二年六月）

■現代社会分析

藤森克彦『単身急増社会の衝撃』（日本経済新聞出版社、二〇一〇年五月）

■雑誌

佐藤幹夫編集『飢餓陣営47　津久井やまゆり園事件、「障害と多様性と人間のメンバーシップ」をめぐって』（編集工房飢餓陣営、二〇一八年七月）
同『飢餓陣営48　批判的主体の形成』（編集工房飢餓陣営、二〇一九年一月）
同『飢餓陣営49　津久井やまゆり園事件を考え続けるパート2』（編集工房飢餓陣営、二〇一九年七月）
同『飢餓陣営52　コロナ・やまゆり園・生権力』（編集工房飢餓陣営、二〇二〇年一二月）
同『飢餓陣営53　辺野古・フクシマ・やまゆり園』（編集工房飢餓陣営、二〇二一年七月）

佐藤幹夫（さとう・みきお）

1953年生まれ。秋田県出身。養護学校の教員を20年以上務める。その後フリージャーナリストとして活動。批評誌『飢餓陣営』の主宰者として、思想・文学・心理学など幅広い分野で評論活動を行う。著書に『ルポ　闘う情状弁護へ』（論創社）、『「車いすの先生」、奮闘の記録　彼はなぜ担任になれないのですか』（言視舎）、『自閉症裁判』（朝日文庫）、『一七歳の自閉症裁判』（岩波現代文庫）など多数。

津久井やまゆり園「優生テロ」事件、その深層とその後
——戦争と福祉と優生思想

二〇二二年十二月十二日　第一版第一刷発行

著　者　佐藤幹夫
発行者　菊地泰博
発行所　株式会社現代書館
東京都千代田区飯田橋三―二―五
郵便番号　102-0072
電　話　03（3221）1321
FAX　03（3262）5906
振　替　00120-3-83725

組　版　プロ・アート
印刷所　平河工業社（本文）
東光印刷所（カバー）
製本所　鶴亀製本
装　幀　宗利淳一

校正協力／渡邉潤子

ISBN978-4-7684-3596-0
定価はカバーに表示してあります。乱丁・落丁本はおとりかえいたします。
http://www.gendaishokan.co.jp/